智库丛书
Think Tank Series
国家发展与战略丛书
人大国发院智库丛书

都市圈发展与房地产投资展望

Metropolitan Areas: Development and
Real Estate Investment Prospects

秦　虹　刘滑棠　等著

中国社会科学出版社

图书在版编目（CIP）数据

都市圈发展与房地产投资展望/秦虹等著. —北京：中国社会科学出版社，2022.6
（国家发展与战略丛书）
ISBN 978 – 7 – 5227 – 0221 – 6

I.①都… Ⅱ.①秦… Ⅲ.①城市群—房地产投资—研究—中国 Ⅳ.①F299.233.53

中国版本图书馆 CIP 数据核字（2022）第 088949 号

出 版 人	赵剑英	
责任编辑	黄 丹	郭曼曼
责任校对	杨 林	
责任印制	王 超	

出 版	中国社会科学出版社
社 址	北京鼓楼西大街甲 158 号
邮 编	100720
网 址	http://www.csspw.cn
发 行 部	010 – 84083685
门 市 部	010 – 84029450
经 销	新华书店及其他书店

印 刷	北京明恒达印务有限公司
装 订	廊坊市广阳区广增装订厂
版 次	2022 年 6 月第 1 版
印 次	2022 年 6 月第 1 次印刷

开 本	710 × 1000 1/16
印 张	18.5
插 页	2
字 数	258 千字
定 价	99.00 元

前　言

　　到 2020 年，中国城镇化率达到 63.89%，城镇化将进入新的发展阶段，即以城市群和都市圈为主要空间形态。房地产是城市运行发展的载体，是一个城市最基本的生产资料和生活资料，而房地产业投资产业链长，影响面广，对稳定国民经济和社会发展大局十分重要。在新的形势下，房地产企业投资将不再是简单地拿便宜地的逻辑，而必须关注城市发展的格局。本书根据房地产行业发展需求，探索未来城市发展以都市圈为主要空间格局的趋势下，房地产企业投资的机会和选择，主要包括四方面的内容：一是都市圈时代如何判断城市的价值，二是哪些都市圈最具有房地产投资前景，三是不同业态的房地产投资机会选择，四是都市圈格局下房地产投资的金融支持。

　　关于都市圈的研究有很多，本书并不是单纯研究都市圈，而是研究房地产投资与都市圈的关系。目前全国有 20 多个城市都做了都市圈规划，但我们研究认为，从房地产企业投资的角度看，都市圈发展不能看规划，主要要看中心城市发达程度及中心城市与周边城市联系协同的强弱。

　　中心城市在都市圈的发展中所产生的功能主要包括极化功能、扩散功能和创新功能，可以带动周边城市经济、人口的互动，只有中心城市的经济时点和整体的规模达到一定程度的时候，扩散效应才会超过它的极化效应，辐射的能力超过了从周边吸引的吸力，这个时候都市圈才可以真正形成。一方面，中心城市的能级决定了都市圈发展的高度，高能级城市的分工扩散的效率更强，高能级城市资源配置效率更高，越高能级的城市辐射带动的效率越强。另一方面，中心城市和周边城市产业分工和协同支撑都市圈发展。根据成熟都市圈的发展经验来看，都市圈内中心城市和周边的各个城市可以形成城市错位发展的产业道路，形成一定产业的产业协同和互补，如果在产业协同互补上是割裂的话，那么都市圈发展是非常困难的。除了产业之外，交通一体化为人口产业空间的转移和合理的分布提供了巨大的支持。公共服务一体化进一步增强了人口的吸引力，大大缩小了周边城市与中心城市的差距，如此才能使中心城市对周边人口的吸力变成既有吸引力，又有扩散力。

根据本书研究，中心城市以及和周边城市的连接协同是支撑都市圈发展的条件。在房地产经过 20 多年的快速发展之后，未来强中心、强网络的都市圈房地产投资的机会最大，包括中心城市的城市更新及周边城市的传统及创新性房地产；强中心、弱网络的都市圈房地产投资机会仍主要集中在中心城市；而弱中心、弱网络的都市圈大多处于人口流失的地区，房地产投资的风险增大。

那么哪个是具有房地产投资潜力的都市圈呢？我们选择了中心城市的人口在 300 万人以上，都市圈内通勤 1 小时以内，人口密度每平方公里 1500 人以上，城市间日双向流动人口占全域人口的 1.5% 以上的都市圈进行了研究，设定了三级指标，通过大数据进行了研究分析。其中一级指标包括：都市圈整体的发展水平、中心城市的贡献度、都市圈的联系强度、房地产市场发展的现状。根据我们的研究，从都市圈整体发展水平来看，长三角和珠三角都市连绵区、首都都市圈，以及成都、重庆、郑州、厦门都市圈，都是排在前面的（这里我们没有用上海都市圈、南京都市圈、杭州都市圈，主要原因是，按照现在上海都市圈的规划，涵盖了周边很多的都市圈，和其他的都市圈是重叠的）；从都市圈中心城市的贡献度来看，主要反映中心城市对周边城市的投资力度，南宁、兰州、青岛、西安等对周边的中小城市的投资力度占比是非常大的，而像长三角和珠三角城市连绵区、首都都市圈，跨越都市圈向外投资的力度很大，反映了它辐射全国的特性；都市圈的联系强度反映了都市圈内部的投资、人员、交通联系的水平，其中首都都市圈、长三角和珠三角都市连绵区是最强的，郑州、合肥、武汉等都市圈紧随其后；都市圈内不同城市的房价联系度对判断市场、企业投资决策有重要意义，其中，青岛、厦门、武汉、长沙、合肥等城市与周边城市的房价波动是相互影响的，而长三角都市连绵区、首都都市圈、重庆都市圈等房价影响是单向的，即中心城市对周边的影响比较大，反之影响不大，还有些都市圈中心城市与周边城市房价变动是相互独立的，如哈尔滨、银川、西宁等。

　　根据以上综合指标及众多数据的分析，关于都市圈房地产的投资展望，可以分为三个层次：相对成熟型的都市圈，包括长三角和珠三角都市连绵区、首都都市圈，经济实力强、人才吸引力强，中心城市逐步进入城市更新、周边城市的房地产业承接中心城市外溢需求增强；成长型的都市圈有 17 个，中心城市自身还有较大的发展空间，包括郑州、厦门、武汉、合肥、西南、南昌等都市圈；培育型都市圈 9 个，包括呼和浩特、乌鲁木齐、哈尔滨、西宁等都市圈，中心城市和周边的城市发展相对较弱，从都市圈发展来看，还处于培育期，房地产投资需把握节奏。我们的研究还表明，都市圈越发达，房地产市场以下特征越明显：一是中心城市的房地产市场韧性越强，二是房地产市场的圈层化越明显，三是外围城市房价水平与中心城市房价水平差距越大，四是外围城市更易受中心城市影响，而反之不尽然。

　　本书还研究了在都市圈发展趋势下房地产业态的发展，其主要结论包括：都市圈越发达的地方，中心城市房地产业越趋于转向存量和转型发展，包括城市更新、住房租赁市场等，外围城市的房地产机会是沿点线面轴向发展；商业地产未来机遇在 TOD，高容积率、综合用地、大量的步行空间创造真正繁荣的商业；产业地产包括产业园、产业小镇、产业新城、产业孵化空间，在整个都市圈的分布中，是个圈层化的布局；养老地产的投资主要需关注三个指标，一是地区的老龄化的程度，二是公共服务的水平，三是经济发展水平，以此排名，长三角和珠三角都市连绵区、首都都市圈得分最高，其次是成都、重庆、郑州等都市圈。

本书的形成是基于中国人民大学国家发展与战略研究院城市更新研究中心与平安银行地产金融事业部合作课题的成果。该课题执行组长为秦虹和刘滑棠，中国人民大学的秦虹研究员和况伟大教授以及中国科学院刘毅博士、钱璞博士参与了课题研究。深圳禾略贝塔信息科技有限公司专注房地产大数据研究，郑永祥、赵陆祎等利用他们的经验和数据提供了第四章的模型研究和大数据分析。平安银行地产金融事业部朱崴、刘勇、贾蕾、刘颖婷等参与了课题的策划，提供了实地调研等支持。秦虹、刘滑棠、钱璞承担了本书的策划、写作、统筹、修改和定稿工作。在本书出版之际，十分感谢中国人民大学国家发展与战略研究院的大力支持，十分感谢中国社会科学出版社各位编辑的辛苦和认真工作。

秦　虹

2022 年 2 月 16 日

目　　录

第 一 章

中国现代化都市圈发展
战略(至 2035 年)

2019 年中国城镇化率已超过 60%，城镇化进入了高速发展阶段，已经具有了大都市圈形成的基础条件。2019 年 2 月，国家发展和改革委员会《关于培育发展现代化都市圈的指导意见》出台，在规划和政策层面标志着中国城镇化迎来全面的城市群、都市圈时代。培育现代化都市圈既有利于优化人口和经济的空间结构，又是区域发展的新增长极和新动力，同时也是中国特色新型城镇化道路的必然选择。

一 中国都市圈战略思路与发展政策演变

随着经济全球化、工业化、信息化、网络化的发展，人类社会开始不断出现人口、经济规模巨大的特大城市、超大城市、巨型城市、全球城市、都市圈、城市群、全球城市区域、大都市带等新形态。这些空间新形态在为人类经济发展提供强劲动力的同时，也带来了行政阻隔、环境污染、社会不平等、风险积聚等诸多新问题、新挑战，对国家和城市的跨区域治理体系重组和治理能力提出了新的要求。

(一) 何为中心城市、都市圈、城市群?

中心城市，是指在一个区域范围之内发挥辐射带动作用的超大、特大城市和部分大城市。在中心城市的溢出效应下，与周边地区高度一体化，高度融合形成的区域是都市圈。

都市圈，以一个或少数几个大型城市为中心，以圈域内若干大中小城市为次中心或节点，辐射周边腹地区域，依托发达便利的交通（以1小时通勤圈为基本范围）、通信网络，经济联系紧密，具有较高城市化水平和一体化特征的社会经济活动空间的组织形态。

城市群，目前国际上比较认可的理论概念是由法国地理学家戈特曼在1957年提出的"Megalopolist"城市群概念。他提出"城市沿城市交通网络发展会演化成一个有机的社会经济体系，继而通过城市与城市之间的交通网络把多个社会经济体系连接，产生一个呈多中心的区域空间结构"。

时至今日，都市圈及城市群概念日渐成熟，也被广泛应用于大都市规划的蓝图中。发展都市圈不仅成为解决"大城市病"的重要途径，更是发挥虹吸效应，吸引资金、人才和产业集聚，带动经济整体高质量发展的重要引擎。都市圈与城市群对比见表1-1。

表1-1　　　　　　　　都市圈与城市群对比分析

	都市圈	城市群
功能	通过功能分散、合理化布局，提升中心城市的承载力与运行效率	不同大城市之间强化经济社会联系，提升区域竞争力
范围	半径大约50—70公里范围内，或1小时通勤圈范围	面积可达到5万—15万平方公里
规模	就业人口100万以上的大城市，多中心的效率开始超过单个中心，可向都市圈发展	以若干都市圈为基础，形成城市群
核心支撑条件	以地铁、市郊铁路、城际轻轨为交通骨架，形成"1小时通勤圈"	城际铁路、干线铁路和高速公路构成骨架，交通一体化，但不要求"1小时通勤圈"
现实价值	对治理城市病具有直接、关键、决定性作用，是不可或缺、不可逾越的阶段	连接大城市，联动发展，同时不排斥中小城市直接参与都市圈分工

中国的城镇化战略中，都市圈与城市群本质上均指城市聚集的更高空间组织形态。其中，对这一体系起到承上启下关键作用的是都市圈。都市圈内要实现中心城市与周边城市（镇）的"同城化发展"，必须跨行政区域，探索建立统一市场和实现基础设施与公共服务一体化。其背后的体制机制创新涵盖土地、医疗、户籍、社保、教育、交通等多个领域的深化改革，对中国下一阶段以人为核心的新型城镇化建设有着至关重要的探索意义。

都市圈是中国城镇化总体格局中的关键环节，是新型城镇化战略、区域发展战略和乡村振兴战略叠加的重要地域空间，是三大战略的结合点和着力点，也是国土空间管控单元的细化支撑。都市圈治理能力的提升是实现国家治理体系和治理能力现代化的应有之义。因此，在推动城市高质量发展时，借鉴国际化大都市在城市演进、拓展空间范围过程中的经验，亟待将都市圈建设放在首要地位，培育一批具有国际竞争力和影响力的现代化都市圈。以现代化都市圈为核心，提高城市群发展竞争力、提升中心城市承载力、增强大中小城市协调发展能力、推进城乡融合发展，为实现城镇化高质量发展奠定更加坚实的基础。

（二）国家战略重点布局都市圈发展

1. 都市圈是"内循环"的应有之义

2020 年 7 月 30 日，中共中央政治局召开会议，对下半年政策以及工作目标定调。此次会议提出"加快形成以国内大循环为主体、国内国际双循环相互促进的新发展格局"，国内大循环这一提法引起了市场广泛关注。

"内循环"这一概念首次出现是在 2020 年 5 月中共中央政治局常委会会议上，会议提出要充分发挥中国超大规模市场优势和内需潜力，构建国内国际双循环相互促进的新发展格局。在近年来逆全球化趋势叠加新冠肺炎疫情影响的背景下，"内循环"概念的提出是应对当前形势的必然选择。可以看到，从出口导向转向内需驱动，挖掘内需潜力使国内外市场更好联通，是"内循环"概念的应有之义。

在驱动"内循环"的过程中，以大城市群和都市圈为主导的新型城镇化也将扮演重要角色。寻找区域发展的新增长极和新动力，是促进"内循环"流畅的重要动力。反过来，发展"内循环"的潜力，也将成为都市圈发展阶段的重要观察维度。

2. 2019 年开启都市圈元年

2019 年被称为是都市圈元年。2019 年 2 月，国家发展和改革委员会《关于培育发展现代化都市圈的指导意见》指出，都市圈是城市群内部以超大特大城市或辐射带动功能强的大城市为中心、以1 小时通勤圈为基本范围的城镇化空间形态。这是中国第一份以"都市圈"为主题的中央文件，标志着都市圈时代正式来临。

当前，中国有上海、北京、广州、杭州、深圳等 10 个 2000 万人以上的大都市圈，有重庆、青岛、厦门、漳州、泉州等 14 个1000 万—2000 万人大都市圈。以上 24 个千万级大都市圈以全国6.7% 的土地集聚约 33% 的常住人口，创造全国约 54% 的 GDP，多数都市圈人口处于持续流入阶段。

3. 国家出台政策文件剑指都市圈

2013 年中国政府把城市群作为推进国家新型城镇化建设的主体形态，通过梳理近 10 年国家城市发展政策演进和超大城市相关的政策变化可以看出，培育都市圈正在成为区域协调发展的主导方向。

2014 年 10 月 29 日，国务院印发《关于调整城市规模划分标准的通知》，对原有城市规模划分标准进行了调整，新分级超大城市、大城市细分 Ⅰ 型和 Ⅱ 型。这意味着在政策上适度放松了对大城市的管制，对超大城市实施严控。《关于进一步推进户籍制度改革的意见》（国发〔2014〕25 号）中明确提出严格控制特大城市人口规模。

2016 年 5 月 11 日,国务院常务会议通过《长江三角洲城市群发展规划》(以下简称《规划》),提出培育更高水平的经济增长极,到 2030 年,全面建成具有全球影响力的世界级城市群。《规划》指出,发挥上海中心城市作用,推进南京都市圈、杭州都市圈、合肥都市圈、苏锡常都市圈、宁波都市圈等都市圈同城化发展。在该城市群规划中提出了以上海为中心城市带动"都市圈"发展的策略。

2017 年 12 月 25 日,国务院批复同意了《上海市城市总体规划(2017—2035 年)》,明确要将上海大都市圈打造为世界级城市群。"上海大都市圈"概念的提出对超大城市从行政空间拓展到功能空间予以了肯定。2018 年 11 月 18 日《中共中央国务院关于建立更加有效的区域协调发展新机制的意见》出台,提出中心城市引领城市群、城市群带动区域发展新模式。中共中央正式提出区域政策是与货币政策、财政政策、投资政策处于同样地位的四大宏观政策工具。

2019 年 2 月 21 日,经国务院同意,国家发改委发布了《关于培育发展现代化都市圈的指导意见》(发改规划〔2019〕328 号),首次明确了都市圈的概念,并开创性地提出了培育发展现代化都市圈的一整套解决方案。该文件指出,要充分考虑不同都市圈现有基础和发展潜力的差异性,科学确定都市圈功能定位、发展目标和实现路径,因地制宜推动都市圈建设。目标是到 2022 年,都市圈同城化要取得明显进展,到 2035 年,现代化都市圈格局更加成熟,并形成若干具有全球影响力的都市圈。

2020 年 4 月 3 日,国家发改委发布《2020 年新型城镇化建设和城乡融合发展重点任务》,要求大力推进都市圈同城化建设。深入实施《关于培育发展现代化都市圈的指导意见》,建立中心城市牵头的协调推进机制,支持南京、西安、福州等都市圈编制实施发展规划。以轨道交通为重点健全都市圈交通基础设施,有序规划建设城际铁路和市域(郊)铁路,推进中心城市轨道交通向周边城镇合理延伸。支持重点都市圈编制多层次轨道交通规划。

20 世纪末以来，中国多地开始了都市圈治理的探索实践，作为新型城镇化战略、区域发展战略和乡村振兴战略叠加的重要地域空间，新时期都市圈的治理创新是一项重要的实践课题。

随着国家提出培育发展现代化都市圈，都市圈正式成为国家治理体系中重要的调控单元。中国城镇化发展已进入中后期，提高城镇化质量被摆在首位，以都市圈、城市群等政策为抓手，市场一体化发展、公共服务均等化、区际利益补偿等新机制正在加速建立。在城镇化空间布局上，正在形成"城市群—都市圈—中心城市—大中小城市协同发展—特色小镇—乡村振兴"的战略格局和空间组合链条。

21 世纪以来，中国城镇化进程持续推进，2019 年中国城镇化率已超过 60%，都市圈、城市群建设成为国家促进区域经济发展的重要战略选择。国家制定一系列的城市群、都市圈规划，首先是一个信号，用来引导市场主体如何在都市圈、城市群范围内做好发展布局；其次，城市群的发展必须要实现区域性交通、信息等基础设施的互联互通；最后，有利于引导地方制定产业政策，完善内部功能定位和区域分工。

未来中国将建立以中心城市引领都市圈、城市群发展，带动区域发展新模式，推动区域板块之间融合互动发展。

（三）中国四大重点都市圈逐渐成熟

都市圈的建设，其实质就是圈内城市与城市间的一体化建设，主要体现在三个方面，即交通一体化、经济一体化和社会公共资源一体化（包括户籍互认等政策）。这三方面的一体化程度越高，意味着都市圈也就越成熟，其区域影响力和对整个城市群的辐射带动作用也就越大。

成熟型都市圈是指在交通、经济和社会公共资源等方面一体化程度比较高的都市圈，目前中国共有 4 个成熟型都市圈，分别是首都都市圈、上海都市圈、广州都市圈和深圳都市圈。这 4 个都市圈的中心城市就是中国的四大一线城市，它们的综合实力在中国无疑是最强的，对于都市圈内各个城市的辐射引领作用也是最大的。4个成熟型都市圈中北京市域面积最大，且目前已经启动与廊坊北三县一体化发展进程；作为中国第一大都市圈——上海都市圈，多年前就已经展开了与周边城市苏州、嘉兴以及南通的一体化发展进程；广州都市圈中的广州与佛山也早已实现同城化发展；深圳都市圈中，深莞惠三市在交通、产业方面的一体化发展早已深耕多年。这4个都市圈是中国目前一体化发展进程最高的，因此被纳入成熟型都市圈。2019年4个都市圈发展情况见表1-2。

表 1 - 2　　　　　　四大重点都市圈发展情况（2019 年）

	土地面积（万平方公里）	占全国总土地面积的比重（%）	常住人口（万人）	占全国人口数量的比重（%）	GDP（亿元）	占全民生产总值的比重（%）
上海都市圈	5.4	0.56	7125	5.09	108000	10.9
首都都市圈	8.0	0.83	7229	5.16	66924	6.75
深圳都市圈	3.63	0.37	3290	2.35	42747	4.31
广州都市圈	7.16	0.75	3711	2.23	40567	4.1

资料来源：作者根据国家统计局、各省市规划有关数据计算。

1. 上海都市圈

（1）上海大都市圈：打造长三角城市群"强核"

上海都市圈的规划由来已久。2001 年，《上海市城市总体规划（1999—2020）》中提出了"多轴、多层、多核"的市域空间布局结构，拓展沿江、沿海发展空间，确立了"中心城—新城—中心镇—一般镇"四级城镇体系；2016 年，《上海市城市总体规划（2015—2040）纲要》提出在 2020 年基本建成"四个中心"的基础上，到 2040 年将上海建设成为综合性的全球城市，国际经济、金融、贸易、航运、科技创新中心和国际文化大都市。

2016 年 5 月国务院通过的《长三角城市群发展规划》提出构建 "一核五圈四带" 的网络化空间格局，其中 "一核" 即提升上海全球城市功能，打造世界级城市群中心城市；"五圈" 即促进南京、杭州、合肥、苏锡常、宁波五个都市圈同城化发展。2016 年 8 月上海市公示的《上海市城市总体规划（2016—2040）（草案）》提出了 "1＋6" 城市组成的上海大都市圈；国务院在《上海市城市总体规划（2017—2035）》批复中要求，从长江三角洲区域整体协调发展的角度，充分发挥上海中心城市作用，加强与周边城市的分工协作，构建上海大都市圈，打造具有全球影响力的世界级城市群。2018 年上海联合江浙两省编制的《上海大都市圈空间协同规划》中拟定新增湖州市。2020 年 1 月，《上海市贯彻〈长江三角洲区域一体化发展规划纲要〉实施方案》中进一步明确了上海大都市圈空间协同范围，即在包括上海和苏州、无锡、常州、南通、宁波、嘉兴、舟山、湖州在内的 "1＋8" 区域范围内，构建开放协调的空间格局。

从 "一核五圈四带" 到 "1＋8" 的上海大都市圈，是充分发挥上海中心城市作用，打造长三角城市群 "强核"，辐射周边地区的发展战略。

上海大都市圈的半径超过 100 公里，规划打造 "90 分钟通勤圈"，远大于一般的都市圈，相当于狭义的长三角城市群。特别需要指出，上海大都市圈把苏锡常、宁波都市圈的大半区域以及杭州都市圈的嘉兴、湖州均收入囊中，这在客观上与其他都市圈形成了微妙的竞争与合作关系。考虑到要充分发挥上海在长三角城市群中的龙头带动作用，就需要拥有核心腹地来优化产业功能布局，上海大都市圈的重要功能是将作为 "强核" 引领长三角城市群一体化。

上海大都市圈陆域面积 5.4 万平方公里，2019 年常住人口 7125 万人，GDP 达 10.8 万亿元，高于珠三角九市的 8.7 万亿元；其中上海市为 3.8 万亿元，占上海大都市圈 GDP 总量的 35.2%。都市圈内经济强市林立，苏州、宁波、无锡三市 GDP 均跻身万亿俱乐部（见图 1-1）。

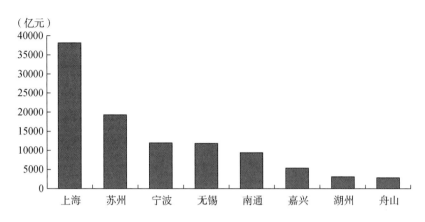

图 1-1　2019 年上海大都市圈各城市的 GDP

资料来源：各城市 2019 年国民经济和社会发展统计公报。

2015—2018 年上海大都市圈常住人口年均增量为 29.3 万人，其中七成由浙江的甬嘉湖舟四市贡献，特别是宁波人口年均增量达 12.6 万人，位居第一。

（2）上海和周边城市产业梯度分工与合作基本形成

以上海为龙头的长三角地区是中国产业链发展最完备、产业创新最突出的区域，上海与周边城市产业互补性很强。上海拥有高度发达的金融、贸易等现代服务业和先进制造业，而周边城市拥有发达的制造业。研发、设计、营销环节在上海，制造生产环节在周边城市的产业梯度分工格局已经基本形成。

在人口、资源、环境约束的压力下，上海严控常住人口总量、建设用地总量、PM2.5 浓度和能源消耗总量，按照"研发在上海，生产在外面；头脑在上海，身体在外面；关键制造在上海，一般产业链在周边"的发展思路，重点疏解核心制造环节外的其他制造环节、不具有国际连通性特征的一般生产性服务业、部分中低端研发中试和产业基地、部分市场化养老产业等。

在周边区域，嘉兴全面接轨上海示范区，着力打造浙江与上海创新政策率先接轨地和高端产业协同发展地；宁波聚焦自由贸易港及智能制造、生物医药等高端制造业，提出"谋划大湾区，强化与上海一体化同城化建设"，利用比较优势与上海在产业链不同环节实现错位发展；南通提出建设上海"北大门"，利用开发区、沪通合作园区等载体承接上海产业转移、拓展自身产业链。

（3）推进区域交通一体化进程

上海大都市圈积极打破行政区划壁垒，构建"干线＋城际＋市域＋城轨"多层次轨道交通，为一体化大都市圈打下基础。

高铁方面，上海向北连接南通的北沿江高铁启东—崇明段已纳入规划，向南京方向串联众多苏南经济强县的南沿江高铁已于2018年开工，向西连接湖州的湖苏沪高铁已获批，向南跨海连接宁波的沪嘉甬高铁也已纳入规划；此外，贯穿南通、苏州、嘉兴、宁波的通苏嘉甬高铁部分线路已在建，建成后宁波到苏州、上海的时间将从2小时以上大幅缩短至1小时左右。

上海大都市圈轨道交通体系规划打破了行政区划壁垒，将实现跨地区、不同层次的轨道交通互联。已批复的苏州—淀山湖—上海城际铁路将与上海市域铁路贯通运行，使江苏近沪地区与上海中心城区融合更加紧密；沪平城际铁路或与上海金山线贯通运行；苏州S1—S3号线兼具城市轨道交通与市域铁路的功能，将串联苏州与上海的地铁网，见表1－3。

表1－3　　　　上海大都市圈"干线＋城际＋市城＋城轨"
多层次轨道交通体系

		线路名称（含已投运、已批复及规划中线路）
高铁干线		京沪高铁、沪昆高铁
城际铁路	高铁	沪宁城际、北沿江高铁、沪苏湖高铁、乍沪杭铁路、沪杭城际、沪嘉甬高铁、苏南沿江高铁、通苏嘉甬高铁
	普通铁路	如东—南通—苏州—湖州线、沪通铁路一二期、环太湖城际、苏州—淀山湖—上海城际、沪嘉城际、沪平城际、湖（嘉）沪城际

		线路名称（含已投运、已批复及规划中线路）
市域铁路	上海市域	金山线、嘉闵线一二期、沪崇启线、机场联络线、16 号线、17 号线、南枫线、奉浦线、曹奉线、沪乍线、临港线、上海环铁、上海东西联络线
	近沪地区	常州—无锡—硕放机场—苏州线、硕放机场—常熟线—太仓—上海线、昆太通、南部水乡线、苏虹机场线、无锡 S1—S4 号线、苏州 S1—S3 号线
城市轨道交通		各市城市轨道交通线路

资料来源：国家铁路局、中国 e 车网、恒大研究院。

2. 首都都市圈

（1）首都都市圈：疏解核心功能区和中心城区非首都功能

首都都市圈尚无明确的文件和规划，但在其他政策规划中已勾勒出首都都市圈的概念。如 1982 年，《北京城市建设总体规划方案》提出了"首都圈"概念；1986 年，环渤海地区市长联席会成立；2013 年，国家"十二五"规划纲要发布，提出"打造首都经济圈"，其中北京、天津、保定、廊坊为经济圈的中部核心功能区。

若以 1 小时通勤圈为标准，首都都市圈包含北京和天津两个中心城市，以及廊坊市、张家口市、保定市、唐山市、沧州市。2019年首都都市圈 GDP 总量约为 6.7 万亿元，常住人口规模 7229 万人。其中北京 GDP 为 3.5 万亿元，仅次于上海，天津 GDP 为 1.3 万亿元。但环京地区仅为北京的零头，如廊坊市 GDP 为 3588 亿元。

北京城六区以全市 8.3% 的面积集聚 56% 的人口，创造了 70% 的 GDP。但中心城区人口产业过度集聚导致居住成本过高、通勤时间过长，而周边新城存在教育、医疗、公租房等资源配套不足等问题。据滴滴出行测算的全国主要城市出行半径来看，北京以 31.7 公里居首位。轨道交通的出行半径一定会比滴滴出行统计的更长，而北京轨道交通密度仅为 0.09 公里/平方公里（剔除生态涵养区），集中就业区与大型居住区之间、各新城与中心城区之间快捷通勤能力严重不足，例如回龙观、天通苑等大型社区通勤压力较大。

《北京城市总体规划（2016 年—2035 年）》提出，北京市域范围内要形成"一核一主一副、两轴多点一区"的城市空间结构，着力改变单中心集聚的发展模式，疏解核心功能区和中心城区非首都功能，建设城市副中心以及顺义、大兴、亦庄、昌平、房山等多个重点疏解承接新城，构造城市西部、北部的生态涵养区，探索出人口经济密集地区优化开发的新模式。参考这一规划，可以将北京大致划分为梯度辐射的三个圈层：一是中心城六区，发展导向为疏解非首都功能；二是城市副中心及城市发展新区多个新城，坚持集约发展，承接中心城区适宜功能及新增首都功能，辐射带动北京周边地区协同发展；三是生态涵养区及北京以东、以南的环京地区。

（2）都市圈战略使环京地区迎来重大发展机遇

功能分布上，北京市域内集聚了以科技创新、现代服务业为代表的高精尖产业，但目前北京的溢出效应较弱，对周边的辐射带动作用不足。

北京是全国科技创新中心，以中关村科学城、怀柔科学城、未来科学城为代表的科技创新平台，以亦庄、顺义为重点的创新型产业集群和"中国制造 2025"创新引领示范区，以 8 所"985"院校、18 所"211"院校为代表的高校科教资源形成了全国最优质的产学研合作创新生态系统。北京还聚集了金融、科技、文化创意、信息、商务服务等高端价值链的现代服务业，汇集中国 20% 的世界500 强企业总部和 459 家 A＋H 股上市公司。而一般性制造业和高污染、高耗能产业则严禁在北京发展。

现阶段首都都市圈的环京地区存在承接产业不足、通勤效率低下等问题。例如廊坊全市仅拥有 6 家 A＋H 股上市公司、2017 年发明专利授权量 516 件，分别为北京的 1.1%、1.3%，与上海大都市圈 7 座周边城市相比仅多于群岛城市舟山。北京产业向环京地区溢出不足与资源配置的行政壁垒有一定关系。此外，与长三角、珠三角相比，北京并非制造业基地，产业链较短，溢出效应较弱；北京

市行政区划面积达 1.64 万平方公里,远大于广州、上海、深圳的
7434 平方公里、6339 平方公里、1997 平方公里,这也导致中心城
区产业较少溢出至市域范围外。但随着北京发展战略的调整,环京
地区近年迎来重大发展机遇。京南环京地区将受益于围绕北京新机
场发展的空港产业链以及未来雄安新区的产业溢出。廊坊北三县
(三河市、大厂回族自治县以及香河县)也开始受益于与通州融合
发展,北京已通过政府引导、市场运作和合作共建等方式推动产业
向北三县转移。2020 年 3 月 17 日,国家发改委发布了《北京市通
州区与河北省三河、大厂、香河三县市协同发展规划》,对包括资
源扶持、交通轨道、产业布局、城乡公共服务、市政基础设施、房
地产市场在内的多领域进行协同规划,提出按照统一规划、统一政
策、统一标准、统一管控的要求,推进治理体系和治理能力现代
化,打造京津冀区域协同发展示范区。

通勤方面,由于公共资源配置的行政壁垒,环京地区一直以来
未开通轨道交通,但这一情况即将得到改善。在建的平谷线将从通
州延伸出京,串联燕郊与三河齐心庄;燕郊至大厂、香河的轨道交
通也已有规划。目前,从距离北京商务中心区(CBD)仅 30 公里
的廊坊燕郊镇出发,在北京通州换乘地铁至 CBD 耗时长达约 1.5
小时。仅燕郊每天通勤北京的人数可能达 30 万以上,预计北三县
通地铁后可大大节约跨城通勤人士的时间成本。

3. 深圳都市圈

(1) 深圳都市圈:强化深圳扩散效应带动周边协同发展

深圳都市圈是中国 19 个国家级都市圈之一。2020 年 6 月,广
东省发展和改革委员会等六部门出台的《广东省开发区总体发展规
划(2020—2035 年)》明确了深圳都市圈的范围,包括深圳、东
莞、惠州、河源、汕尾 5 个城市。

2019 年,深圳都市圈 GDP 总量约为 42747 亿元,占广东省的
39.7%;常住人口约为 3290 万人,占广东省的 28.56%;土地面积
约为 36269 平方公里,占广东省的 20.2%。深圳市自 2015 年已连

续 4 年人口增量在 50 万人以上，冠绝全国；2019 年 GDP 约 2.7 万亿元，且近 3 年仍以年均 8.5% 的高速增长，见表 1-4。

2009 年国务院批准的《珠江三角洲地区改革发展规划纲要（2008—2020 年）》将深圳、东莞和惠州三地作为深莞惠经济圈和珠三角一体化的重点区域。2014 年广东省政府批准河源、汕尾加入此行列，形成深莞惠经济圈（"3 + 2"）。2017 年《广东省新型城镇化规划（2016—2020 年）》提出构建"深莞惠 + 河源、汕尾"新型都市区。2020 年 4 月 28 日，深圳市发展和改革委员会在《深圳市发展和改革委员会 2019 年工作总结和 2020 年工作计划》中明确指出推进深圳都市圈规划编制，将原深莞惠扩容增加河源、汕尾两市，共同建立深圳都市圈，助力河源、汕尾两市融入粤港澳大湾区建设。

从"深莞惠经济圈"到"深莞惠都市圈"再到"深圳都市圈"，逐步突出深圳的中心和枢纽城市地位，有助于扩展深圳的经济腹地，也有助于惠州、东莞、河源、汕尾等地更好地借助深圳因素促进自身发展。深圳都市圈的最终意义，是打破时间空间的壁垒，使城市价值最大限度地被放大。

表 1-4　　　　　　　　2019 年深圳都市圈主要数据

	GDP（亿元）	常住人口（万人）	一般公共预算收入（亿元）	土地面积（平方公里）	海域面积（平方公里）	海岸线长度（公里）
深圳都市圈	42747	3290	4967.2	36269	29648	1108
深圳市	26927	1344	3773.2	1997	1145	260
东莞市	9483	847	673.2	2460	83	112
惠州市	4177	488	400.8	11347	4520	281
河源市	1080	311	77.5	15600	/	/
汕尾市	1080	302	42.5	4865	23900	455

资料来源：各市统计局。

（2）产业联动打造"最强舰队"

改革开放后，深圳的奇迹发展部分受益于接受香港及境外的投资与产业转移。如今深圳已从"三来一补"的制造工厂升级成为创新创意之都，并向东莞、惠州等地梯次转移产业。

东莞因其紧贴深圳、连接广深的区位优势在制造业承接上占得先机，接受了深圳大量的创新生产环节外溢。东莞松山湖、滨海湾新区已成为高端制造业、现代服务业等创新产业的重要载体，华为、大疆、蓝思科技等知名深圳企业纷纷转移而来。《粤港澳大湾区发展规划纲要》提出以深圳、东莞为核心在珠江东岸打造具有全球影响力和竞争力的电子信息等世界级先进制造业产业集群。

惠州产业以电子信息、汽车零部件制造及石化产业为主，与东莞在产业层次上有一定差距，但产业升级将受益于深圳产业布局的东进。在建设中国特色社会主义先行示范区和粤港澳大湾区的"双区驱动"背景下，惠州正积极探索与广深莞在跨界地区开展产业合作、创新协同和同城化试点，加快打造电子信息、石化能源新材料两大万亿产业集群。

《广东省新型城镇化规划（2016—2020 年)》指出要积极推动河源、汕尾融入深莞惠大都市区。河源致力于通过大力提升惠州—河源城镇轴发展水平，推动河源市全面融入深莞惠大都市区；将河源市建设成为全国低碳示范城市、粤东北特色中心城市、环珠三角新兴产业集聚地、岭南健康休闲旅游名城、现代生态园林城市。汕尾通过延伸建设深圳—惠州南—惠东—汕尾沿海城市发展带，促进汕尾市主城区、海丰县城区、深汕特别合作区三大组团一体化发展，将汕尾市建设成为滨海旅游集聚地、宜居宜业宜游的现代化滨海城市，培育成为广东东部"蓝色经济走廊"的新增长区和粤东地区融入珠三角的桥头堡。

（3）轨道交通一体化助力深圳都市圈建设提速

交通一体化方面，珠三角地区高速公路网发达，2016 年深圳、东莞高速公路密度更是分别雄踞全国第 1 名、第 3 名，惠州也位列第 33 名。

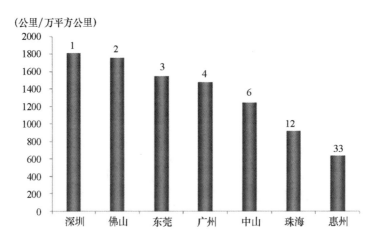

（公里/万平方公里）

图 1 – 2   2016 年珠三角 7 市高速公路密度居全国前 50

资料来源：交通运输部、恒大研究院。

随着深圳都市圈扎实推进，五地轨道交通全面提速。目前，连接深圳、东莞、惠州、河源等地的赣深高铁正紧锣密鼓地建设，计划 2021 年建成通车。这条设计时速 350 公里的"湾区大动脉"建成后，将串起深莞惠河，实现深莞惠半小时互通。

2020 年深圳市启动了深惠城际、深汕高铁、深大城际、龙岗至大鹏支线、穗莞深城际（前海至皇岗口岸段）5 条轨道交通的勘察设计工作，其中，深惠城际、深大城际、深汕高铁 3 条都直接经过惠州。《深圳市城市轨道交通第四期建设规划调整（2017—2022 年）》中显示，深圳有 4 条地铁线将衔接东莞。这些交通网络未来建成后，将促进深圳都市圈形成 1 小时乃至半小时经济生活圈。

4. 广州都市圈

（1）广州都市圈：不断扩容，推动都市圈协同发展

广州都市圈包括广州、佛山、肇庆、清远、云浮和韶关，土地面积约 71573 平方公里，占广东省的 39.82%；常住人口约 3711 万

人，占广东省的 32.21% 。2019 年，广州都市圈实现地区生产总值约 40567 亿元，占广东省的 37.68% ，见表 1 – 5。

广州都市圈的发展经历了两次"扩容"。早在 2009 年，广东省以珠三角核心城市为龙头，分别构筑了珠三角中北部核心区的广佛肇经济圈，珠江东岸的深莞惠经济圈，珠江西岸的珠中江经济圈。

2015 年 2 月，清远、云浮首次参加在广州召开的 2015 年度广佛肇经济圈市长联席会议。会议提出积极推动清远、云浮加快融入广佛肇经济圈，开拓广佛肇经济圈"3 + 2"合作新局面。

2016 年，广佛肇经济圈再度扩容为广佛肇清云韶经济圈，以广佛肇 + 清云韶"3 + 3"合作模式打造珠三角带动粤东西北振兴发展的示范区。2020 年 6 月 5 日，广东省发改委公布的《广东省开发区总体发展规划 (2020—2035 年)》中明确了广州都市圈的范围包括广州、佛山、肇庆、清远、云浮和韶关。

表 1 – 5　　　　　　广州都市圈 2019 年主要数据

	GDP (亿元)	常住人口 (万人)	一般公共 预算收入 (亿元)	土地面积 (平方公里)	海域面积 (平方公里)	海岸线长度 (公里)
广州都市圈	40567	3711.32	2822.9	71573	399.92	209.9
广州市	23629	1530.59	1697.2	7434	399.92	209.9
佛山市	10751	815.86	731.5	3798	/	/
肇庆市	2249	418.71	114.2	14891	/	/
清远市	1698	388	118.5	19265	/	/
云浮市	922	254.52	60.5	7787	/	/
韶关市	1318	303	101	18398	/	/

资料来源：各市统计局网站。

从 2009 年的广佛肇经济圈，到 2016 年的广佛肇清云韶经济圈，再到如今的广州都市圈，广州的中心城市地位进一步突出，同时也被赋予牵头推进都市圈基础设施建设、公共服务等一体化、同城化的重任。广州与周边城市正冲破行政界线走向同频共振，在未来会成为一个相对紧密的联合体，有巨大的协同发展空间。

广州都市圈里，有华南首屈一指的高教资源、交通资源、人才资源、技术资源、商贸资源，有粤港澳大湾区一流的制造业能力，也有丰富的土地储备，而且多数城市基本上都在一小时交通圈之内，因此，广州都市圈的协同发展是广东省乃至中国未来发展极为重要的看点之一。

（2）推进都市圈产业协同创新

广州都市圈是华南地区国际性现代服务业中心和先进制造业基地。广佛两市经济总量比肩深莞，分别聚焦"IAB（新一代信息技术、人工智能、生物医药）+NEM（新能源、新材料）"创新产业和先进制造业。2018 年广州、佛山两市政府签订《深化创新驱动发展战略合作框架协议》，探路产业与科技创新的合作。2020 年 4 月，两市进一步签订了《关于推进广佛科技创新合作的工作方案》，探索设立广佛科技合作专区，支持自贸区、自创区等先行先试政策在广佛科技合作专区落地实施，发挥广州—佛山极点带动作用，共同建设粤港澳大湾区国际科技创新中心。

肇庆积极承接广佛产业转移，2013—2017 年，肇庆承接的 412 个产业项目中多数来自广佛，肇庆高新区引进的 50 多家企业中有 40% 来自佛山。

清远是广州都市圈中除佛山外，另一座与广州接壤的城市。2019 年 4 月两市正式签订《深化广清一体化战略合作框架协议》和《广清空港现代物流产业新城合作意向协议》，努力把广清地区建设成为全省区域一体化创新发展试验区。

韶关、云浮纳入广州都市圈是为了让都市圈红利更大范围普及，通过中心城市辐射作用带动欠发达城市协同发展。

（3）广佛交通一体化是跨城市轨道交通互联的典范

从交通一体化程度来看，广佛同城已基本实现，生活成本与产业转移催生大量跨城通勤需求。佛山、广州高速公路密度分别位列全国第 2 位、第 4 位，分别仅次于深圳、东莞。武广、贵广、南广、广茂、广珠和南沙疏港铁路等多条铁路串联广佛两市；广珠城际、广佛肇城际、广莞惠城际、广佛江珠和肇顺南城际等构成都市圈四通八达的城际轨道交通。而广佛两市地铁互联更是成为跨城市轨道交通互联的典范，根据《广佛两市轨道交通衔接规划》，佛山未来将有 10 条地铁线接驳广州 13 条地铁线，多数已在建或即将动工。交通一体化满足了广佛两市与周边地区旺盛的跨城通勤需求。

据百度地图和广东省城乡规划设计研究院发布的报告显示，2018 年 7 月广佛肇清四市跨城常住人数高达 74.41 万人，占四市从业人口的 4.4%；其中广佛跨城占四市跨城总规模的 60.6%。在广佛跨城通勤人员中，佛山居住、广州工作的人占 62.2%，主要居住在佛山靠近广州的交界区域，可见生活成本低、通勤便利是这部分人选择在佛山居住的主要原因。

而在佛肇之间跨城通勤的 8.4 万人中，肇庆怀集与佛山顺德之间通勤人数较多，这显然与肇庆的产业园区承接佛山劳动密集型产业有关。

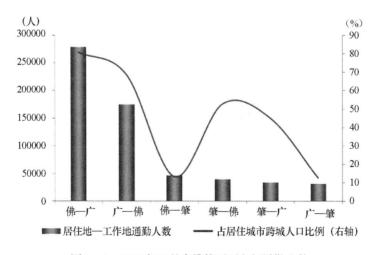

图 1-3　2018 年 7 月广佛肇两两之间通勤人数

资料来源：百度地图、广东省城乡规划设计研究院、恒大研究院。

2020 年 5 月，广清城际铁路接触网工程实现全线贯通，进入通车倒计时。通车后广州北站到清远只需 25 分钟，将实现广州都市圈与清远南部的对接，让清远南部纳入广州半小时生活圈。同时，广清两地还在积极推动广清城轨二期工程（广州北站至广州站）、广清城轨北延省职教城的前期建设工作，进一步提升广清之间交通的便利性。

都市圈时代，一线城市在积极推进与周边区域"合纵连横"。例如上海"1+8"，深圳都市圈扩容增加河源、汕尾两市，广州打造"广佛肇清一体化"，北京城市副中心与"北三县"统一规划等。未来都市圈发展中，抓住都市圈空间体系下的规划一体化、交通网络化、公共服务均等化、治理跨城化、政策协同化五大关键路径，将成为破局区域经济一体化的切入点和突破口。

（四）中国进入都市圈经济时代

在国家顶层设计下，各省市求变突围，都市圈发展提速。除粤港澳大湾区、京津冀城市群、长三角城市群加速集聚与联动外，2019 年陕西、安徽、福建、山东等省纷纷加大了都市圈建设力度，发布都市圈发展规划，就城市群、都市圈建设展开新一轮部署。对各地来说，加快打造大都市圈，对带动区域经济发展有重要意义。

1. 广东省：从"单打冠军"向"组团冠军"发力

广东区域经济发展不平衡由来已久，粤东、粤西、粤北与珠三角之间的经济鸿沟一直是广东实现区域协调发展的一大难题。

数据显示，2019 年珠三角核心区城镇化率达到了 86.28%，早已媲美发达国家和地区的水平。但以粤东、粤西为主的沿海经济带城镇化率只有 53.33%，粤北生态发展区也只有 50.80%，落后于全国平均水平。

2020 年，在全面推动粤港澳大湾区建设背景下，广东省委、省政府对外公布了《广东省建立健全城乡融合发展体制机制和政策体系的若干措施》。其中"点名"广东五大都市圈——科学制定广州、深圳、珠江口西岸、汕潮揭、湛茂都市圈发展规划，构建协同发展机制，增强都市圈综合承载能力和辐射带动作用。广东省提出制定五大都市圈规划，在打破行政边界、构筑跨区域联动协调机制，从"单打冠军"转向"组团冠军"上迈出了关键性一步。

2. 安徽省：积极融入长三角城市群

安徽积极推动与长三角联动发展，抓住合肥、芜湖等八市成功纳入长江三角洲城市群发展规划的机遇，推动各类规划与江浙沪相关规划有机衔接，共同打造具有国际竞争力的世界级城市群。推动省内其他城市与合肥联动发展、各城市之间联动发展，加快构建以合肥都市圈、皖江城市带、皖北城市群等为主体的城镇空间发展格局，提升放大安徽板块整体效应。

合肥都市圈位于长江中下游沿江长三角西端，包括合肥市、淮南市、六安市、滁州市、芜湖市、马鞍山市、桐城市。合肥都市圈面积占全省的 40.6%，人口占全省的 43.2%，区域经济总量占全省的比重接近 59%。2020 年，合肥市先后发布《合肥都市圈一体化发展行动计划（2019—2021 年)》（简称《行动计划》)、《合肥市推进都市圈一体化建设 2020 年工作要点》、《合肥市推动长三角区域一体化 2020 年工作要点》，积极融入长三角城市群。

《行动计划》亮点主要体现在：突出落实重大战略紧扣国家重大战略及政策导向，充分衔接省委、省政府关于合肥都市圈一体化发展的一系列决策部署，把都市圈放在长三角一体化发展、中部地区崛起等大战略、大背景中考量，抢抓重大机遇，落实最新要求。突出更高质量一体化发展，以推进基础设施、科技创新、产业发展、开放合作、生态文明、公共服务等八大领域一体化为抓手，着力解决制约高质量一体化发展的体制机制问题，构建一体化协同发展的新格局。突出谋划建设重点项目，充分发挥各自优势，聚焦圈内共建、共享和长三角一体化发展，按照可操作、可评价、可实现的原则，梳理谋划了一批重大项目和合作事项 104 个，总投资

6242.1 亿元。

3. 福建省：争当中国东南沿海国家中心城市

福州都市圈范围包括福州市（全域）、莆田市（全域）、宁德市蕉城区、福安市、霞浦县和古田县、南平市延平区和平潭综合实验区。常住总人口 1286 万人，GDP 总量 10612 亿元，陆域面积 25080 平方公里。分别占闽东北协同发展区的 79.7%、85.0% 和 44.9%，占福建省的 32.9%、33.0% 和 20.7%。福州都市圈具有国家战略地位重要、省内发展战略核心、综合发展实力强劲、山海生态特色鲜明、海丝文化底蕴深厚、协同发展基础良好等一系列特点。

作为深化闽东北协同发展区合作、推动福州中心城市与周边地区协调发展的现行示范区，福建省与福州、莆田、宁德、南平、平潭综合实验区主动谋划、提前部署，完成了《福州都市圈发展规划（2020—2035 年）》（简称《规划》）。《规划》从竞争力提升和一体化发展两方面确定都市圈整体发展定位与目标。在竞争力方面，从全球经济控制、科技创新、交通枢纽、文化交往等维度提出发展目标；在一体化发展方面，从产业和创新协同发展、交通设施互联互通、生态环境共保共治、体制机制建设等维度提出发展目标。

4. 江苏省：锻造一体化"样板区"

2020 年 6 月 1 日，《长江三角洲区域一体化发展规划纲要》江苏实施方案发布，明确了江苏贯彻落实国家战略的时间表、任务书和路线图。实施方案首要任务是聚焦"一体化"合力构建区域协调发展新格局，把推动南京都市圈建设作为重要抓手和关键举措，以打造现代化都市圈支撑长三角世界级城市群建设。

南京都市圈始建于 2000 年，包括江苏的南京、镇江、扬州、淮安、常州市金坛区和溧阳市以及安徽的芜湖、马鞍山、滁州、宣城，横跨江苏和安徽两省，是中国最早跨省共建的都市圈，是长三角世界级城市群的重要组成部分，近年来一体化发展步伐不断加快，已具备培育发展现代化都市圈的基础条件。

在长三角版图中，南京都市圈具有举足轻重的地位：总面积达 6.6 万平方公里，2019 年年末常住人口约 3500 万人，地区生产总值近 4 万亿元，面积占长三角的 1/5，常住人口占 1/7，地区生产总值占 1/6。

南京都市圈位于上海大都市圈和合肥都市圈之间，是长三角引领带动长江中上游和中西部地区发展的"中继站""加压器"，只有做大做强南京都市圈，才能将上海的发展能级向长江中上游和苏北皖北地区有效传递。南京都市圈在长三角一体化发展大局中，具有承东启西、联通南北、链接海陆的门户枢纽作用。

5. 陕西省：推进西咸一体化发展

陕西关于西安都市圈的构想已有近 20 年，最早可以追溯到 2002 年西安和咸阳签署的经济一体化协议。2018 年，《关中平原城市群发展规划》指出要强化西安作为国家中心城市的服务辐射功能，加快培育发展轴带和增长极点，构建"一圈一轴三带"的总体格局，提高空间发展凝聚力。其中，"一圈"指由西安、咸阳主城区及西咸新区为主组成的大西安都市圈。

2020 年 5 月 22 日，陕西省发改委发布《关于建设西安国家中心城市的意见》（简称《意见》），其中首次提及"西咸都市圈"。《意见》提出多轴线、多组团、多中心推进城市建设，提高辐射带动能力。加强城市规划建设，提高城市治理现代化水平，建设宜居城市、韧性城市、智能城市。推进西咸一体化发展，支持西咸新区创新城市发展方式，加快建设西咸都市圈。

2021 年，陕西省发改委在《陕西省国民经济和社会发展第十四个五年规划和二〇三五年远景目标纲要》中对西安都市圈培养建设给出了明确的规划界定。西安都市圈范围作为核心区发展，更多对以西安为中心，1 小时通勤圈中的城市功能布局做了具体的区分，构建"一核一轴、两翼三区、多组团"发展格局，强化各个区域发展的核心功能。和以往相比，此次界定的西安都市圈范围更大，涵盖了铜川、渭南以及杨凌示范区，即"三区"；都市圈核心区由西安主城区、咸阳主城区和西咸新区共同组成，即"一核"。随着轨道交通的覆盖，西安主城区与咸阳、西咸新区的联系日益紧密。位于西咸新区范围内已经获批的西安地铁 16 号线一期，跨越了西安、咸阳两座城市的行政辖区；已经获批的西安地铁 1 号线三期，也将通往咸阳市中心。通过多个公交线路、地铁等轨道交通以及其他路网骨干连通，西咸正逐步建立起交通一体化。

二 中国都市圈规划实践总结与优化措施

（一）中国都市圈治理实践的特征和做法

中国都市圈治理的相关实践始于 20 世纪末。1999 年江苏省率先提出都市圈规划设想，2001 年编制了苏锡常、南京和徐州都市圈规划并于 2002 年批准实施。此后，哈尔滨、杭州、成都等城市也开展了都市圈规划编制或研究工作。总体而言，中国都市圈治理实践的特征和做法主要包括以下三个方面。

1. 以都市圈规划为主要治理工具

自江苏省三大都市圈规划编制实施以来，都市圈规划逐渐成为都市圈治理中常用的政策工具。编制实施的主体一般为中心城市政府或省级主管部门，周边城市参与，编制和研究工作主要依托联席会议等形式来推进。

2. 探索建立协同决策机制和政策落实机制

协同决策机制和政策落实机制是制定与实施都市圈各项规划、政策的重要保障，中国部分都市圈在这方面开展了诸多实践。例如，南京都市圈在政府合作方面开展探索，先后举办了都市圈发展论坛、市长峰会，发布了共同发展行动纲领，成立都市圈城市发展联盟等。据统计，中国半数以上的都市圈都设立了协调机构，通过举行协调会议、签订专项合作协议等方式推动都市圈发展重大决策落地,部分都市圈成立了专家咨询委员会以服务科学决策。

3. 拓展合作领域,创新接轨路径

中国都市圈将交通基础设施互联互通建设作为重要目标,进行都市圈交通网布局,逐渐形成以中心城市为核心的交通圈。部分都市圈在社会保障接轨衔接、优质公共服务资源共享方面取得了一定成效,教育、医疗等民生领域的同城化程度有所提升。一些中心城市的产业辐射作用进一步扩大,都市圈内各城市在产业承接、产业结构升级、产业链和产业集群发展等方面取得进展。部分都市圈探索了水资源共保、流域生态保护横向补偿等生态环境共保机制。

中国很多地区都编制了都市圈规划,但是由于圈内城市之间存在利益竞争、缺乏协同机制,各级政府以及政府部门之间的利益冲突等原因,规划实施效果并不理想。在新时期,都市圈规划治理与协作是亟待突破的方向,需要搭建多主体参与的开放型协作框架,构建自下而上的规划协同工作新机制。

(二)打造中国现代都市圈六要素

1. 全面提升城市规划水平,加快改善城市治理

从纽约、伦敦、东京、莫斯科、新加坡等城市规划演进看,早期城市规划多以产业和人口布局为主;现今城市规划则以城市更新、多元发展为主,促进城市均衡增长。

纽约、伦敦、东京、巴黎等国际都市圈的发展经验表明,都市圈空间范围通常以 1 万—2 万平方公里为有效辐射范围;通过构建以轨交为主体的高效的一体化综合交通体系,可强化内外交通联系,实现都市圈产业和人口的合理有序分布;推进区域产业科学合理的分工协作,能有效缓解"大城市病";打破行政分割,协同保障都市圈生态系统,可促进区域可持续发展;建立可操作的跨区域协商机制是落实都市圈发展重大事项的保障。国外主要都市圈战略规划要点见表 1 -6。

表 1 - 6　　　　国外主要都市圈（城市群、区域）战略规划要点

	区域性质	愿景	原则/方略/建议
《巴黎大区 2030 战略规划》	都市圈	生活在巴黎大区：一个多元化的大区	连接与组织、集聚与平衡、保护与增值
《荷兰兰斯塔德城市群 2040》	城市群	成为一个可持续的和有竞争力的三角洲区域	国家空间策略：责任和发展规划的去中心化；3 个关键人物；确保安全和不受气候变化的影响，可达到适应市场动态、满足空间质量的要求
《日本首都圈广域地区计划 2025》	都市圈	对流促进	首都圈的未来：遏制一点集中化，构建对流型首都圈；将共生融入未来（应对自然灾害，双城生活方式）
《大悉尼区域规划：三城之都》	都市圈	匹配基础设施和经济增长以重构经济活动；成型的东部海港城，发展中的中部河流域，新型的西部绿地域	10 个方向：基础设施之城、合作之城、有房之城、美地之城、互联之城、工作之城、技能之城、风景之城、高效之城、弹性之城
《墨尔本规划 2017—2050》	都市圈	机会与选择的全球之城	基本原则：独特墨尔本、全球连接与竞争之城、环境适应力与可持续性等
《旧金山湾区规划 2040》	城市群	为适应预期的住房和就业增长提供路线图，以及交通投资策略	聚焦增长（200 个有限开发区；有公共交通服务的已有社区可以进行附加紧凑开发；100 个优先保护区域；区域重要开放空间，具有需要长期保护的广泛共识和短板开发压力）；激励更智慧的土地使用决策
《芝加哥大都市迈向 2050》	都市圈	全球商务中心：为所有人提供机会的大都市	原则：包容性增长、弹性或适应力（为快速变化准备）、优先投资
《第 4 次纽约—新泽西—康州都市区规划》	都市圈	公平、繁荣、健康、可持续发展	聚焦"让该地区为所有人服务"，提出"机构改革、气候变化、交通和可负担性住房"四个领域的行动措施

续表

	区域性质	愿景	原则/方略/建议
《东英格兰规划 2031》	区域	挖掘经济活力，提供高质量生活	9 个空间策略：加强公共服务基础设施建设；积极应对城市收缩；重点发展集镇中心；满足乡村就业和住房需求；满足乡村就业和住房需求；强化多中心发展；优先重建区域；设立绿化带区域；开发城市边缘区；管理沿海变化

资料来源：屠启宇主编：《国际城市发展报告 (2020)》，社会科学文献出版社 2020 年版。

2. 创新城市发展理念，遵循特大城市发展规律

当城市功能和要素集聚到一定规模以后就要引导城市功能分散化布局。按照级差地租规律，一些非成本指向性的城市功能，或者有较强盈利能力的功能往往布局在城市中心区域，这些城市功能多是城市里面必不可少的，比如行政办公、金融商务等；其他城市功能，比如居住、教育、医疗、科技、经济等，可以通过在城市周边地区建设科教新城、医疗健康新城、产业新城等卫星城来安排，实现城市的功能分散布局。通过合理的城市空间布局，使城市内部各类功能和要素实现"大分散、小集中"，从而避免产生规模不经济的问题，确保有效提高城市运行效率和承载能力。

3. 优化都市圈功能布局，提升区域整体承载力

都市圈以具有很强辐射能力的中心城市为核心，与周边城市分工合作，形成功能互补、相互依存的同城化区域。都市圈的形成和发展极大地优化了中心城市的功能布局，通过功能分散化，一方面有效避免了"城市病"的形成，另一方面有效辐射带动了周边区域的一体化发展，从而提升了都市圈的整体发展实力。都市圈和城市群是相互联系又有所区别的两个概念。都市圈是城市群发展的基础，只有以都市圈为基础建立起来的城市群，才更具有效率和生命力。

4. 重视轨道交通作用，前瞻性规划建设市郊铁路

在都市圈范围内，中心城市与周边区域的城市之间要保持高效、紧密的联系，才能对城市功能和人口等形成吸引力，分散化、网络化的城市空间结构才能真正发展起来。公路的交通容量有限，且受天气等因素影响较大，依托公路保持中心城市与周边城市的交通联系，可能会带来潮汐拥堵的问题。而轨道交通特别是市郊铁路由于其具有运量大、速度快、受天气因素影响小的特点，是支撑都市圈内实现高效联系的重要交通保障。

5. 建立适宜体制机制，保障都市圈空间战略落地

都市圈的形成和演进需要经历一个漫长的过程，一般需要几十年甚至上百年的时间。推动都市圈高质量发展，需要保持充足的历史耐心和战略定力，要有"功成不必在我"的思想境界，坚持一张蓝图绘到底，保障都市圈空间规划能够顺利落地实施。

6. 选择协调发展道路，实现经济发展与环境保护的平衡

从国际经验来看，城市环境与经济发展的关系有两种模式：一是先发展后治理，例如伦敦、东京等都曾经历经济高速发展—环境恶化—污染整顿治理这一过程；二是协调发展，例如新加坡在立国之初即注重平衡经济发展与环境保护。对中国城市而言，应选择协调发展道路，实现经济发展与环境保护的平衡。政府应严格环保立法与执行，严格控制生产生活废气和汽车尾气排放。同时引导鼓励资金投入到生产能耗和排放优化中，持续降低单位 GDP 能耗。增强城市弹性，建设海绵城市。增加城市绿地比例，提高城市生态环境水平，以及自身净化和应对突发性灾害天气的能力。

三　中国都市圈发展未来展望

发展都市圈是解决"大城市病"的有效途径，同时也是吸引更多资金、人才和产业，推动区域整体协调发展的重要引擎。中国已

具备都市圈发展的四个要素条件：城市型社会的到来、强大的中心城市、成长的周边城市、发达的公共交通。中国未来的都市圈发展将基于产业引导（IOD）、公交引导（TOD）、服务引导（SOD）、生态引导（EOD）四大策略向高质量推进。

（一）TOD + IOD 是都市圈构建的必然趋势和新功能

TOD（Transit-oriented Development，公共交通引导的城市开发）发展模式的核心是"交通 + X"驱动力的构建，其中 X 是匹配当地特色的产业驱动，形成以交通和产业两大引擎双轮驱动的都市圈发展新模式，既能高效分配资源要素，同时拉近了城市间的距离，实现合理化产业分工协同，各自形成特色化产业集群，错位互补发展，发挥都市圈的真正效能。

IOD（Industry-oriented Development，产业引导发展的城市开发）发展模式的关键在于产业的专业化分工与区域协同发展。结合都市圈的经济发展总体特征，促进构建以中心城市产业高端化，周边城市产业特色化的发展模式，加快要素在城市间的流动与共享，避免都市圈内产业的同质化竞争，有效提升都市圈整体产业竞争力。

构建以 TOD + IOD 的发展模式是都市圈建设的必然趋势和新动能。以交通为先导，建立都市圈综合交通体系，建设 1 小时通勤圈，促进生产要素的自由流动，以产业为基础，进行产业的分工协同发展，支撑都市圈整体经济发展。

（二）EOD + SOD 是都市圈一体化发展的未来守则

EOD（Ecology-oriented Development，生态环境导向的城市开发）发展模式在未来将成为中国经济发展的底线，绿色经济、循环经济、生态经济将对产业发展革新产生深远的影响，与之相对应的科学技术、跨界产业、城市建设理念将带动未来都市圈发展的全新市场空间，背后潜在的经济规模亦在几万亿左右。

SOD（Service-oriented Development，社会服务设施建设引导的城市开发）发展模式是以政府为核心驱动，通过社会服务设施建设，从而实现城市重大功能形成转移，推进城市新功能区、城市新中心的形成。都市圈一体化进程中，通过非市场手段，高效分配和共享都市圈内的公共服务资源，将成为未来中国都市圈新功能区块形成的主要途径。

构建以 EOD + SOD 的发展模式是具有中国特色的都市圈建设路径，将以更科学、更可持续以及更高效的都市圈发展路径，在中国广袤的土地上快速形成多个集群化规模化的经济发展引擎区，在这些引擎区内，生产、生活、生态得以深度融合，最终实现人民富、产业强、城市美、质量高的经济发展新模式。

第 二 章

都市圈发展进程及特征

都市圈发展是城市化的催化剂，也是经济发展的重要引擎，都市圈的中心城市一般是人口和国家资源及财富高度集聚的大都市。未来的世界发展格局不只是单纯的国家与国家的竞争，也呈现出以都市圈为核心的区域化资源竞争特征。

一 都市圈发展的国际经验

目前，国际公认以纽约、伦敦、东京、巴黎为核心的大都市圈，其以雄厚的经济实力、强大的科技创新能力、高度集聚的人才资金等要素，在城市经济和全球经济竞争中扮演着越来越重要的角色。借鉴这些成熟都市圈的经验，总结共性规律，对中国发展都市圈有重要的现实意义。

（一）国际四大都市圈的概况

按照 1 小时通勤圈的定义，纽约都市圈包括纽约、长岛和纽约州的中下游哈德逊河谷，以及新泽西州北部和中部，康涅狄格州西部的 3 个县和宾夕法尼亚州东北部的 5 个县。总面积约为 8936 平方公里，2018 年总人口达到 1998 万人，约占美国总人口的 6.1%，区域内 GDP 为 1.74 万亿美元，约占美国 GDP 的 8.6%。是美国的经济、文化、教育、政治和创新中心。

从狭义上讲的伦敦都市圈只包括大伦敦①，即由伦敦市和其他32个行政区共同组成，占地面积约15800平方公里。2018年伦敦都市圈人口约为890万人，占全国人口的13.4%，GDP为6532亿美元，约占英国GDP的22.8%。伦敦都市圈是世界经济、金融、贸易中心，同时也是高新科技中心、国际文化艺术交流中心、国际创意中心和国际信息传播中心。

巴黎都市圈位于法国北部，由巴黎市和上塞纳、瓦勒德马恩省和塞纳—圣但尼省等近郊3个省，以及赛纳—马恩、伊夫林、埃松、瓦勒德瓦兹远郊四省组成。2018年全区面积12012平方公里，人口1200万人，占全国人口的18.4%，GDP为7240亿美元，占法国GDP的25.6%。巴黎大都市圈凝聚了各类职业、集团总部、中小型企业、高科技公司、创业公司、世界级的高竞争力集群、外资企业集团等。

东京都市圈是以东京市区为中心、半径为80公里的区域，包括东京、京都、神奈川县、千叶县等城镇。东京都市圈的总面积约为1.36万平方公里，仅为日本国土总面积的3.5%。2018年都市圈人口为3850.5万人，GDP达到1.62万亿美元，分别占日本总人口和全国GDP的30%和32.5%，城市化率在90%以上。全国有一半固定资产超过50亿日元的企业聚集在东京都市圈内。

从人口密度来说，四大都市圈中东京都市圈的人口密度最高，每平方公里达到了2832人；人均GDP则是纽约都市圈最高，人均8.71万美元。四大都市圈基本情况见表2-1。

表2-1   四大都市圈的基本情况

	总面积 （万平方公里）	总人口 （万人）	人口在全国 占比（%）	2018年GDP （万亿美元）	GDP在全国 占比（%）
纽约都市圈	0.89	1998	6.1	1.74	8.6
伦敦都市圈	1.58	890	13.4	0.65	22.8

---

①　根据中国对都市圈的界定，这里采用狭义伦敦都市圈的范围。

	总面积 （万平方公里）	总人口 （万人）	人口在全国 占比（％）	2018 年 GDP （万亿美元）	GDP 在全国 占比（％）
巴黎都市圈	1.20	1200	18.4	0.72	25.6
东京都市圈	1.36	3851	30.0	1.62	32.5

资料来源：作者根据相关资料整理，数据四舍五入。

（二）国际四大都市圈的基本特征

1. 发展路径：从单核心城市向多核多中心协调发展

四个大都市圈的发展历程尽管各具特色，但基本都经历了"中心城市壮大""单核心都市圈建成""多核心都市圈域合作发展""大都市圈协调发展"阶段。从功能过度集中的"单核心"到形态上各自独立、功能上紧密联系的"多核多中心"。

随着经济发展，核心大城市因其特殊的地理区位、政治及经济中心地位吸引了产业和人口的大量集聚，城市迅速发展壮大。但随之而来的是交通堵塞、基础设施建设不足、居住环境恶化等一系列城市问题。为解决大城市面临的这些问题，在政府主导下，通过规划将中心城市的功能、产业和人口有计划地从核心区向周边疏散。城市发展的重点也放在为促进产业、人口分散而积极开发周边地区和加快建设大型基础设施上，例如建设卫星城、新城等。英国 1940 年发布《巴罗报告》旨在解决伦敦人口过于稠密的问题，建议对伦敦中心地区的产业和人口进行疏解。1946 年《新城法》通过后，掀起了新城建设运动，到 20 世纪 50 年代末，在离伦敦市中心 50 公里的半径内建成了 8 个被称为伦敦新城的卫星城。这一阶段都市圈显示出"一极集中、适度疏解"的特征。

由于交通不便、配套设施有限等问题，新城和卫星城在引导产业、人口疏散方面起到的作用有限，政府开始侧重在更大区域内进行资源的配置，打造多核心分散型结构逐渐成为规划主要方向。例如伦敦的新城规划，日本 20 世纪 80 年代的《首都改造计划》和

《第四次首都圈基本规划》推进了东京都市圈由"一极集中"向"多核多圈层"的转变。

在以人工智能、云计算、物联网为代表的技术变革、经济全球化加速和产业升级的大背景下，经济发展模式和空间格局也随之有了显著的变化。经济发展模式由要素、投资驱动转变为创新驱动，空间组织也发生改变，分布式网络将取代单一功能区，都市圈的中心城市和周边城市不再是中心—腹地的附属关系以及等级关系，而是转向网络化关系，更突出城市之间的相互支撑和互补。《巴黎大区2030指导纲要》（简称《纲要》）中提出了"集聚与平衡"的城镇化关系，即通过在大区尺度上培育更多城市中心以实现平衡的生活和公平的地域发展。《纲要》共提出了五级中心，包括"大区重要中心"和分为四个规模等级的"地方中心"，《纲要》并未强调这些中心的等级关系，而是强调重视地方特点，突出中心间的协调整体发展。

日本在《第五次首都圈基本计划》中提出了"分散的网络结构"概念，认为首都圈应形成独立的、自主化的功能区域，区域间形成高水平高密度的网络化结构，实现业务、商业、文化、居住等各功能相互协调发展的区域整体。

2. 城镇体系：围绕中心城市形成圈层结构

在都市圈的整个成长历程中，中心城市发挥着不可替代的领头羊作用。作为集聚中心，中心城市虹吸了周边地区的资源要素，从而将周边变成了它的外围。随着中心城市发展，一些城市功能开始向外围疏散，中心城市的溢出效应显现，外围地区开始发展。形成了内部以中心城市为中心，大小城市共同构成的城市群圈层结构。城镇的层级体系发育完善与否，折射出了都市圈的成熟度。综观世界领先的成熟都市圈，往往都是由若干大小城市按梯次构成的结构清晰的城镇体系。中心城市是都市圈的经济中心，决定了都市圈的辐射能力，而城镇体系是维持都市圈稳定性和可持续性的关键。

东京都市圈第一圈层是1—30公里半径圈，包括东京中心区，横滨、琦玉、千叶 3 个疏散首都综合职能的大型副中心城市，以及柏市、町田等 6 个疏散居住、商业、交通功能的居住型城市。第二圈层是 30—50 公里半径圈，布局了八王子、横须贺、相模原等 7 个综合产业型新城，以疏散首都人口，承接科教、工业转移和发展为主。第三圈层为 50—80 公里半径圈，布局筑波等 3 个单一产业型新城和小田原等 3 个外围交通物流节点的枢纽型新城，以科教、生产、交通等功能为主。同时，有约 45 个 10 万—20 万人的小型单一产业卫星城、边缘型城市和居住型城市散布在都市圈各圈层。东京都市圈不仅城市数量多，并且城市结构呈金字塔形分布，形成错位有序的分工。

3. 功能布局：有序的错位发展与分工协作

和都市圈内城镇体系相对应的是功能在城镇中通过错位布局，实现分工协作和互补发展。世界大都市圈的中心城市往往都拥有一个或多个在全球极具影响力的产业，如纽约、伦敦和东京都是世界金融中心。都市圈内各次中心城市根据自身功能定位，找到与中心城市错位发展的产业道路，形成一定程度的产业协同和互补发展，发挥了整体集聚的功能，增强了都市圈的整体竞争力。

东京都市圈内形成了"圈层分工、集群发展、网络互动"的分工合作体系。东京发挥着国内外政治、行政、金融、经济、科教文化中枢的职能；神奈川区域发挥工业集聚地和国际港湾职能；崎玉区域已接纳了东京部分政府职能的转移，在一定意义上成为日本副都；千叶区域发挥空港、港湾、工业集聚地的职能；茨城南部区域已形成以筑波科学城为主体的大学和研究机构的集聚地等。产业上下游邻近布局形成产业集群，如筑波科学城、八王子大学城等科技园区周边聚集电子信息、精密仪器类等对智力资源需求较高的企业，形成知识产业集群。都市圈内各个区域通过分工与优势互补，削弱城市间的竞争，促进都市圈产业向更高层次发展。

4. 产业发展：中心城市带动产业升级与产业链发展

在都市圈发展过程中，中心城市首先通过聚集产业和人口，形成生产、消费的内生动力，进而发挥集聚优势，率先完成产业的转型升级，并将自身经济红利向外围延伸，增强都市圈中心城市辐射带动力。目前世界大都市圈多以金融、科技信息、文化创意等产业为核心产业，而外围地区也逐渐经历了从工业化向商贸物流、休闲娱乐等产业升级的过程。

伦敦通过适时产业转型与创新活力有效地促进了都市圈的可持续发展。都市圈产业体系的不断更新与迭代，使伦敦始终处于世界产业链条的上游并在全球产业分工格局中占据着有利地位。20世纪90年代，作为世界金融中心的伦敦就率先认识到了文化创意的价值，将创意产业作为城市核心产业经营。目前伦敦不仅是全球的政治经济中心，还被誉为"国际设计之都"。由工业到金融业，再到文化创意产业，伦敦凭借不断突破和创新的能力引领世界产业的变革和经济浪潮，不仅自身成为世界一流的国际大都市，也带动着周边大中小城市的产业分工与升级。目前伦敦都市圈已形成以生产性服务业为核心，多种产业互补协作的现代产业体系，通过着重发挥伦敦这一中心城市的辐射带动作用，打造多个产业集群形成多个副中心城市和特色卫星城。同时，伦敦自身作为全球资源配置平台的属性将会带动整个都市圈内的城市走向全球化，使得世界范围内的资源在伦敦都市圈内自由流动，为不断创新提供成长的土壤。

东京都市圈的产业布局演化是由政府和市场双重作用推动的。为了控制东京向周边地区无序扩张，依靠《首都圈建成区内工业等设施控制法》《首都圈城市开发地区整治法》等强制性的国家法规，早期集聚在东京核心区的工业、教育、行政办公以及批发仓储流通等多类设施逐步分散，城市周边地区的卫星城和新兴工业城市建设也得以快速推进。除了政府力量外，都市圈核心区域日益上涨的土地价格也是推动以制造业为代表的第二产业逐渐外迁的主要动因。目前中心城市东京以金融业、商贸业与生产性服务业为主，高端制造业和科技产业分布在次中心城市和环中心城市带，重工业及资源型产业则分布在更外围的地区，要素和资源在都市圈内有序无障碍地流动，构建了完善的产业链和价值链。

5. 交通体系：发达的交通系统和网络

打造强大的交通网络，包括城市内和市郊网络，以至区域性、国际性的交通网络，是都市圈发展的重要条件。交通网络就是都市圈的空间结构框架，通过核心区内外之间的互动，推动跨区域的分工与合作，实现都市圈一体化的目标。

东京都市圈为其他都市圈提供了优秀的交通体系样本，由新干线、航空、港口、公路等构成的现代交通网络体系，是东京都市圈成为世界级资源配置平台的基础。东京都市圈在交通网络体系建设方面所展现的全面性、开放性与整体性很大程度保障了资源配置的高效率。东京都市圈最为显著的特征是轨道交通的高度发展，城市电气列车、新干线、轻轨、高架电车等各种轨道交通路线，构成了东京与各个据点城市、业务城市的重要纽带，全世界最密集的轨道交通网有效支撑了整个东京都市圈。轨道交通里程总计 5539 公里，轨道交通出行量占公共交通出行总量的近 80%，已形成多主体、多层次、高密度、高运量轨道交通体系，都市圈内的大部分客流运输都是以轨道交通的方式进行的。

（三）国外都市圈发展的主要经验

1. 以都市圈规划指导区域的发展

在纽约、伦敦、巴黎、东京等都市圈的形成中，都制定了权威、缜密、科学的区域发展规划。区域规划能够跨越行政区的范围，从国家战略需求和更大程度发挥规模效益和集聚优势的角度，对都市圈空间组织、基础设施、城市环境、产业布局及公共服务等区域性问题进行统筹考虑，并开展针对性的项目规划。

纽约都市圈经历过三次重大调整。1921 年第一次调整和 1968 年的第二次调整主要着眼于纽约市自身的发展，但是带来了土地资源利用率低下、城市空洞化等问题。1996 年，美国东北部大西洋沿岸城市带的规划，确立了拯救纽约都市圈的全新理念。这一理念的核心是在经济全球化进程中扩大地区竞争力的视野，使纽约和新泽西州、康涅狄格州等实现共同繁荣，以及促进"再连接，再中心化"的思路。这次规划促进了区域经济的整体、协调发展，中心城市以其科技、资本和产业优势，在产业结构调整中发挥了先导和创新作用。中心城市的实力和地位得到增强，而周围地区也获得了良好的发展契机。

日本先后制定五次首都圈规划，充分体现了"规划先行""与时俱进"的规划建设理念。日本 1953 年制定的《首都圈整治法》首次明确地将东京都与周边地区作为一体化的区域设定为法定规划对象，开启了大都市圈发展阶段。之后由政府主导的"首都圈整备规划"先后于 1958 年、1968 年、1976 年、1986 年、1999 年五次编制，每次均根据国际背景变化、国内战略要求和东京历史使命的变迁，做出适应性调整和完善。每次规划的核心目标都是致力于解决区域经济一体化过程中的空间结构、功能布局和因人口、资源和城市功能过度密集所引发的各类区域性问题。在规划理念方面，实现了从硬性控制到柔化管理的转变；在城市空间结构方面，实现了由单中心向多中心、圈层结构向网络结构的转变，为东京的人口和功能的疏解以及首都圈区域的协调发展提供了科学的依据和指导。

21 世纪新兴产业发展背景下，伦敦认识到提升城市竞争力的重要性。2004 年大伦敦政府颁布了指导未来 30 年伦敦都市圈发展的《大伦敦空间发展战略》（简称《战略》），主要以综合协调区域的发展为核心内容，不强调等级关系。重点考虑了五大次分区域各自的发展战略，并规划确定了"机遇增长期""强化开发区""重建区域"等，使都市圈的人口、就业得以可持续发展。《战略》先后于 2008 年、2011 年、2016 年进行了修改，每次修改都是基于对当下和未来的充分研究和预见，是最具权威性的大伦敦城市空间综合发展战略规划，是对社会、经济、环境、交通等重大问题进行的战略分析和有效应对。

2. 建立有效的规划保障实施机制

为了保证规划的实施，日本先后制定了《首都圈整备法》等数十项法律法规，并根据实际情况及时进行修正以更好地应对实践中的挑战。此外，还制定了多项操作层面的法律，与法律配套的相关法规和技术标准，以及保证首都圈规划实施的机构、相关税收和资金政策的法律法规等，有力地保障了首都圈规划和建设的严肃性和权威性。在机构上，设置了统筹中央和地方、促成区域协调的规划机构。最早的区域协调机构是首都建设委员会，成立于1950年，《首都圈整备法》颁布后，1956年更名为首都圈整备委员会，并作为总理府本府的下属机构，其权限得到了一定程度的加强。1974年国土综合开发厅正式成立，包括首都圈整备委员会在内的各地方都市圈整备本部都被吸收进新成立的中央机构——国土厅下属的大都市圈整备局，从整个国土开发框架中来定位首都圈发展，规划主体与地方政府也成为主导与从属的关系。从咨询委员会改组为行政委员会，再到相对纯粹的中央行政机构，规划决策权力的上移对于提升区域性规划编制效率和实现效果作用显著。

早在19世纪30年代，英国政府开始就建立具有大都市区政府性质的管理机构进行了多次尝试和改革。2000年通过全民选举产生的"大伦敦管理局"是解决大伦敦管理体制的一次重要改革，不但建立了统一的大伦敦市政府，也在大伦敦市政府和各自治市之间进行了明晰的纵向分权。在法律和政策上，1999年颁布了《大伦敦政府法案》，规定大伦敦市长就空间发展战略必须与毗邻伦敦的郡或区进行协商；2004年颁布的《规划和强制性采购法》规定地方规划机构在制定地方开发文件时，必须遵循和考虑国家和所在区域或相邻区域的空间战略要求等。

在巴黎都市圈建成过程中，首先就是以法律形式规范城市规划。从1932年通过法律提出打破行政区划壁垒，对城市发展实行统一规划开始，直到1994年批准《巴黎大区总体规划》，城市规划始终没有脱离法制规范，保持了规划的权威性和可执行性。《巴黎大区总体规划》是目前大区发展中必须遵守的法律文件，其中包含的《巴黎大区整治计划》也成为大区建设的指导性文件。

3. 建立区域空间协调管治机制

跨区域合作机构和协商机制在保障规划实施，推动区域协调发展中发挥了重要作用。

尽管中央政府主导地位突出，但东京都市圈内各地方自治体之间也探索出与中央集权主导相配套的一些自下而上、非正式的区域性协作机制，其中跨区域协议会是最具有代表性的形式，既有以解决专业性问题为导向的区域协议会，如"东京都市圈交通规划协议会"；也有各地方自治体的首脑自发组成的联席会议，如1965年成立的"关东地方行政联席会议"、2002年成立的"首都圈港湾合作推进协议会"等。这些自下而上、非正式的协调机制也成为中央政府主导区域协调机制的有益补充，保证了处理具体性区域问题的针对性和灵活性。

2015年伦敦都市圈地方政府峰会讨论形成了伦敦都市圈协同治理的四项工作机制：包括召开伦敦市都市圈地方政府峰会、成立伦敦都市圈政治领导小组、设立战略空间规划官员联络小组、建立伦敦都市圈跨域协同治理网站。通过具体可操作的协商机制加强跨域协同事务的沟通、组织和领导。

这些跨行政区的协调组织或者都市圈政府的存在，并没有剥夺地方政府的权力，而是对传统行政管理体制的必要补充。它的存在极大地强化了规划的科学性、民主性和权威性，并使区域经济协调发展成为可能。

4. 重视中心城市的带动作用

中心城市能级决定周边城市的功能和定位。具有中枢地位的中心城市是实现都市圈协同发展的主导，在特定范围内，中心城市具有增长极核的作用，对圈内的其他城市有较强的带动辐射作用。国际大都市圈的中心城市都是国家或洲际的中枢，集多种功能和职能于一身，成为都市圈内社会经济最发达、经济效益最高的城市，甚至是所在国乃至世界的重要发展引擎。

大伦敦在发展历程中，其中心城区的空间集聚性十分明显，并对周边城市形成了强大的辐射与带动作用。当前，大伦敦城市规划尤其强调城市中心区的更新改造，目的就是要让中心城区充满活力，通过环境改造、产业布局调整等提升中心城市的集聚效应和辐射功能。

日本着重将东京培育成集全国金融管理中心、最大的工业中心、最大的商业中心、最大的政治文化中心和最大的交通中心于一体的世界城市。并通过实行产业结构调整政策，促进产业结构的优化升级，奠定东京在都市圈的核心地位，并成为辐射带动整个日本发展的中心城市。

5. 推进合理的分工协作体系

都市圈在发展的初期和中期，外围城市的功能与定位主要是服务于中心城市的发展需求，随着中心城市规模能级和发展阶段的变迁，外围城市不再只是作为中心城市的腹地服务于中心城市的发展，而是作为城市网络体系中的枢纽存在。整个城市体系下，不同层级的城市相互分工合作，协调发展。

纽约、东京、伦敦、巴黎都市圈都是通过对产业空间布局和地域的合理分工，实现了产业的多样化发展，使得整个都市圈实现了"共生共赢"。从区域发展看，中心城市要疏散传统的生产制造功能，向更高附加值的第三产业转变。

6. 注重交通网络的引导和联络作用

交通一体化是都市圈协同发展的基础，特别是在现代条件下，各城市之间要彼此合作，形成各具特色的劳动地域分工体系，就必须以发达的交通运输网为依托。

日本铁路网的形成先于城镇化，轨道交通骨架支撑了城市空间结构的逐渐成型。交通系统的高度完善得益于日本政府的高度重视与财力投入，东京都市圈的历次规划都是将公共交通系统的布局与建设放在首位，同时投入大量财政补贴。随着交通系统的完善，东京都市圈形成了以城市群轨道交通线路为轴线，功能完善、联系紧密的城市圈空间结构。在土地开发利用上，也强调通过 TOD、SOD 的模式对土地进行综合利用和混合开发，以提高新城内部功能的自立性。

《巴黎大区 2030 战略规划》中提出的"联结与组织"规划策略，主要对应于交通规划，旨在构建巴黎大区更外向、更紧密连接、更可持续的交通系统。在对外交通层面，新的轨道交通站点以及高铁线路将使外向联系更方便，港口、铁路和内河航道将被整合进综合物流系统以减小道路交通的压力和减少污染。内部交通方面，公共交通系统将随着大巴黎轨道快线的实施，常规公交和有轨电车线路的外延而得到进一步提升，中心城和外围区域，以及外围区域相互之间的联系将更为紧密和便捷。

二　中国都市圈发展进程及特征研判

2014 年《国家新型城镇化规划（2014—2020 年）》指出，特大城市要推进中心城区功能向 1 小时交通圈地区扩散，培育形成通勤高效、一体发展的都市圈。2019 年 2 月，国家发展和改革委员会发布《关于培育发展现代化都市圈的指导意见》（简称《意见》），这是中国第一份以"都市圈"为主题的文件，标志着都市圈时代正式来临。

（一）大城市的都市圈化特征日益凸显

在中国快速城镇化发展进程中，大城市的经济实力和辐射扩散能力不断增强，地域范围日益扩展，城市群内中心城市与周边城市共同参与分工合作、同城化趋势日益明显的都市圈不断涌现。在人口增长、就业通勤、空间扩张、产业联系等层面已经一定程度地打破行政边界，都市圈化特征日益凸显。

1. 人口和产业向都市圈聚集

根据恒大研究院数据显示，中国有上海、北京、广佛肇、杭州、深莞惠等 10 个 2000 万人以上的大都市圈，有重庆、青岛、厦漳泉等 14 个 1000 万—2000 万人的大都市圈。24 个千万级大都市圈以全国 6.7% 的土地集聚约 33% 的常住人口，创造约 54% 的 GDP。

美日韩等发达经济体大都市圈均吸引人口持续流入，直到区域经济—人口比值在 1 附近并维持动态平衡。中国 24 个人口 1000 万人以上大都市圈常住人口合计从 1990 年的 3.4 亿人增至 2018 年的 4.8 亿人，占全国人口的比重从 29.7% 增至 34.7%。经济份额合计从 1990 年的 41.3% 增至 2010 年的 54.7%，2018 年稍降至 53.8%；经济—人口比值 2018 年仍高达 1.55，预示仍将继续吸引人口流入。

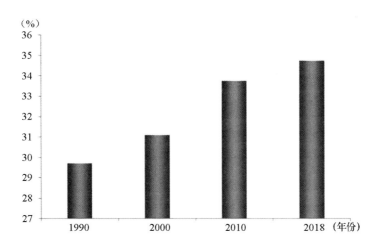

图 2 – 1　24 个大都市圈人口占全国比重
资料来源：恒大研究院。

在 24 个千万级大都市圈中，苏锡常、深莞惠、上海、南京、广佛肇等 5 个都市圈经济—人口比值大于 2，北京、天津、杭州、宁波、长株潭、青岛等 6 个都市圈介于 1.5—2.0 之间，厦泉漳、合肥、济南、武汉等 4 个都市圈介于 1.2—1.5 之间，均远大于 1；仅沈阳、南昌、哈尔滨、石家庄经济—人口比值小于 1，且部分都市圈经济—人口比值较低与划分范围过大有关，见图 2 - 1。

2. 人口由都市圈中心向外围溢出

都市圈人口发展历程呈现明显阶段性特征。以东京都市圈为例，发展初期，东京人口加速增长，外圈区县人口增长缓慢，进入发展中后期，东京人口发展趋于稳定，外围区县成为新增人口的主体吸纳空间。中国以北上广深为代表的成熟都市圈也表现出类似规律，人口由中心向外围溢出，外圈层人口加速增长，与城市核心的人口密度落差逐渐缩小。

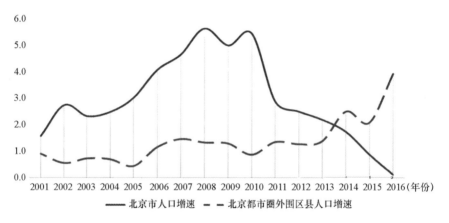

图 2 - 2   2001—2016 年首都都市圈核心区与
外围区县人口发展增速变化

资料来源：华夏幸福产业研究院。

2001 年至今，北京市区人口增速放缓甚至趋于停滞，外围区县人口加速增长，2014 年之后人口增速开始超过核心区，成为首都都市圈人口增长的主力区域。外圈层已出现广阳、固安等在北京发展腹地中起到关键支撑作用的节点性城市，见图 2 - 2。长三角地区人口以上海、杭州为核心集聚连片分布，上海都市圈城市核心在

2010—2017 年人口增量为 64 万人，同期外圈层人口增量接近城市核心增量的 2 倍，高达 125 万人，昆山、江阴等节点性城市人口均超过 150 万人。

3. 中心城市与周边城镇联系日渐紧密

随着中心城市与周边邻接城镇社会经济联系的日渐紧密，跨行政区通勤越发普遍。中心城市辐射范围内的卫星城成为吸纳人口和承接产业转移的重要载体，大量劳动力由于工作地点和居住地点的分离，往返于都市圈中心和外围圈层之间。区域联动性的不断增强打破了外围城市传统的县域发展模式，促使其脱离原行政区划，寻求与中心城市及其周边城市的联合，加速向都市圈经济转型。除自身经济发展水平等因素之外，外围城市更大程度上受到都市圈中心城市的影响，在其辐射带动下跻身新一线、新二线城市行列。

以房价为例，都市圈外围城市的房价与行政区划的关系逐渐削弱，与其所受辐射带动的中心城市密切相关。首都都市圈的大厂、固安、廊坊、沧州，和上海都市圈的嘉善、德清、太仓等外圈层城市房价均已高于部分三、四线和省会城市。受益于都市圈一体化，都市圈辐射范围内的中小城市将获得与二线城市，甚至一线城市相当的发展机会和资源。

（二）都市圈间经济落差显著

不同区域都市圈之间的经济基础差异较大。上海、杭州、南京、广州、深圳都市圈已经基本形成都市连绵区，发育程度高，发展动力强劲。而西部地区的都市圈范围普遍较小，且发育程度低，发展动力较弱。2019 年广东 GDP 首次突破 10 万亿元，而东北三省 GDP 总量不及中部河南一省，南北经济差距拉大。截至 2019 年年末，中国六成以上的上市公司聚集在长三角、珠三角和京津冀地区，登陆科创板的 70 家企业中近五成来自长三角地区。

长期以来，中国北上广深四大超一线城市经济发展水平位居全国前列，已成为中国商业、贸易、医疗、教育、交通中心，以这四个超一线城市为中心城市的都市圈发展具有得天独厚的优势。尽管中国中西部都市圈建设进程在政策帮扶下不断加快，但与东部比较成熟的都市圈长期累积的差距并不会大幅缩小，短期内人才与企业大量前往一线城市聚集的趋势依旧。

（三）都市圈城镇体系不完善

城镇空间结构应是以中心城市为核心，并有相应多级城镇构成的网络体系。伴随着交通网络的日益完善和城市产业的转型升级，都市圈城镇空间格局逐渐向网络化、多核多中心、组团式发展，圈层逐渐外拓，外围节点性城市逐渐增加，城镇体系不断完善。

相比国际其他都市圈，中国都市圈尚未建立起大中小城市各具活力的城镇体系，都市圈核心区一家独大，中小城镇发展滞后，制约了都市圈，特别是外圈层的人口承载潜力的发挥。首都都市圈城镇体系规模结构不完善问题尤为突出，中间规模的城镇发育薄弱，承接疏解能力有限，辐射带动能力不足，中小城镇规模严重不足，东京都市圈中小规模城镇人口与首都都市圈、上海都市圈之比为110：28：53。

（四）中心城市辐射带动作用不足

伴随着交通网络的日益完善和城市产业的转型升级，成熟的都市圈内圈层辐射带动外圈层发展的作用应逐渐增强，外圈层承载内圈层人口和产业转移必要性突出。然而由于限制人口流动的事实壁垒仍然存在，以及周边配套服务设施不完善，公共服务尚未实现一体化等原因，中国都市圈普遍存在人口过度集中于核心圈，都市圈内外圈层落差大，核心区辐射带动效应较弱的现象。

中国近60%的都市圈中心城市与周边外围城市人口流动规模占中心城市与所有城市人口流动规模的比重不足15%；在经济联系方面，71%的都市圈中心城市与外围城市之间企业互相投资规模不足50亿元。最高的上海约399亿元，其次是北京、深圳、天津，最少的是呼和浩特，仅为3亿元。超过70%的都市圈中心城市与外围城市互相投资规模占中心城市与全国所有城市互相投资规模的比重不足15%。从经济联系紧密度上，比较高的是广州和天津，投资比重达到30%以上，其次是上海、南京、厦门等东部经济比较发达地区的都市圈。大部分中西部都市圈的中心城市和外围城市经济密切度较低，重庆市这一比重仅为0.4%，见图2-3。

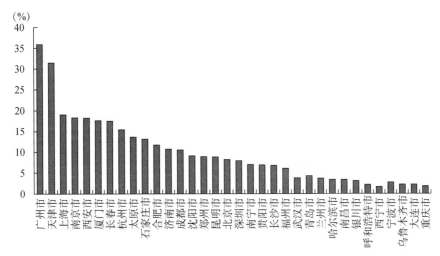

图2-3　都市圈中心城市与外围城市互相投资规模占中心城市全国投资规模的比重（2017年）

资料来源：尹稚等编著：《中国都市圈发展报告2018》，清华大学出版社2019年版。

首都都市圈城镇体系中，城市功能高度集中于中心城区，中心城市GDP占比65.28%，在外围区域缺乏次一级的中心城镇，外围节点性城市和中小城镇密度不够，发育不成熟且落后，对中心城区无法形成有效的"反磁力"，主动吸引并留得住人和产业的能力不足，北京中心城市和外围城市投资比重仅占其全部投资的8.2%，属于偏低水平。

（五）中心城市和周边城镇联络有待加强

中心城市和周边城镇在劳动力、资金等要素的流动上有待加强。根据《中国都市圈发展报告2018》显示，2017年超过85%的都市圈中心城市与外围城市之间每天平均人口流动规模不足8万人次。其中，规模最大的深圳约12万人次，远低于东京都市圈内三县平均向东京都每天通勤的人口规模（约86万人次）。最小的是大连，仅有1.7万人次，见图2-4。

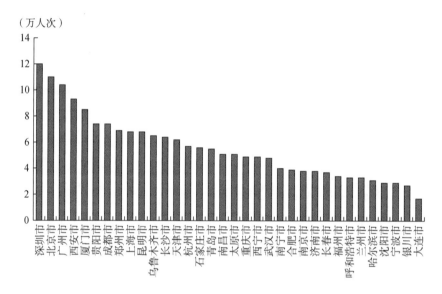

图2-4 都市圈中心城市与外围城市日均人口流动（2017年）

资料来源：尹稚等编著：《中国都市圈发展报告2018》，清华大学出版社2019年版。

轨道交通作为促进城市间要素流动的关键因素，对人口、产业的空间转移和合理分布影响巨大。作为连接城市核心与外圈层节点性城市的发展轴线，中国市郊交通建设明显滞后。以北京和东京都市圈为例，北京轨道交通运营里程554公里，高于东京（304公里），但北京的市郊铁路290公里，远低于东京（4476公里）、伦敦（3071公里）、纽约（1632公里）、巴黎（1296公里）。轨道交通体系建设相对于人口流动的滞后性已经成为都市圈一体化发展的瓶颈。

三　都市圈与城市群战略的协同推进

都市圈在城市群空间中起到重要的承接作用，在当前推动区域高质量协调发展的进程中，以都市圈建设来提高城市群建设质量、发挥大城市在城市群建设中的辐射带动能力，实现都市圈与城市群战略的协同发展，对于推进中国新型城镇化建设，完善区域协调发展机制，具有重要的现实意义。

（一）都市圈建设是城市群发展不可跨越的阶段

在城市和城市群之间有一个新的空间尺度，即都市圈。都市圈建设是中国新型城镇化发展的阶段，也是城市群一体化发展不可逾越的阶段。

当前中国的区域发展进入新时代，"一带一路"建设、京津冀协同发展、长江经济带建设、粤港澳大湾区建设，以及长江三角洲一体化发展等区域发展的重大国家战略相继实施。在区域协调发展的新时期，《国家新型城镇化规划（2014—2020 年)》将城市群确立为中国新型城镇化主体形态，并规划建设 19 个城市群。但是从全国层面来看，真正严格意义上的城市群在中国并不多见。发达国家人口流动一般经历从城镇化到都市圈、城市群，其中都市圈为中间阶段。成熟城市群由若干分工较为明确、经济社会联系紧密的大中小城市组成，且均以一个或几个大都市圈为"硬核"，例如纽约都市圈，伦敦都市圈，日本东京、大阪和名古屋三大都市圈，巴黎都市圈等。

国际经验表明，都市圈建设能够加强中心城市和周边区域的经济联系，形成相对合理的城市体系格局。可以说，都市圈是城市向城市群发展的重要环节。推进都市圈建设，形成"中心城市—都市圈—城市群"的区域空间格局，有利于城市群的高质量发展。

（二）培育现代化都市圈是推进城市群一体化的突破口

当前中国多数城市群发展尚不成熟，城市群规划范围内的城市的劳动生产率并不比城市群规划范围外的城市高。主要原因之一在于城市群在形态上一般比较庞大，跨区域的协同难度较大，过高的协调成本导致城市群内部城市的经济合作行为受到限制。现代化都市圈是以超大、特大城市为支撑，1小时通勤圈为基本范围的紧凑型、紧密型的空间生态，基本上在一个省的行政区划内，更容易突破行政边界束缚，整合资源。因此与城市群相比，都市圈更有利于平衡利益、加强合作，缩小区域政策尺度、细化区域政策单元，促进劳动力、资本、技术等要素自由流动。因此，培育现代化都市圈是推进城市群建设的突破口。从世界范围内的城市群发展规律来看，以都市圈建设来实现集约高效、分工合理的跨区域协调发展，也是发达国家主要城市发展的普遍做法。

政策上，国家也积极推动都市圈的一体化，促进城市功能互补、产业错位布局，推动公共服务共建共享和政策协同。2019年2月国家发改委印发的《关于培育发展现代化都市圈的指导意见》中提出在具备条件的都市圈实现户籍准入年限同城化累积互认；促进教育、医疗、养老等优质公共服务资源共享，加快社会保障接轨衔接；在政策协同方面，将允许都市圈内城乡建设用地增减挂钩节余指标跨地区调剂，都市圈内房地产调控政策将强化协同等。之后，部分省市也相继出台相关规划文件为都市圈建设和发展提供了规划保障。

地方实施层面，广东将珠三角城市群划分为广佛肇、深莞惠、珠中江3个都市圈以推动珠三角一体化进程。广州都市圈的广州与佛山、肇庆已经形成1小时交通圈，在医保社保互认互通、政务服务、产业协同方面也取得了一定的成就。2020年1月，南京和苏州率先提出，在具备条件的都市圈内，推进实现户籍准入年限同城化积累互认。

（三）都市圈是提高城市群综合承载能力的重要空间载体

中心城市是城市群的核心，对城市圈发展起到了"提纲挈领"的作用，中心城市综合承载能力提升与城市群综合承载能力提升是相辅相成的。都市圈是从城市综合承载能力到城市群综合承载能力提升的重要空间载体。

中心城市往往有着更高的工资溢价，能够提供更多的产品产出与优质公共服务，对人口与各类生产要素有更大的吸引力，也集聚了更多的高端制造业、高端服务业和重点领域新兴产业，有更大的综合承载能力。但在有限的自然资源约束下，中心城市资源环境承载力存在阈值。都市圈介于城市和城市群之间，是促进资源要素跨行政区域流动的重要空间维度，更是推进城市群高质量发展的重要空间载体。通过都市圈建设，使得中心城市能够更容易突破行政边界，促进资源要素率先在都市圈这一小空间尺度上自由流动，形成统一的劳动力、要素市场和产品市场，提高资源的配置效率，提升中心城市自身的承载能力。都市圈通过强化城市群的"核心"作用，放大中心城市的辐射带动作用，优化城市群的城市体系，进一步提升城市群综合承载力和高质量发展。

第 三 章

都市圈发展中的房地产投资潜力

中心城市及与周边地区联系的网络是都市圈是否形成的关键要素。中国地域广阔，城市间发展不平衡，本书依据中心城市的发达程度和其与周边联结协同程度，将都市圈分为强中心—强网络型、强中心—弱网络型以及弱中心—弱网络型都市圈。并将强中心—强网络型称为成熟型都市圈，将强中心—弱网络型都市圈称为成长型都市圈，将弱中心—弱网络型都市圈称为培育型都市圈，以下对房地产市场的研究主要聚集于成熟型和成长型都市圈。

一 都市圈发展阶段如何判断城市价值

2019 年，中国城镇化率超过了 60%，进入诺瑟姆城镇化"S"形曲线快速发展阶段的后半段，城市群、都市圈成为中国未来一段时间城镇化发展的主体空间形态，其中，都市圈又是城市群形成和发展的重要环节。都市圈是城市群内部以超大特大城市或辐射带动功能强的大城市为中心、以 1 小时通勤圈为基本范围的城镇化空间形态。在都市圈发展阶段，都市圈城市和非都市圈城市的分化将日益加剧，都市圈城市的城市价值不断提升。

（一）城市价值的核心体现是人口聚集能力

如果只选择一个指标来反映城市价值、城市竞争力，那就是人口聚集能力。人口聚集能力越强，标志着城市竞争力越强、城市价值越高。

1. 支撑人口聚集能力的是城市的经济实力

首先，从城市经济份额与人口份额之比看，经济实力强的城市吸引人口的能力也强。

经济份额与人口份额之比越高，吸引人口的动力越强，从 13 个中心城市的经济份额与人口份额之比看，除北京和上海由于控制人口规模的原因，其他城市基本上呈现经济份额与人口份额之比越高，常住人口规模越大的规律，见图 3 – 1。

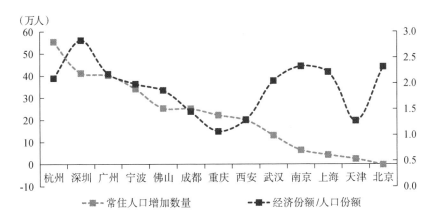

图 3 – 1　部分城市经济份额/人口份额与常住人口增加数量
资料来源：WIND。

其次，从人口的实际流向看，人口流入多的城市也是经济增速快的城市。

城市对人口的吸引能力与经济增长具有正相关的关系。经济份额与人口份额之比越高，GDP 增速越高；经济份额与人口份额之比越低，GDP 增速越低，如天津的经济份额与人口份额之比为 1.28，GDP 增速为 4.8%，是几个中心城市中最低的。经济份额与人口份额之比在 2 以上的城市，GDP 增速平均为 6.8%；经济份额与人口份额之比在 2 以下的城市，GDP 增速平均为 6.6%，见图 3 – 2。

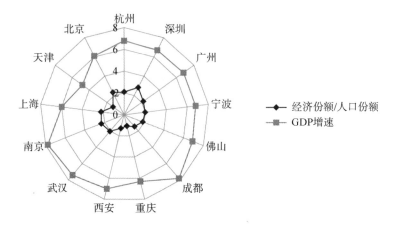

图 3 – 2　2019 年主要中心城市经济份额/人口份额和 GDP 增速（%）

资料来源：WIND。

2. 城市间人口竞争日益加剧

（1）中国进入城镇化增速放缓、经济增长由高速转向中高速、劳动年龄人口规模下降的发展阶段。

首先，城镇化率超过 60%，但增速逐年放缓。2019 年，中国城镇化率达到 60.6%。2015 年以来，城镇化率增速逐年下降，2015 年比 2014 年增加 1.33 个百分点，2016—2019 年城镇化率增速分别为 1.25 个、1.17 个、1.06 个、1.02 个百分点，见图 3 –3。

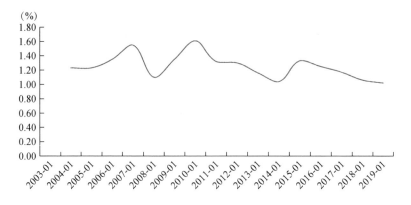

图 3 – 3　中国城镇化率增幅变化情况

资料来源：WIND。

　　其次，中国经济由高速转向中高速增长，经济发展进入新常态。中国经济增长从约8%—12%的高速增长区间进入约6%—8%的中高速增长区间。2012—2015年，中国GDP增速在7%—8%之间，2016—2019年，GDP增速在6%—7%之间，增速区间呈下降趋势，见图3-4。

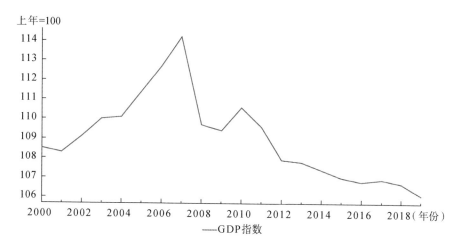

图3-4　中国GDP增速变化情况（2000—2018年）
资料来源：WIND。

　　最后，人口老龄化加剧，劳动年龄人口规模下降。国际上通常把60岁以上的人口占总人口的比例达到10%，或65岁以上的人口占总人口的比例达到7%作为进入老龄化社会的标志。2000年，中国65岁以上人口占总人口的比例达到7%，标志着中国迈入了老龄化社会。此后，这一比例逐年提升，2019年达到12.6%；60岁以上人口占总人口的比例达到18.1%，老龄化程度日益加深。相关研究预计，2025年中国将进入深度老龄化社会。2012年开始，中国劳动年龄人口数量开始减少，到2019年，劳动年龄人口数量累计减少2800多万人，见图3-5。

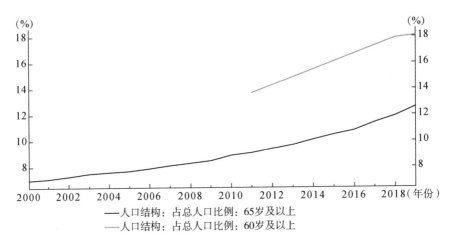

图3-5 中国老龄化率变化情况（2000—2018年）
资料来源：WIND。

（2）在城镇化增速放缓、经济增长进入新常态、劳动年龄人口规模下降的大背景下，城市间人口竞争呈此消彼长、分化加剧态势。

分省看，人口净流入主要集中在广东省和浙江省，见图3-6。广东省人口净流入，并出现农民工数量下降，中高端人才数量进一步增加的结构变化。

从省级层面看，人口主要流向省会城市。根据中泰证券研究所的统计，2019年，安徽、江苏、浙江、广东、四川人口净流入城市个数在7—10个，广东省人口流入主要集中在深圳、广州、佛山，浙江省人口流入主要集中在杭州和宁波。山西、山东、河南、湖南、甘肃人口净流入城市个数在3—5个，山东人口净流出，中心城市济南、青岛、烟台人口净流入。福建、河北、湖北人口净流入城市个数为2个。辽宁、江西、云南、陕西人口净流入城市的个数仅为1个，一些中西部省份人口净流出，如陕西、江西，仅省会人口净流入，其他地级市人口是净流出。

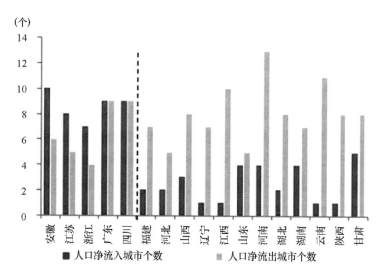

图3-6　2019年部分省份人口净流入和净流出城市个数

资料来源：中泰证券研究所。

从城市的人口流入情况看，北京、上海人口规模基本保持稳定，人口流入规模大的城市集中在粤港澳大湾区、长三角中以杭州为中心的城市群和长江经济带，见图3-7。目前中国常住人口2000万级以上城市包括北京、上海、重庆；1000万—2000万级城市有杭州、广州、深圳、天津、成都、武汉、西安。在这些主要中心城市中，北京和上海由于实行人口规模控制，人口规模基本保持稳定，2019年北京人口净迁出规模从2018年的22万缩减至6.3万，上海虽然为人口净流入，但流入规模不到1万。人口净流入规模大的城市主要集中在南方，具体区域为粤港澳大湾区、长三角中以杭州为中心的城市群和长江经济带。例如，2018年，深圳和广州的常住人口增加规模达到49.8万和40.6万。2019年，广州净流入人口25万，深圳净流入人口约30万。

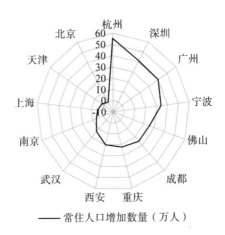

图 3 – 7   2019 年主要中心城市常住人口增加数量

资料来源：WIND。

（二）都市圈赋予城市发展的新动能和新空间

城镇化进入都市圈发展阶段后，城市经济发展跨越了行政边界，都市圈内城市之间的紧密联系有效扩大了市场范围，形成一个消费、投资和要素自由流动的统一市场。以中心城市为核心的都市圈内所有城市，其整体上吸引人口的支撑能力更强，其中主要有三大动力：产业升级与分工协作、交通一体化和公共服务一体化。

1. 产业升级与分工协作提供的就业机会是主要的人口吸引力

首先，都市圈是产业布局的主要集聚地。人口聚集背后的核心支撑是产业结构的升级和产业的集聚。都市圈能够聚集更多优质产业，并在都市圈内部促进产业协同，形成产业链、产业集群，对人口形成强大的吸引力。根据有关统计，目前中国世界 500 强企业约 70% 分布在北上广深四大都市圈内。

其次，城市间的产业转移和分工协作引导人口流动格局。在都市圈发展中，都市圈内的不同城市要明确差异化、互补的功能定位，以功能定产业，强化都市圈内不同城市间产业分工协作，引导产业转移，优化产业布局。都市圈中心城市加快产业结构升级，主要发展现代服务业；制造业向周边城市转移和布局。以产业引导人口流动格局，促进人口空间布局优化。

最后，产业升级吸引高端人才竞争更加激烈。在都市圈的发展过程中，产业由低端逐步走向高端，战略性新兴产业是产业结构升级、产业迈向中高端水平和抢占世界经济发展制高点的关键。优化产业结构，提高第三产业比例，发展现代服务业，将带动就业人口规模的增长和高端人才的集聚。

2. 交通一体化为吸引人口提供了重要的基础

促进区域联系的交通基础设施是都市圈发展的关键。其中轨道交通又是都市圈交通设施中的重点，是实现都市圈内部连通的重要纽带，是都市圈实现 1 小时通勤圈的关键交通方式。通过干线铁路、城际铁路、市域（郊）铁路、城市轨道交通"四网融合"，实现以轨道交通为骨干的通勤圈。重点是都市圈中心城市轨道交通向重点发展轴上的周边城市和城镇延伸。如首都都市圈，目前通州与北三县的交通架构、北京大兴国际机场的交通架构基本搭建完成，交通一体化程度提高。从杭州都市圈看，地铁已延伸至杭州周边县级市。以轨道交通为重点的都市圈交通一体化，实现了便捷、高效、大容量、低成本的交通网络，促进了都市圈范围的人口流动和人口吸纳。

3. 公共服务一体化进一步增强了人口吸引力

促进都市圈内优质公共服务共享，让中心城市的优质教育、医疗等公共服务资源向周边中小城市输出，缩小中心城市和周边城市公共服务的差距，是提升周边城市吸引力，增强人口吸纳能力的重要举措。目前，部分都市圈在公共服务共建共享上有一定的探索，如养老金、住房公积金异地认证和提取、异地就医结算等社会保障异地转接；三甲医院异地设立分院、都市圈统一就诊服务平台、高校合作办学等优质医疗、教育等公共服务共享。重点弥补都市圈内中小城市公共服务短板，加强中小城市公共服务建设，让生活在周边中小城市的居民能够享受到与中心城市同样优质的公共服务。逐步实现都市圈内公共服务均等化,为都市圈一体化发展提供保障,促进人口在都市圈内的流动与合理分布。

(三) 都市圈人口吸引能力与发展成熟度正相关

按中心城市的实力、都市圈一体化发展的程度,可以把中国都市圈分为强中心—强网络型、强中心—弱网络型和弱中心—弱网络型三种。

1. 强中心—强网络型都市圈的人口吸引能力最强

强中心—强网络型都市圈在都市圈发展水平、中心城市贡献度、都市圈联系强度、同城化机制等方面发展较为成熟。这类都市圈包括长三角都市连绵区中的上海都市圈、南京都市圈、杭州都市圈等;珠三角都市连绵区中的广州都市圈、深圳都市圈。成熟型都市圈中心城市能级高,辐射能力强,能够带动城市群协同发展,形成都市连绵区。

首先,强中心—强网络型都市圈经济规模大,人口聚集能力强。中国都市圈发展最成熟的区域为长三角和珠三角,2019 年长三角都市连绵区 GDP 总量为 20.4 万亿元,约占全国 GDP 总量的 20.4%,常住人口规模约 1.5 亿人;珠三角都市连绵区 GDP 总量为 8.68 万亿元,约占全国 GDP 的 8.8%,常住人口规模约 6300 万人[①]。在全国经济发展中发挥了巨大的作用。

其次,强中心—强网络型都市圈中心城市带动能力强,城市价值高。处于中心城市的辐射力强于吸引力的阶段,中心城市的溢出效应明显。中心城市辐射半径越大,城市价值越高。如上海人口规模已超过 2000 万,要主动控制人口规模,进入更多发挥带动周边城市发展的阶段。

最后,强中心—强网络型都市圈一体化、同城化和网络化水平

_____

① 2018 年珠三角核心区人口数量。

高,周边城市的城市价值提升快,产业协同发展更好,在外溢效应下,周边城市发展机会越来越大。以深圳都市圈为例,深圳市发展了40年,GDP超越了广州、香港特别行政区。由于深圳紧缺的土地供应和高昂的地价,产业发展空间日益被压缩。紧邻深圳的东莞市,基础设施条件较好,制造业的相关配套较为完备,生活成本相对较低,企业在东莞的厂房租金、人工、用电成本都较低,使东莞成为深圳产业转移的首选地,2018年华为搬迁是标志事件。

2. 强中心—弱网络型都市圈的人口吸引提速

强中心—弱网络型在都市圈发展水平、中心城市贡献度、同城化机制、都市圈联系强度等方面尚有明显的短板。强中心—弱网络型都市圈根据中心城市的规模可分为两类:一是首都都市圈,人口规模在2000万以上的北京,主动控制人口规模、进行功能疏解。首都都市圈的主要短板是中心城市贡献度较低,对外围城市的辐射力较弱。二是中心城市人口规模在1000万—2000万人之间的城市,中心城市的人口吸引力较强,仍存在承载人口的空间,能够继续吸附人口。

首先,强中心—弱网络型都市圈经济实力较强。如首都都市圈2019年GDP总量约为6.7万亿元,常住人口规模7229万。郑州都市圈2019年GDP总量为1.8万亿元,常住人口规模为1920万,以占全省9.6%的国土面积,承载了19.92%的人口、创造了33.16%的经济总量。

其次,强中心—弱网络型都市圈中心城市集中度过高,辐射带动作用发挥不够。中心城市不断吸纳人口和资源,导致人口和资源在中心城市过度集中,"大城市病"问题突出。同时中小城市和小城镇人口、产业吸引力不足,出现人口外流现象。如北京在以往较长的时间内,总体上对都市圈内的周边城市带动不够,与周边区域发展差距拉大。但近来,在京津冀协同发展的国家战略下,北京与环京区域,特别是北三县和廊永固的一体化进程开始提速。杭州、南京、成都、武汉、长沙、郑州等中心城市在经济增长和人口规模方面还有较大的发展空间,在中心城市继续集聚的同时,开始考虑都市圈的协同发展，沿重点发展轴线进行部分功能的外溢，带动周边节点城市发展。

最后，强中心—弱网络型都市圈周边地区发展迟缓，网络化、同城化没有发展起来。由于中心城市的吸附能力过强、都市圈内的联系程度不高，网络化、同城化没有完全形成。

3. 弱中心—弱网络型都市圈的人口吸引能力相对较弱

弱中心—弱网络型都市圈在都市圈发展水平、中心城市贡献度、同城化机制、都市圈联系强度等方面指标均较低。弱中心—弱网络型都市圈与成熟都市圈仍有差距。

区位不具优势，经济实力不强。弱中心—弱网络型都市圈主要位于西部地区、东北地区或国家重要战略节点地区。这类都市圈数量占全国都市圈数量的1/3，常住人口仅占全国都市圈常住人口的18%，GDP仅占全国都市圈GDP的15%，发展水平和发展质量均较低。中心城市自身的发展水平和辐射带动能力较为有限。都市圈内城市联系不强，同城化方面也差距较大。

（四）成熟都市圈的城市价值凸显

1. 成熟都市圈进入人口进一步聚集的高级阶段

成熟的都市圈一般呈现出强中心—强网络的特征，中心城市与外围城市的城市价值均明显高于强中心—弱网络型和弱中心—弱网络型都市圈。

首先是在都市圈发展的国家重点战略下各都市圈发展并不平衡。目前，京津冀协同发展、粤港澳大湾区、长三角区域一体化均上升为国家战略，2015年，《长江中游城市群发展规划》获批；2019年，《粤港澳大湾区发展规划纲要》《长江三角洲区域一体化发展规划纲要》发布。2019年2月，国家发展和改革委员会《关于培育发展现代化都市圈的指导意见》出台，在规划和政策层面标志着中国城镇化迎来全面的城市群都市圈时代，各地纷纷出台都市圈发展规划。都市圈阶段意味着城市发展从高速增长阶段进入高质量发展阶段，都市圈成为承载发展要素的主要空间形式，形成大城市与周边中小城市联动发展的良好局面，其中蕴藏了丰厚的发展红利，城市价值得到重塑。但鉴于城市发展阶段不同，都市圈是否形成并不取决于规划，最终取决于中心城市自身以及与周边城市联结的强弱程度。

其次是成熟都市圈人口的密度效益与规模效益较高。按 1 小时通勤圈范围测算，中国排名前四位的都市圈人口密度分别为：上海都市圈近 4200 人/平方公里，北京都市圈近 3000 人/平方公里，广州都市圈约 2600 人/平方公里，深圳都市圈约 2400 人/平方公里。地均 GDP 产出较高的为深圳都市圈 1.7 亿元/平方公里、上海都市圈约为 1.13 亿元/平方公里。

再次是成熟都市圈人口进一步聚集的动力更加强大。中心城市的发展首先是以虹吸效应为主，周边的人口、资源等不断向中心城市聚集，当不断聚集引发中心城市的人口承载力难以支撑进一步的聚集时，扩散效应开始大于虹吸效应。中心城市的功能和资源一般沿廊道、轴线向周边溢出，促进周边节点城市的发展，同时加强中心城市和周边城市的关联和协同，城市间的网络化关系日益形成。在这一阶段，都市圈整体相对于中心城市而言，人口聚集能力更加强大，见图 3-8。

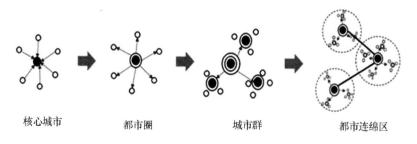

核心城市　　　　　都市圈　　　　　城市群　　　　　都市连绵区

图 3-8　城市群形成过程中中心城市首先形成都市圈

资料来源：方创琳等：《2010 中国城市群发展报告》，科学出版社 2011 年版。

最后是中国都市圈发展空间较大。根据城镇化发展规律，城镇化率达到70%后进入城镇化稳定发展阶段，目前，中国距离达到城镇化率70%还有约10年的时间，与发达国家超过80%的城镇化率相比，中国的城镇化还有较大的发展空间。在城镇化率60%—80%的发展阶段，人口继续从农村到城市、从小城市到大城市流动，在空间上加速流向都市圈，未来将有更多的都市圈走向成熟。

2. 城市价值的分类正在从一、二、三、四线城市到都市圈和非都市圈城市

首先，主导城市价值的分类从侧重城市行政级别到侧重地域空间。中国多从城市行政级别角度对城市进行分类，较多的分类为一、二、三、四线城市等。其中，一线城市为北京、上海、广州、深圳，北京、上海人口规模为2000万以上，广州、深圳人口规模为1000万—2000万；二线城市多为发达省份的省会城市和计划单列市，人口规模在1000万左右；三、四线城市一般为地级市。

随着城镇化发展进入都市圈阶段，一线城市周围的地级市，承接一线城市的功能溢出和人口转移后迅速崛起，经济体量、人口吸引能力甚至超越某些省会城市。以是否属于都市圈对城市价值进行评判将日益符合城市价值变化的事实。

其次，以人口竞争为核心的都市圈城市和非都市圈城市分化加剧。根据《中国都市圈发展报告2018》的测算，全国34个都市圈以全国24%的土地面积，居住着全国59%的人口、创造了全国77%的GDP。今后，中国人口流动整体上以自西向东、自北向南，重点向三大都市圈流动，粤港澳大湾区、长三角城市群、京津冀城市群中的主要都市圈的人口和经济份额将不断上升，都市圈城市和非都市圈城市将日益分化。

3. 一体化、同城化带来都市圈内城市共赢发展

首先，都市圈发展的关键是实现一体化、同城化。《关于培育发展现代化都市圈的指导意见》将同城化作为都市圈发展的重要目

标，提出到 2022 年，都市圈同城化取得明显进展。在都市圈范围内，城市间突破行政边界，进行功能互补、分工合作，实现融合协同发展。同城化是都市圈的成熟形态，表现为实现交通一体化、公共服务一体化，以及都市圈各城市相关政策的协同。

其次，同城化提升都市圈的整体价值。对于实现一体化发展的成熟型都市圈，都市圈内城市能够实现共赢发展。从以行政边界为主，到跨越行政边界的经济区，城市间的协同发展远远优于各城市同质化的孤立发展，实现"1 + 1 > 2"的效果。都市圈将邻近的中心城市和周边城市整合为高效的城市网络，通过城市空间形态与规模重组和优化，实现一体化发展，在资源配置、经济协同及规模效率上的优势明显。人口向都市圈集中、产业向都市圈集中，实现都市圈整体经济规模总量增大，资源配置效率提升的共赢发展。

再次，都市圈中心城市的城市价值提升。在都市圈发展过程中，中心城市的外溢效应和辐射能力不断加强，对周边城市的带动范围不断扩大。中心城市是都市圈城市体系中等级最高的城市，随着都市圈范围的日益扩大和发展的日益成熟，中心城市的价值也随之提升。

最后，都市圈内周边城市的城市价值提升。都市圈是跨越城市行政边界的经济区，大致为核心城市的中心城区往外 50—70 公里的半径范围，以同城化为方向，形成 1 小时通勤圈。都市圈范围的中小城市单独发展难有机会，进入都市圈范围后，通过承接产业外溢、需求外溢，发展机会将大大增加。

二　都市圈发展孕育巨大房地产市场空间和机会

在房地产增量市场规模进入平台期后，随着城镇化进入都市圈发展阶段，房地产市场的区域结构分化将日益显著。都市圈将是主导房地产市场长期发展的主逻辑，其背后的核心是人口向都市圈集中。强大的经济实力和高端产业支撑下的人口导入，形成对都市圈房地产市场需求持续和有力的支撑；人口净流出的非都市圈城市的房地产市场则承受较大的压力，都市圈和非都市圈城市的房地产市场分化将愈加明显，都市圈城市房地产发展潜力要整体优于非都市圈城市。

（一）中国都市圈房地产呈现市场一体化发展特点

中国强中心—强网络型都市圈和强中心—弱网络型都市圈房地产市场呈现出不同程度的一体化发展特点。

1. 以中心城市为中心的都市圈房地产市场加速一体化

房价传导突破单个城市的行政边界扩大至都市圈范围。都市圈一体化的房地产市场中心为中心城市的中心城区，而不再是各城市的中心城区。以深圳为例，深圳的中心城区作为整个深圳都市圈的房地产市场的核心，沿着产业发展轴、轨道交通和人口的流入方向逐层向外递推，形成一体化的市场格局。

2. 都市圈房地产市场的圈层化特征凸显

都市圈的房地产市场，一般可分为三个圈层：一是核心层，为中心城市的中心城区。空间范围约为城市中心的 0.5 小时通勤圈，集聚都市圈核心要素和主要城市职能，是开发强度最高的区域；二是紧密层，是与中心城市跨城通勤的城市区域。空间范围约在 1 小时通勤圈以内，是主城功能拓展建设区域，新增城市人口主要聚集区；三是外围层，是其他经济联系紧密的周边城市。部分周边未在 1 小时通勤圈范围，但与中心城市在产业发展、经济联系上有较为紧密的关系，房地产市场也接受中心城市的价格传导。

都市圈紧密层城市房价涨幅超过外围层的中心区。以深圳都市圈为例，2016 年以来，东莞、惠州邻近深圳区域的房价涨幅较大，超过东莞、惠州中心城区的房价涨幅，主要是深圳功能外溢的影响。

强中心型的都市圈外围城市房价水平超过部分三、四线城市和省会城市。以首都都市圈为例，廊坊、保定等区域的住房价格水平已高于部分三、四线，甚至部分省会城市。受益于都市圈一体化发展，强中心型都市圈范围内的中小城市的房地产市场发展潜力将超过非都市圈范围的省会城市、三四线城市。

3. 外围城市房价水平与中心城市房价水平差距拉大

从粤港澳大湾区的广州都市圈和深圳都市圈房价水平的变化来看，外围城市与中心城市房价水平的差距呈拉大趋势。2011 年，佛山商品住房平均价格是广州商品住房平均价格的 75.1%，此后基本上逐年降低，到 2018 年，佛山商品住房平均价格水平为广州的55.3%。2011 年，肇庆商品住房平均价格是广州商品住房平均价格的 41.7%，此后也呈下降趋势，到 2018 年，肇庆商品住房平均价格水平为广州的 32.5%，见图 3 - 9。

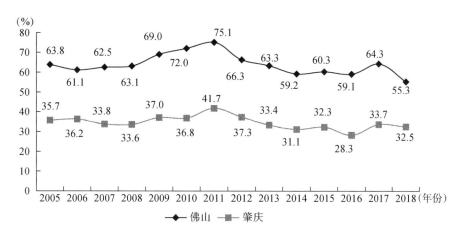

图 3 - 9　2005—2018 年佛山、肇庆商品住房平均销售价格占广州
商品住房平均价格百分比的变动情况

资料来源：WIND。

深圳都市圈中，东莞和惠州的商品住房平均价格与深圳的差距不断扩大。2005 年，东莞商品住房平均价格是深圳商品住房平均价格的 52.5%，此后呈下降趋势，到 2018 年，东莞商品住房平均价格水平降至深圳的 32.5%。2005 年，惠州商品住房平均价格是深圳商品

住房平均价格的 31.8%，到 2018 年，降至深圳的 19.3%，见图 3-10。

**图 3-10　2005—2018 年东莞、惠州商品住房平均销售价格占深圳
商品住房平均价格百分比的变动情况**

资料来源：WIND。

首都都市圈中的廊坊，从 2005 年到 2013 年，商品住房平均价格为北京的 31%—36.5% 之间，到 2014 年，达到北京的 42.3%，此后呈下降趋势，到 2018 年为北京的 28.1%，见图 3-11。

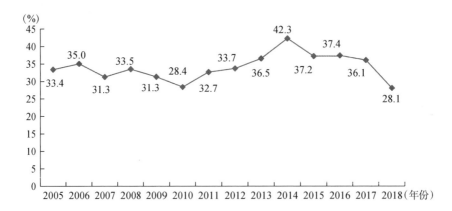

**图 3-11　2005—2018 年廊坊市商品住宅平均销售价格占北京商品住房价格
平均百分比的变动情况**

资料来源：WIND。

4. 外围城市与中心城市房价波动基本同步、波幅小于中心城市

根据70个大中城市房价指数数据，对深圳都市圈的深圳和惠州、厦漳泉都市圈的厦门和泉州、首都都市圈的北京、天津和唐山的房价变化情况进行分析，大致呈现两个特点：一是外围城市与中心城市房价波动基本同步；二是外围城市的波幅要小于中心城市，中心城市的波幅更为剧烈，见图3－12、图3－13、图3－14。

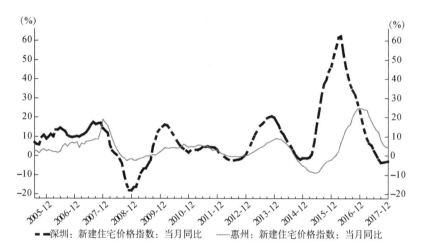

图3－12　（深圳都市圈）深圳、惠州新建商品住房价格指数

资料来源：WIND。

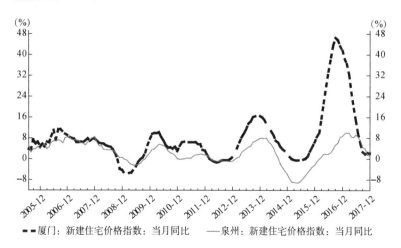

图3－13　（厦漳泉都市圈）厦门、泉州新建商品住房价格指数

资料来源：WIND。

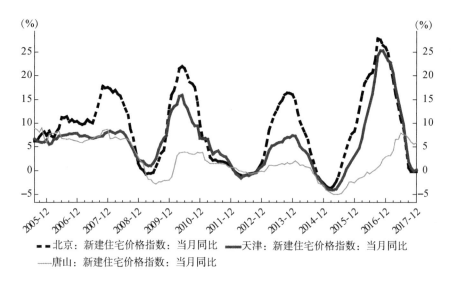

图 3 - 14   （首都都市圈）北京、天津、唐山新建商品住宅价格指数
资料来源：WIND。

（二）都市圈要素市场化改革释放房地产供需潜力

2019 年以来，《关于培育发展现代化都市圈的指导意见》
（2019 年 2 月）、《2019 年新型城镇化建设重点任务》（2019 年 3
月）、《关于构建更加完善的要素市场化配置体制机制的意见》
（2020 年 3 月）等文件的发布，对与都市圈发展相关的人口、土地
等要素市场化改革做了明确的部署，对于释放都市圈房地产需求和
供应潜力将发挥重要的作用，见表 3 - 1、表 3 - 2。

1. 放宽落户限制，明确吸引人口指向

首先，放开放宽除个别超大城市外的城市落户限制。除北京、
上海等人口规模超过 2000 万的超大城市严格控制人口规模外，其
他城市全面取消或放开放宽了城市落户限制。这对于人口规模 2000
万以下的都市圈中心城市和都市圈外围城市吸引人口发挥了较大的
作用。

表 3 - 1　　　　　　放宽落户限制、促进人口有序流动的相关政策

	主要政策
《2019 年新型城镇化建设重点任务》	——在此前城区常住人口 100 万以下的中小城市和小城镇已陆续取消落户限制的基础上，城区常住人口 100 万—300 万的 Ⅱ 型大城市要全面取消落户限制；城区常住人口 300 万—500 万的 Ⅰ 型大城市要全面放开放宽落户条件，并全面取消重点群体落户限制 ——超大特大城市要调整完善积分落户政策，大幅增加落户规模、精简积分项目，确保社保缴纳年限和居住年限分数占主要比例 ——允许租赁房屋的常住人口在城市公共户口落户
《关于培育发展现代化都市圈的指导意见》	——放开放宽除个别超大城市外的城市落户限制 ——统筹推进本地人口和外来人口市民化，促进人口有序流动、合理分布和社会融合
《关于构建更加完善的要素市场化配置体制机制的意见》	——推动超大、特大城市调整完善积分落户政策 ——放开放宽除个别超大城市外的城市落户限制 ——试行以经常居住地登记户口制度

其次，户籍准入年限同城化累计互认。户籍准入年限同城化累计互认能够促进都市圈内人口有序、合理流动。

表 3 - 2　　　　　　户籍准入年限同城化累计互认政策

	主要政策
《关于构建更加完善的要素市场化配置体制机制的意见》	探索推动在长三角、珠三角等城市群率先实现户籍准入年限同城化累计互认
《关于培育发展现代化都市圈的指导意见》	在具备条件的都市圈率先实现户籍准入年限同城化累计互认

2. 从新增用地供应到盘活存量用地的改进，提高供地效率

首先，新增常住人口与土地供应挂钩。过去土地供给向三、四

线城市倾斜，人口城镇化和土地城镇化出现明显背离，不适应人口向都市圈集聚的发展趋势。2018 年出台《跨省域补充耕地国家统筹管理办法》，对于耕地后备资源严重匮乏的直辖市，占用耕地、新开垦耕地不足以补充所占耕地，或者资源环境条件严重约束、补充耕地能力严重不足的省份，由于实施重大建设项目造成补充耕地缺口，经国务院批准，在耕地后备资源丰富省份落实补充耕地任务。同时出台的《城乡建设用地增减挂钩节余指标跨省域调剂管理办法》，提出"三州三区"及其他偏远县城乡建设用地增减挂钩节余指标由国家统筹跨省域调剂使用，帮扶省份人均城镇建设用地水平较低、规划建设用地规模确有不足的，可以使用跨省域调剂节余指标少量增加规划建设用地规模，增加的规划建设用地规模原则上不得用于特大城市和超大城市的中心城区。《2019 年新型城镇化建设重点任务》提出全面落实城镇建设用地增加规模与吸纳农业转移人口落户数量挂钩政策，在安排各地区城镇新增建设用地规模时，进一步增加上年度农业转移人口落户数量的权重，探索落户城镇的农村贫困人口在原籍宅基地复垦腾退的建设用地指标由输入地使用。

其次，都市圈内城乡建设用地增减挂钩节余指标跨地区调剂。《2019 年新型城镇化建设重点任务》提出培育发展现代化都市圈，在符合土地用途管制前提下，允许都市圈内城乡建设用地增减挂钩节余指标跨地区调剂。促进都市圈内土地的有效供应。

最后，盘活存量建设用地。《关于构建更加完善的要素市场化配置体制机制的意见》提出鼓励盘活存量建设用地。充分运用市场机制盘活存量土地和低效用地，研究完善促进盘活存量建设用地的税费制度。以多种方式推进国有企业存量用地盘活利用。完善城乡建设用地增减挂钩政策，为乡村振兴和城乡融合发展提供土地要素保障。有利于盘活中心城市的存量用地，提供更加有效的房地产供给。

3. 强化都市圈各城市间房地产调控政策协同，有利于都市圈房地产市场的整体稳定健康

《2019 年新型城镇化建设重点任务》中提出健全都市圈商品房供应体系，强化城市间房地产市场调控政策协同。在都市圈房地产一体化发展的方向下，都市圈的商品房供应体系也要一盘棋考虑，根据中心城市、外围城市在都市圈中的不同功能定位，整合各城市的商品房供应体系，形成一体化高效的都市圈商品房供应体系。

都市圈各城市要共同坚持"房住不炒"的定位，加强房地产市场调控政策的协同。从深圳都市圈的房地产市场看，在中心城市深圳房地产市场升温后，外围城市也随之升温。由于调控政策是因城施策、一城一策，外围城市也要与中心城市同步进行市场调控，才能保持都市圈房地产市场的整体稳定。如深圳在 2020 年 7 月 15 日出台限购政策后，25 日东莞也出台了相应的调控政策，首次对二手房启动限购。

（三）中心城市与外围城市房地产发展重点的差异

1. 2000 万人口规模以上的中心城市侧重存量

人口规模 2000 万以上的中心城市重点解决"大城市病"问题，优化自身发展，带动都市圈整体发展，如北京、上海。都市圈核心城市实施减量发展，管控政策将加强。一是控制人口规模。短期内超大城市的人口管控政策并不会发生改变，人口规模将保持稳定。二是实施房地产需求限制性政策。通过限购政策控制新增需求规模，抑制投资性需求。

都市圈中心城市的房地产增量规模占都市圈新增供应规模的比例越来越低，房地产进入存量为主的发展阶段。以首都都市圈为例，北京商品房销售面积呈下降态势，2005 年为 3123.42 万平方米，2009 年为 2362.25 万平方米，2013 年下降至 1903.11 万平方米，到 2018 年大幅降至 696.19 万平方米。其占都市圈供应规模的比例呈持续下降态势，2005 年为 61.0%，2009 年降为 43.2%，

2013 年为 30.0%，2018 年进一步降至 16.7%。

2. 1000 万—2000 万人口规模的中心城市增量存量并重

中国人口规模在 1000 万—2000 万的中心城市大约有 10 个，这些城市存在继续吸引人口的空间，需求潜力大，房地产增量存量并重发展。

强中心—强网络型都市圈的中心城市，商品房销售规模近年开始收缩，占比呈持续下降态势。如广佛肇都市圈，中心城市广州 2006 年商品房销售面积为 1316.88 万平方米，2016 年增至 1949.10 万平方米，到 2018 年收缩至 1550.28 万平方米。其占都市圈供应规模的比例从 2006 年的 62.6%，下降到 2011 年的 49.8%，2016 年为 41.7%，到 2018 年进一步降至 34.0%。

强中心—弱网络型都市圈的中心城市供应规模占都市圈的比例保持稳定，没有显著的下降。如郑州都市圈的中心城市郑州，2005 年商品房销售面积占比为 66.8%，2010 年为 64.0%，2015 年为 57.1%，到 2018 年回升至 63.0%，新建商品房供应规模在都市圈占比没有持续的下降。

3. 外围城市需求扩张，侧重增量

都市圈发展初期，人口增长主要集中在中心城市，外围城市人口增长缓慢；后期中心城市人口日益趋于饱和，外围城市人口则快速集聚，成为新增人口的主要吸纳地。

中心城市人口规模 2000 万以上的都市圈，房地产增量发展机会更多在外围城市。其外围城市的发展机会相对较大，中心城市随着人口压力增大主动进行功能疏解，或都市圈网络发展好，中心城市对外围城市辐射带动强的，这类都市圈的增量发展机会和潜力更多集中在外围城市。

中心城市人口规模 1000 万—2000 万的都市圈，部分功能明确、定位清晰的外围城市现阶段有增量发展机会。这类都市圈的中心城市尚有一定的人口吸纳能力，部分外围城市受到中心城市的带动，

自身的定位将更加清晰，有独特的优势，将有一定的人口吸引能力。随着外围城市房地产市场需求不断增加，房地产增量市场的潜力主要在中心城市功能外溢廊道和环中心城市周围。

弱中心—弱网络型都市圈外围城市现阶段市场机会不明显。整体经济实力不强，中心城市和周边城市的经济联系较弱。中心城市的房地产需求主要看人口聚集能力，以新增需求、改善性需求为主。外围城市现阶段房地产市场需求机会不大。

（四）存量和转型中蕴含房地产投资机会

1. 围绕城市更新——城市有机更新、老旧小区改造

首先，城市有机更新。

一是强中心型都市圈的中心城市不同程度地进入了城市更新的发展阶段。在城镇化中后期，城市陆续进入以城市更新为主的阶段，城市更新伴随着城市发展的过程。特别是对于强中心型都市圈的核心城市，由于城市继续扩张的空间十分有限，存量更新改造就成为主要的发展方式。

二是城市有机更新不是大拆大建的更新，不走拆除重建的房地产开发之路。城市有机更新是对不适宜城市发展的建筑物重新进行功能定位，保留原有的建筑，对建筑物进行用途变更或升级改造，使建筑重获发展生机。城市有机更新，既有单体建筑的更新，也有片区的更新。

三是城市有机更新对综合运营能力、融资能力提出更高的要求。城市有机更新主要有两种获取资产的方式。一种是包租方式。通过长期租赁的方式获取物业，对其进行改造后出租，以获取租金和服务收入收回投资。另一种是收购方式。通过收购产权或股权方式获取资产，进行改造后运营，运营至成熟物业，出租率和租金达到要求后，以整售或资产证券化的方式退出。总体上看，城市有机更新投资规模大、投资回收期较长，对融资能力有较高的要求。

其次，老旧小区改造。

一是改造需求大。根据《国务院办公厅关于全面推进城镇老旧小区改造工作的指导意见》，城镇老旧小区是指城市或县城（城关镇）建成年代较早、失养失修失管、市政配套设施不完善、社区服务设施不健全、居民改造意愿强烈的住宅小区（含单栋住宅楼），重点为 2000 年年底前建成的老旧小区。目前中国有 60 多亿平方米的老旧住宅小区，涉及居民约 2 亿人，由于这些住房建成年代较早，住房品质不高，小区配套不够完善，部分住房甚至存在安全隐患，老旧小区改造的需求较大。

根据贝壳研究院发布的数据显示，20 个重点城市的记录小区数量约为 15.39 万个，其中楼龄 20 年以上的老旧小区数量约为 5.96 万个，占比近 40%。上海的老旧小区占比达到 61%、北京为 47%，见图 3 – 15。老旧小区一般都集中在城市的老城区，北京西城区近六成是老旧小区。

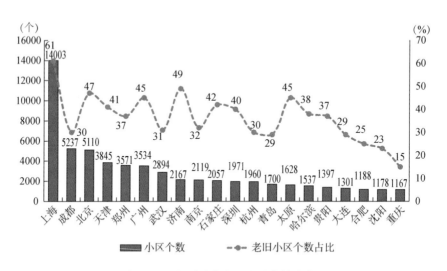

图 3 – 15　主要城市老旧小区个数及占比

资料来源：贝壳研究院。

二是老旧小区改造的组织模式是政府主导下社会力量以市场化

方式参与。根据《国务院办公厅关于全面推进城镇老旧小区改造工作的指导意见》，老旧小区改造分为基础类、完善类和提升类。基础类主要是市政配套基础设施改造提升；完善类主要是环境及配套设施改造建设、小区内建筑节能改造、有条件的楼栋加装电梯等；提升类主要是公共服务设施配套建设及其智慧化改造。

从 2019 年开始，城镇老旧小区改造纳入保障性安居工程，中央给予资金补助，按照"保基本"的原则，重点支持基础类改造内容。《2020 年国务院政府工作报告》明确计划改造城镇老旧小区 3.9 万个，中央预算内投资安排 543 亿元，实现"城镇老旧小区改造任务翻番，中央预算内投资安排翻番"。《国务院办公厅关于全面推进城镇老旧小区改造工作的指导意见》提出，通过政府采购、新增设施有偿使用、落实资产权益等方式，吸引各类专业机构等社会力量投资参与各类需改造设施的设计、改造、运营。支持规范各类企业以政府和社会资本合作模式参与改造。支持以"平台＋创业单元"方式发展养老、托育、家政等社区服务新业态。

三是社会力量参与的盈利模式探索需取得突破。为吸引社会力量参与，国家出台了一系列税费支持政策。在城镇老旧小区改造中，对社区提供养老、托育、家政等服务的机构取得的收入免征增值税，并减按 90% 计入所得税应纳税所得额；用于提供社区养老、托育、家政服务的房产、土地，可按现行规定免征契税、房产税、城镇土地使用税和城市基础设施配套费、不动产登记费等。在相关政策支持下，需要继续探索社会资本参与老旧小区改造的盈利模式。

2. 围绕租购并举——住房租赁

一是强中心型的都市圈中心城市有租赁住房的投资机会。对于人口净流入大、流动人口多的超大城市和特大城市，有发展住房租赁的需求基础。从目前住房租赁企业实际进入的城市和国家住房租赁市场发展的试点城市范围来看，基本都属于都市圈中心城市。根据不完全统计，目前主要全国性品牌长租公寓集中进入的城市为 17

个左右，分别为京津冀的北京、天津；长三角的上海、杭州、南京、苏州、无锡；粤港澳大湾区的广州、深圳；成都、重庆、武汉、西安、长沙、青岛、厦门、福州等，都属于强中心型的都市圈中心城市。

2019年7月，根据财政部、住房和城乡建设部出台的《关于开展中央财政支持住房租赁市场发展试点的通知》和《关于组织申报中央财政支持住房租赁市场发展试点的通知》，按照竞争性评审得分，排名前16位的城市进入2019年中央财政支持住房租赁市场发展试点范围，包括：北京、长春、上海、南京、杭州、合肥、福州、厦门、济南、郑州、武汉、长沙、广州、深圳、重庆、成都。

二是租赁住房的投资机会以存量房改造和运营型的机构租赁住房为主。在以小业主提供租赁住房为主的租赁市场中，机构租赁住房是同档次租赁住房中品质和服务相对领先的供给，对于带动租赁市场走向成熟具有重要的作用。住房租赁企业利用社会存量住房资源，通过包租、托管等方式进行专业化改造和运营的方式是最符合都市圈中心城市以存量为主的房地产发展阶段的选择，既盘活了存量闲置房源，又能够满足租赁群体对租赁住房地点分散、交通便捷的需求。

3. 围绕住区服务——物业服务、养老服务

首先，物业服务。

一是物业服务的需求大、要求高。一方面是老旧小区专业物业服务覆盖率低，随着老旧小区改造的全面推进，尤其是部分城市为避免老旧小区改造后失管，规定将物业管理设置成为老旧小区改造的前置条件，能够大幅度提高老旧小区的物业服务需求；另一方面，随着消费结构升级、智能化信息化的发展，居民对高品质物业服务的需求加大。

二是物业服务发展前景大。物业服务行业处于快速发展期。自从2014年6月"物业第一股"彩生活上市以来，上市物业服务企

业不断增加，近两年，物业服务企业密集上市，截至 2020 年 6 月，有 30 家上市物业服务企业。物业服务企业一般没有大的资本开支，经营稳健、现金流稳定，营业收入可预测，确定性强，不易受周期性影响而波动；同时，行业具有较高的成长性。物业服务企业市盈率大多超过 20 倍，普遍高于作为母公司的房地产企业。能够获得较高的估值溢价，发展前景大。

三是在做好基础物业服务的基础上，探索物业增值服务的拓展空间。"四保一服务"的基础物业服务做得越好，与业主的黏性越强，越能得到业主的信赖，才能更好地开展增值服务。物业服务也在向生活服务业拓展，包括提供社区家政、教育、护理等服务；参与社区配套服务设施改造后的长效管理；物业服务可作为线上流量入口接入各类优质服务。

其次，养老服务。

在都市圈内中心城市，主要对存量住房进行适老化改造、配套养老设施建设，提供住区居家养老服务和机构养老服务。

在都市圈内周边城市，可进行养老社区建设，满足部分养老需求。不同于以房地产开发、出售为主的养老地产，养老社区在提供居住空间的基础上，更加注重提供养老服务，产品的重心为养老服务。

（五）外围城市房地产投资机会沿点线面展开

1. 线——沿功能廊道、发展轴线布局

对于强中心型都市圈，增量房地产发展主要是沿交通线、与中心城市产业协同功能区、中心城市向周边疏解非核心功能区等的功能廊道和发展轴线布局。以首都都市圈为例，一是京南的雄安新区—固安廊道，主要包括雄安新区、北京大兴国际机场的临空经济区（北京部分约 50 平方公里，河北部分约 100 平方公里）、廊坊固安、霸州和文安；二是京西的张家口怀来廊道，冬奥会带动的休闲度假区。

以长三角城市群中的都市圈为例。由上海松江往西至合肥、往南至金华的 G60 科创走廊，增量房地产项目已开始布局，如华夏幸福基业股份有限公司于 G60 科创走廊上已经布局了 20 多个产业新城项目。

2. 面——围绕中心城市通勤范围内布局

都市圈的公共交通一体化建设能有效扩大都市圈通勤范围，加强跨城流动能力，部分都市圈中心城市的轨道交通延伸到外围城市，引致需求外溢，房地产市场半径扩大，周边城市的市场价值提高。以首都都市圈为例，廊坊北三县作为北京城市副中心的通勤范围，随着北京市级行政中心迁入城市副中心，通州区和北三县规划建设统筹协调，实现居住在北三县，就业在北京的工作生活模式，因此廊坊成为环京房地产项目最多的城市之一，见表 3-4。

表 3-4　　2020 年 1—6 月环京主要房地产项目所在城市

地级市	县级市或县
廊坊	廊坊市区、三河（燕郊）、大厂、香河、固安、永清、霸州、文安
保定	保定市区、徐水、清苑、满城、涿州、涞水、高碑店
张家口	涿鹿、怀来、下花园
承德	滦平、兴隆
唐山	玉田

资料来源：易居企业集团、克尔瑞。

3. 点——都市圈内的外围城市有具备大规模以 TOD 模式开发的机会

TOD 模式指以公共交通为导向的综合发展模式，其中的公共交通主要是指火车站、机场、地铁、轻轨等轨道交通及巴士干线，然后以该站点为中心，以约 400—800 米为半径进行高密度开发，形成同时满足居住、工作、购物、娱乐、出行、休憩等需求的多功能社区，实现生产、生活、生态高度和谐统一。TOD 模式目前已成为国际上具有代表性的城市开发模式。

都市圈内的外围城市具备大规模以 TOD 模式进行开发的机会。都市圈一体化不是中心城市边界的蔓延、摊大饼，而是一种延续着公共交通特别是轨道交通轴线的外溢发展。这种基于公共交通轴线的发展最适合采用 TOD 开发模式。随着轨道交通的快速发展，TOD 开发的市场规模巨大。据中国指数研究院的相关研究显示，截至 2019 年年末，在建的轨道交通线路共有车站超过 4500 座，规划车站也在 4500 座以上，预计将来共有超过 9000 座车站完成建设，其中每 2 个站点按 1 个 TOD 项目计算，每个项目规划建筑面积约 20 万平方米计算，全国预计共有 9 亿平方米规模的 TOD 项目。

（六）都市圈房地产投资的主要风险

1. 不同发展阶段都市圈的房地产投资风险

总体上看，都市圈城市比非都市圈城市的发展机会更多，发展潜力更大，但对于不同的都市圈也要进行甄别，处于不同发展阶段的都市圈，成熟程度也不同，房地产投资的风险也不尽相同。

强中心—强网络型都市圈整体投资风险最小，核心城市投资资金量门槛最高；强中心—弱网络型都市圈，投资周边城市的具体区域和投资时机也需要进行选择，投资远离发展轴线和发展廊道的周边城市风险相对更大；弱中心—弱网络型都市圈，投资周边城市的风险最大。

2. 房地产转型面临的困境和风险

目前，房地产转型的困境和风险主要表现在以下几方面。

首先，尚未探索出成熟的商业模式和盈利模式。以老旧小区改造为例，由于其以完善基础设施和公共服务为主，基本不涉及大量拆迁，总体上无法通过拆旧建新出售的方式进行资金平衡。即使其中部分改造内容，如加装电梯、新建停车场、公共服务设施配套建设等可通过收费、收取租金等方式回收投资，但也存在回报周期长、利润率低等问题。加之对于投入老旧小区改造的社会资本，没有低成本的融资支持，获取回报的难度更大。

其次，市场需求短期内难以成势。以养老服务为例，尽管中国老龄化进程加快，总体的养老市场需求潜力巨大。但由于养老人群的整体收入水平不高、养老消费理念没有普遍形成，加之长期照护保险制度在中国刚刚起步，对长期照护需求的支持不足，养老市场需求在短期内难以成势。

再次，相关政策和配套制度不健全。房地产转型中的一些方向涉及对存量房屋用途重新定位和改造，相应地涉及土地性质和房屋用途调整、消防标准的变化等方面问题，整体上尚未形成一套成熟的相关制度。

最后，长期持有运营型项目的融资支持缺位。与房地产开发出售不同，房地产转型更多地向持有运营延伸，相应地，以开发贷款为主支持高周转的融资方式难以适应房地产持有运营的融资需求，目前，总体上缺乏长期、低成本的融资方式。

对于企业而言，转型与否和时机选择成为关键。随着中国城镇化率超过60%，逐渐趋近70%，房地产行业的增量发展机会日益接近天花板，需做出转型的选择，其风险在于，转型不成功可能拖累房地产开发的主业；基于房地产开发还有一定的增长空间，还能够继续保持一定的增长率而做出不转型的选择，风险在于面对发展大势未提早布局而处于被动局面。

第 四 章

都市圈房地产投资评价体系

本书通过构建一套对都市圈房地产投资潜力的评价指标,以直观地反映各都市圈的投资机会。评价指标体系包括四个维度(大项),分别是都市圈发展水平、中心城市贡献度、都市圈联系强度和都市圈地产市场。每一个大项由若干个中项以及小项组成。数据支持主要来自统计数据、卫星遥感数据和互联网大数据。需要说明的是,评价体系的结果主要基于客观数据分析,没有将政策因素考虑在内。

一 都市圈发展及房地产投资评价指标体系
构建及都市圈范围确定

(一) 都市圈发展及房地产投资评价指标体系

都市圈形成的基础是中心城市与周围地区的联系度。联通既是都市圈形成的基础也是都市圈持续发展的前提。一个成熟的都市圈应是规模、结构、功能不同的多个城市,通过经济、社会互动,包括人流、物流、资金流交换,所形成的规模庞大、结构有序、功能互补的城市系统,系统内城市有着密切的城际联动、协同发展的特征。因此,都市圈综合评价指标应能反映出都市圈中心城市的辐射带动能力、都市圈内网络化和同城化发展水平。

都市圈不仅是经济联系紧密的区域,而且是人口、交通和生态环境、基础设施建设等多方面同城化发展的区域。都市圈的发展不仅包括经济的发展，还包括都市圈内科技水平、创新度、公共服务等软实力的发展。因此，评价都市圈处于成熟期、成长期还是培育期应从经济、文化和生态多维视角进行综合衡量。

都市圈的发展也是一个动态的过程，中国大部分都市圈仍然处于不断变化、快速成长的过程中。在评价都市圈时，不仅要考虑都市圈的静态状态，还应该考虑其投资、人口物流等要素流的动态状态和发展潜力，见表4-1。都市圈地产投资评价指标的选取，应将都市圈内部各城市视作有机联系的整体——分市场结构，重视都市圈内部市场的联动性与市场周期的区域轮动。

表 4 - 1　　　　　　　都市圈发展及地产投资评价指标体系

一级指标	二级指标	三级指标	备注	指标数据来源
都市圈发展水平	经济实力	GDP 总量（亿元）	2018 年，范围：都市圈全市部分 + 区县蔓延部分	《城市统计年鉴2019》《县域统计年鉴2019》
		人均 GDP（万元/人）		WorldPop 人口数据
		上市公司营收规模	2019 年度，范围：都市圈全市部分	2019 年上市公司年报
		上市公司营收区位商TOP 3 行业竞争力（毛利 + 规模）		
	人口聚集	常住总人口（人）	2000—2020 年	WorldPop 人口数据
		人口密度（人/平方公里）	2020 年人口/2020 年人造地表面积	
		常住人口增速（%）	2020 年人口/2017 年人口 - 1	

一级指标	二级指标	三级指标	备注	指标数据来源
都市圈发展水平	人口聚集	2020—2025 年人口增速预测		第六次人口普查年龄结构预测（0—85 岁以上 5 岁年龄分组）
		适龄购房人口比例	2010 年、2015 年、2020 年、2025 年、2030 年，25—50 岁人口占比，范围：都市圈全市部分 + 区县蔓延部分	
		适龄购房人口比例增速预测	2015—2020 年适龄购房比例差值	
		2020—2025 年适龄购房比例差值		
		2020—2025 年新增适龄购房人口		
		2020—2025 年 50 岁以上人口比例差值	养老地产使用指标	
		2020—2025 年新增 50 岁以上人口	养老地产使用指标	
		2018 年小学生在校人数（万人）	2018 年，范围：都市圈全市部分 + 区县蔓延部分	《城市统计年鉴 2019》《县域统计年鉴 2019》
		小学生数量增速（%）	2015—2018 年	
	土地扩张	人造地表面积（平方公里）	2000—2015 年	欧盟遥感卫星影像数据
		人造地表面积预测增速（%）	2020/2015 年人造地表面积 − 1	元胞自动机预测
	创新能力	专利申请数（件）/万人	2017 年、2018 年，范围：都市圈全市部分	《城市统计年鉴 2019》
		专利授权数（件）/万人		
	公共服务	2018 年医院床位数（张）	2018 年，范围：都市圈全市部分 + 区县蔓延部分	
		2018 年人均医院床位数/万人		

一级指标	二级指标	三级指标	备注	指标数据来源
都市圈发展水平	公共服务	2018 年建成区绿化覆盖率（%）_ 建成区面积加权平均（仅全市）	2018 年，范围：都市圈全市部分	《城市统计年鉴 2019》
		2017 年、2018 年都市圈平均行政地全市工业烟（粉）尘排放量（吨）/平方公里		
		2017 年、2018 年都市圈平均行政地全市工业废水排放量（万吨）/平方公里		
		初等教育机构数量/万人	2020 年，范围：都市圈全市部分 + 区县蔓延部分	高德地图 POI 数据
		高级别交通设施、路网密度（公里/平方公里）		
		公交车站/万人		
		地铁站/万人		
		邮局/万人		
		公安警察/万人		
		消防机关/万人		
		公园广场/万人		
		购物服务/万人		
		体育休闲服务/万人		
		小学/万人小学生		
	交通设施	高级别交通设施、路网长度（公里）	2020 年，高速公路、国道、省道路网长度/都市圈面积	OSM 数据计算
		高级别交通设施、路网密度（公里/平方公里）		

续表

一级指标	二级指标	三级指标	备注	指标数据来源
中心城市贡献度	经济辐射力	都市圈中心城市投资贡献度	2019 年	清科股权投资数据库
	人口辐射力	都市圈中心人口辐射力（人口加权）	2020 年春运，都市圈内城市与中心城市人口迁移平均占比（以人口总量加权）	百度人口迁徙数据
	交通辐射力	都市圈中心城市交通辐射力（火车）	城际火车、汽车车次数据，中心城市与都市圈内车次/中心城市与全国车次（汽车）	携程网
都市圈联系强度	平均经济联系度	都市圈地均互投资总额（百万元/平方公里）	2019 年	清科股权投资数据库
	平均人口联系度	都市圈人口联系度（人口加权）	2020 年春运，都市圈内人口迁移平均占比（以人口总量加权）	百度人口迁徙数据
	平均交通联系度	都市圈内总车次（火车＋汽车）	2020 年城际火车、汽车车次数据	携程网
	地产市场联系度	都市圈房价联系度	2013—2020 年区县二手房挂牌价计算	中国房价网二手房挂牌价计算
都市圈地产市场	房价	中心城市房价	2020 年二手房挂牌价	中国房价网二手房挂牌价
		都市圈平均房价	2020 年，范围：都市圈全市部分＋区县蔓延部分	
	商品住宅销售面积		2018 年，范围：都市圈全市部分	《城市统计年鉴2019》
	房地产市场周期	中心城市地产市场周期	2020 年，范围：中心城市	中国房价网二手房挂牌价计算

（二）都市圈范围划定

1. 都市圈中心城市的确定

将城区人口规模 500 万以上的超大、特大城市作为都市圈划定的基本门槛。根据现行城市规模等级标准，城区常住人口 500 万人以上 1000 万人以下的城市为特大城市，城区常住人口 1000 万人以上的城市为超大城市。同时基于国家战略需求、地缘政治战略需求、国土均衡开发需求，将城区常住人口 300 万人以上 500 万人以下及 2035 年预计城区人口规模达到 300 万人以上的城市纳入都市圈中心城市范围。

2. 都市圈覆盖范围识别

按照上述标准选取中心城市后，以 1 小时通勤圈为基准范围，以人口密度超过 1500 人/平方公里为密度标准，以县级行政单元为基础，以与中心城市日平均双向流动人口占县市域总人口比例 1.5% 以上的联系强度为复核标准，划定都市圈范围，见表 4-2。

表 4-2　　　　　　　　　　都市圈范围

都市圈	中心城市	都市圈范围
长三角都市连绵区	上海、南京、杭州、宁波	苏州市、无锡市、淮安市、南京市、宁波市、湖州市、杭州市、金华市、马鞍山市、常州市、镇江市、扬州市、上海市、绍兴市、嘉兴市、南通市（崇川区、港闸区、通州区、启东市、海门市）、滁州市（琅琊区、来安县、全椒县、天长市、明光市、南谯区）、台州市（黄岩区、仙居县、临海市、天台县）、泰州市（海陵区、高港区、靖江市、泰兴市、姜堰区）、芜湖市（镜湖区、鸠江区、三山区、芜湖县、繁昌县、弋江区）、宣城市（郎溪县、广德县、宣州区）、舟山市（定海区、普陀区）、连云港市（连云区、海州区、灌云县、灌南县、赣榆区）、盐城市（亭湖区、盐都区、滨海县、大丰区、阜宁县、建湖县）、衢州市（柯城区、衢江区、开化县、龙游县、常山县）、丽水市（莲都区、缙云县）、宿迁市（宿城区、沭阳县、泗阳县、泗洪县、宿豫区）、合肥市（肥东县、巢湖市）、徐州市（睢宁县）

都市圈	中心城市	都市圈范围
珠三角都市连绵区	深圳、广州	惠州市、广州市、佛山市、中山市、深圳市、东莞市、江门市（蓬江区、江海区、鹤山市、新会区、开平市、台山市）、肇庆市（端州区、鼎湖区、广宁县、高要区、四会市）、珠海市（香洲区、斗门区）、韶关市（新丰县）、清远市（清城区、佛冈县、清新区、英德市）、云浮市（新兴县）
首都都市圈	北京、天津	廊坊市、北京市、天津市、张家口市（怀来县）、保定市（竞秀区、莲池区、满城区、清苑区、涞水县、徐水区、定兴县、高阳县、易县、涿州市、高碑店市、容城县、雄县、安新县）、唐山市（路北区、开平区、丰南区、丰润区、玉田县、曹妃甸区、路南区）、沧州市（青县、海兴县、盐山县、南皮县、献县、孟村回族自治县、泊头市、任丘市、黄骅市、沧县、运河区、新华区）
郑州都市圈	郑州	许昌市、焦作市、开封市、新乡市、郑州市、济源市、洛阳市（老城区、西工区、瀍河回族区、涧西区、吉利区、洛龙区、孟津县、新安县、嵩县、宜阳县、洛宁县、伊川县、偃师市、汝阳县）、鹤壁市（淇滨区、浚县、淇县）、晋城市（城区、阳城县、泽州县）、平顶山市（新华区、石龙区、宝丰县、鲁山县、郏县、汝州市）、安阳市（汤阴县）、漯河市（临颖县）、三门峡市（渑池县、义马市）、商丘市（民权县）、周口市（扶沟县）
济南都市圈	济南	济南市、德州市、滨州市（惠民县、邹平县、滨城区、阳信县）、聊城市（东昌府区、茌平县、东阿县、高唐县、临清市）、泰安市（泰山区、岱岳区、宁阳县、东平县、肥城市）、淄博市（淄川区、张店区、博山区、临淄区、周村区、桓台县、高青县）、沧州市（吴桥县）、衡水市（景县、故城县）、济宁市（汶上县、曲阜市）、潍坊（青州市）、邢台市（清河县）

续表

都市圈	中心城市	都市圈范围
武汉都市圈	武汉市	孝感市、武汉市、仙桃市、天门市、鄂州市、黄冈市（黄州区、团风县、红安县、罗田县、浠水县、蕲春县、麻城市）、黄石市（黄石港区、西塞山区、下陆区、铁山区、大冶市）、咸宁市（嘉鱼县、赤壁市、咸安区）、荆门市（京山县）、随州市（曾都区、广水市）
成都都市圈	成都市	眉山市、德阳市、成都市、绵阳市（涪城区、游仙区、三台县）、雅安市（雨城区、名山区）、资阳市（雁江区、乐至县）、乐山市（市中区、五通桥区、井研县、夹江县、峨眉山市、沙湾区）、内江市（威远县、资中县）、遂宁市（大英县、射洪县）、自贡市（荣县）、阿坝藏族羌族自治州（汶川县）
厦门都市圈	厦门市	漳州市、泉州市、厦门市、莆田市（城厢区、涵江区、秀屿区、仙游县）、福州市（福清市）
合肥都市圈	合肥市	合肥市、蚌埠市、六安市（金安区、裕安区、舒城县、霍山县、霍邱县、金寨县）、安庆市（怀宁县、桐城市）、铜陵市（枞阳县）、滁州市（来安县、全椒县、定远县、明光市、南谯区、凤阳县、琅琊区）、淮南市（大通区、田家庵区、谢家集区、八公山区、潘集区、凤台县、寿县）、马鞍山市（花山区、雨山区、当涂县、含山县、和县）、芜湖市（镜湖区、鸠江区）、宿州市（埇桥区、灵璧县、泗县）、淮北市（烈山区）、阜阳市（颍上县）、亳州市（蒙城县）、南京市（浦口区）
长沙都市圈	长沙市	长沙市、湘潭市、株洲市（荷塘区、芦淞区、石峰区、天元区、株洲县、醴陵市）、益阳市（资阳区、赫山区、桃江县、沅江市）、岳阳市（岳阳县、湘阴县、平江县、汨罗市）、萍乡市（上栗县、湘东区）、衡阳市（南岳区、衡山县）、常德市（汉寿县）

续表

都市圈	中心城市	都市圈范围
重庆都市圈	重庆市	广安市、重庆市（涪陵区、渝中区、大渡口区、江北区、沙坪坝区、九龙坡区、南岸区、北碚区、渝北区、巴南区、长寿区、江津区、合川区、永川区、南川区、潼南区、铜梁区、大足区、璧山区、垫江县、綦江区）、达州市（大竹县）、泸州市（合江县）
青岛都市圈	青岛市	青岛市、潍坊市（诸城市、昌邑市、高密市、坊子区）、烟台市（莱阳市、莱州市、海阳市、招远市、栖霞市）、日照市（东港区）
西安都市圈	西安市	西安市、铜川市、宝鸡市（渭滨区、金台区、岐山县、扶风县、眉县、陈仓区）、商洛市（商州区、洛南县、柞水县）、渭南市（华州区、潼关县、大荔县、合阳县、蒲城县、白水县、富平县、华阴市、澄城县、临渭区）、咸阳市（秦都区、杨陵区、渭城区、三原县、泾阳县、乾县、礼泉县、永寿县、彬县、旬邑县、淳化县、武功县、兴平市）
福州都市圈	福州市	莆田市、福州市、宁德市（蕉城区、古田县、屏南县、霞浦县、福安市）、泉州市（泉港区、惠安县）、三明市（尤溪县）、南平市（延平区）
石家庄都市圈	石家庄市	阳泉市、石家庄市、衡水市（桃城区、武邑县、武强县、饶阳县、安平县、冀州区、深州市、枣强县）、邢台市（桥东区、桥西区、邢台县、临城县、内丘县、柏乡县、隆尧县、任县、南和县、宁晋县、巨鹿县、新河县、南宫市、沙河市）、保定市（满城区、清苑区、徐水区、唐县、高阳县、望都县、曲阳县、顺平县、定州市、安国市、竞秀区、莲池区）、邯郸市（邯山区、丛台区、永年区）、沧州市（献县）
沈阳都市圈	沈阳市	铁岭市、抚顺市、鞍山市、辽阳市、沈阳市、本溪市（溪湖区、明山区、南芬区、本溪满族自治县、平山区）、阜新市（彰武县）、锦州市（黑山县）、盘锦市（盘山县）、营口市（大石桥市）
长春都市圈	长春市	长春市、辽源市、四平市（铁东区、铁西区、梨树县、伊通满族自治县、公主岭市）、吉林市（昌邑区、龙潭区、船营区、丰满区、磐石市）、铁岭市（昌图县）

都市圈	中心城市	都市圈范围
南昌都市圈	南昌市	南昌市、抚州市（临川区、东乡区）、九江市（庐山市、浔阳区、永修县、德安县、共青城市、武宁县、柴桑区）、宜春市（奉新县、靖安县、丰城市、樟树市、高安市、上高县、宜丰县）、上饶市（余干县、万年县）
昆明都市圈	昆明市	昆明市、楚雄彝族自治州（武定县、禄丰县）、曲靖市（麒麟区、马龙县、陆良县）、玉溪市（红塔区、江川区、澄江县、通海县、易门县、峨山彝族自治县、华宁县）、红河哈尼族彝族自治州（弥勒市）
大连都市圈	大连市	大连市（中山区、西岗区、沙河口区、甘井子区、旅顺口区、金州区、瓦房店市、普兰店市）
哈尔滨都市圈	哈尔滨市	哈尔滨市、绥化市（北林区、兰西县、安达市、肇东市）、松原市（扶余市）
贵阳都市圈	贵阳市	贵阳市、安顺市（西秀区、平坝区、普定县、镇宁布依族苗族自治县、关岭布依族苗族自治县）、黔南布依族苗族自治州（都匀市、福泉市、贵定县、瓮安县、长顺县、龙里县、惠水县）、遵义市（汇川区、播州区、红花岗区）、黔东南苗族侗族自治州（麻江县）、毕节市（大方县、黔西县、织金县）
南宁都市圈	南宁市	南宁市、崇左市（江州区、扶绥县）、防城港市（防城区）、来宾市（兴宾区）、贵港市（覃塘区）、钦州市（钦北区、钦南区）、河池市（都安瑶族自治县、大化瑶族自治县）、百色市（平果县）
太原都市圈	太原市	太原市、晋中市（榆次区、榆社县、寿阳县、太谷县、祁县）、阳泉市（郊区、盂县）、吕梁市（文水县、交城县、孝义市、汾阳市）、忻州市（忻府区、定襄县、原平市）
呼和浩特都市圈	呼和浩特市	呼和浩特市、乌兰察布市（卓资县、察哈尔右翼中旗、察哈尔右翼后旗、集宁区、凉城县、察哈尔右翼前旗）、鄂尔多斯市（准格尔旗）、朔州市（右玉县）
乌鲁木齐都市圈	乌鲁木齐市	乌鲁木齐市、五家渠市、昌吉回族自治州（昌吉市、阜康市、呼图壁县）

续表

都市圈	中心城市	都市圈范围
兰州都市圈	兰州市	兰州市、白银市（白银区、平川区、靖远县）、临夏回族自治州（康乐县、永靖县、广河县、和政县、东乡族自治县）、定西市（安定区、临洮县）、武威市（天祝藏族自治县）、海东市（民和回族土族自治县）
银川都市圈	银川市	银川市、阿拉善盟（阿拉善左旗）、石嘴山市（大武口区、平罗县、惠农区）、吴忠市（利通区、青铜峡市、盐池县）、乌海市（海南区）、鄂尔多斯市（鄂托克前旗）
西宁都市圈	西宁市	西宁市、海东市（平安区、乐都区、民和回族土族自治县、互助土族自治县、化隆回族自治县）、黄南藏族自治州（尖扎县）、海南藏族自治州（贵德县）、海北藏族自治州（海晏县）、兰州市（红古区）

二　都市圈分级指标描述及分析处理方法

（一）都市圈发展水平

1. 都市圈 GDP

经济实力是衡量都市圈发展水平的基本指标之一，经济实力既能反映都市圈经济发展已达到的水平层次，也是参与未来竞争合作的经济基础。一个都市圈只有拥有相当的实力才能参与更大范围、更高层次的竞争。

GDP 总量（亿元）衡量都市圈的总体经济状况、整体水平。人均 GDP（万元/人）衡量都市圈的居民富裕程度，反映都市圈居民经济福利水平情况。通过搜集都市圈所覆盖城市全市与区县蔓延部分 GDP 并进行汇总统计得到其分布特征：GDP 规模分布接近幂律分布，而人均 GDP 则梯度差距较小。

从 GDP 规模来看，长三角都市连绵区属于第一梯队，2018 年GDP 为 16.4 万亿元，是排名第 2、第 3 位的珠三角都市连绵区、首都都市圈的 2 倍左右。长三角都市连绵区的城市群一体化发育程度最高，占地面积最大，约为 22 万平方公里，是珠三角都市连绵区（6 万平方公里）、首都都市圈（8 万平方公里）的 3 倍左右。东北地区城市都市圈、西北地区城市都市圈以及西南的南宁都市圈排名靠后，见图 4 - 1。

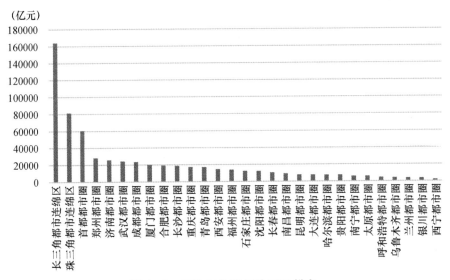

图 4 - 1   2018 年各都市圈 GDP 排名

从都市圈的居民富裕程度看，人均 GDP 在 10 万元以上的是珠三角都市连绵区、长三角都市连绵区和大连都市圈；而西宁都市圈与石家庄都市圈人均 GDP 在 4 万元左右，排名靠后。从区域上看，人均 GDP 在 9 万元以上都市圈基本集中在东部及东南沿海区域，见图 4 - 2。

2. 都市圈产业区位商竞争力分析

产业是都市圈发展与增长的原动力，找到都市圈的优势产业并评估其横向竞争力是都市圈评价的重要方面。在区域经济学中，通常用区位商来判断一个产业是否构成地区专业化部门。区位商是指一个地区特定部门的产值在地区工业总产值中所占的比重与全国该

（万元/人）

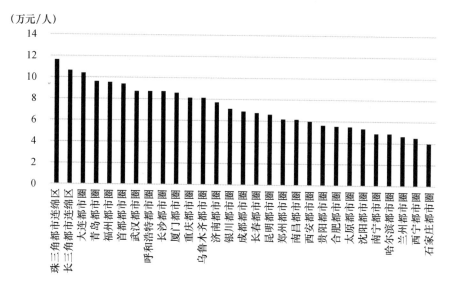

图 4 - 2　2018 年各都市圈人均生产总值排名

部门产值在全国工业总产值中所占比重之间的比值。区位商大于 1，可以认为该产业是地区的专业化部门；区位商越大，专业化水平越高；如果区位商小于或等于 1，则认为该产业是自给性部门。

对都市圈内上市公司 2019 年财报营业收入及所属 28 个申万一级行业板块进行关联。借助区位商的概念算法，对各行业分别计算都市圈内此行业营业收入占比，与全国此行业营业收入占比的比值。

$$L_i = \frac{e_i/e_t}{E_i/E_t}$$

L_i 为都市圈产业 i 的营业收入区位商，e_i 为产业 i 的营业收入，e_t 为都市圈全部产业营业收入，E_i 为全国产业 i 的营业收入，E_t 为全国全部产业营业收入。

对各都市圈计算营业收入区位商前三名行业作为都市圈优势行业，计算结果如表 4 - 3 所示。

表 4 - 3   都市圈 TOP 3 优势行业

	营收区位商第一行业	营收区位商第二行业	营收区位商第三行业
首都都市圈	采掘	建筑装饰	银行
长三角都市连绵区	汽车	纺织服装	电气设备
珠三角都市连绵区	家用电器	电子元器件	房地产
成都都市圈	农林牧渔	家用电器	电气设备
重庆都市圈	汽车	房地产	医药生物
武汉都市圈	医药生物	通信	建筑材料
郑州都市圈	食品饮料	有色金属	传媒
厦门都市圈	交通运输	商业贸易	有色金属
青岛都市圈	家用电器	食品饮料	有色金属
济南都市圈	轻工制造	汽车	计算机
福州都市圈	综合	纺织服装	商业贸易
合肥都市圈	建筑材料	商业贸易	纺织服装
长沙都市圈	钢铁	农林牧渔	传媒
西安都市圈	国防军工	餐饮旅游	电气设备
贵阳都市圈	食品饮料	国防军工	通信
呼和浩特都市圈	食品饮料	公用事业	农林牧渔
哈尔滨都市圈	综合	国防军工	医药生物
银川都市圈	建筑材料	商业贸易	化工
大连都市圈	公用事业	汽车	化工
长春都市圈	建筑材料	汽车	商业贸易
西宁都市圈	有色金属	电气设备	钢铁
乌鲁木齐都市圈	电气设备	建筑材料	农林牧渔
太原都市圈	钢铁	采掘	公用事业
石家庄都市圈	钢铁	国防军工	汽车
沈阳都市圈	钢铁	农林牧渔	计算机
南宁都市圈	农林牧渔	食品饮料	公用事业
南昌都市圈	农林牧渔	建筑材料	传媒
兰州都市圈	有色金属	建筑材料	农林牧渔
昆明都市圈	有色金属	医药生物	餐饮旅游

从表 4 - 3 中都市圈优势产业结构看，以所处产业链位置进行

区分，很大一部分都市圈优势产业主要是对初级产品或资源性产品的加工生产，行业集中于第一产业——农林牧渔、有色金属、采掘、钢铁等，这类都市圈以兰州、西宁、长沙、沈阳、南宁、南昌、石家庄、太原都市圈为典型。另一部分行业从事深加工、精加工和精细加工等下游产业经济活动，行业集中于汽车、计算机、医药生物、电子电器、纺织、金融等，这类都市圈以长三角、珠三角、首都、重庆、武汉等都市圈为典型。

前者由于处于产业链上游，对资源产品做初步加工，使得其产品附加值相对下游需求端较低，且经济周期性更强，即更容易受到下游需求变动或经济周期变动影响，发生较大的价格波动。而后者处于产业链下游，对初级产品进行深加工精加工，产品附加值较高，技术、资金含量较高。从都市圈优势产业链的角度可以部分解释上一节中都市圈 GDP 规模的差异分化。

在得到都市圈的优势产业结构后，可横向比较各都市圈优势行业的竞争力。通过计算都市圈 TOP 3 行业的上市公司平均销售毛利率可以反映出优势行业的竞争力。销售毛利率即毛利除以营业收

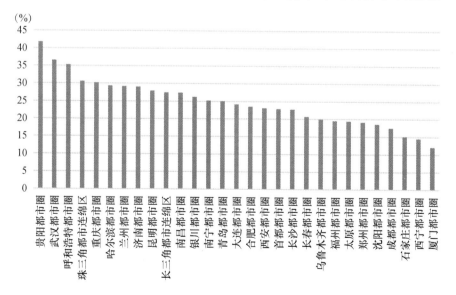

图 4-3　上市公司营收区位商 TOP 3 行业平均销售毛利率排名

入，行业销售毛利率越高，往往说明该公司产品的市场占有率较高，行业垄断性、壁垒性较强，以及公司拥有较优质的商业模式，取行业中公司毛利率的平均水平可以侧面反映该行业整体竞争力的强弱。

都市圈优势行业平均毛利率排名如图4-3所示，贵阳的茅台酒、武汉的医药行业、呼和浩特的奶业形成较高的行业壁垒，位列第一梯队，而厦门的交通运输、商贸行业毛利率较差。

从行业规模角度看，较大营收规模的行业往往是在都市圈国民经济中占有较大份额的支柱产业，对都市圈其他产业或产业群起支撑、带动作用，对周边区域就业人口有较强的吸纳作用，见图4-4。在衡量都市圈产业竞争力的时候应同时考虑行业毛利率与行业规模两大因素进行评价。

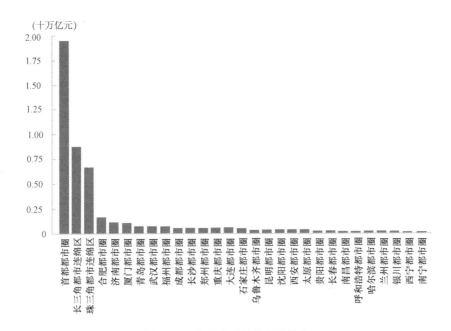

图4-4　上市公司营收规模排名

由图4-5可知，首都都市圈由于其优势产业包含较多大型国企、央企及资本密集型产业，其整体营收规模量级超出长三角及珠三角都市连绵区较多，西部的南昌、银川、西宁、南宁都市圈营收

(亿元)

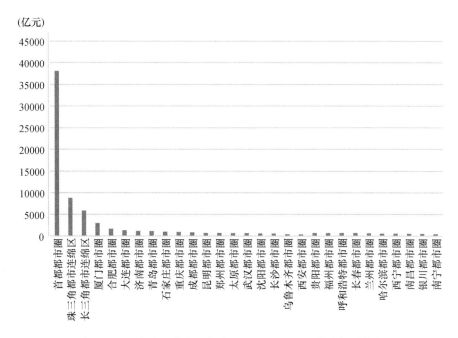

图 4-5　上市公司营收区位商 TOP 3 行业平均营收规模排名

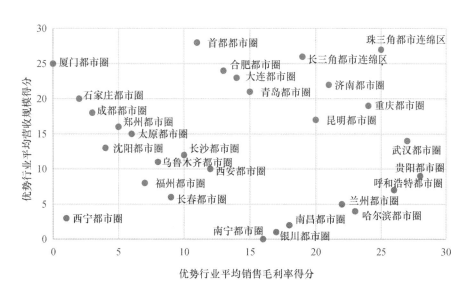

图 4-6　各都市圈优势行业综合竞争力

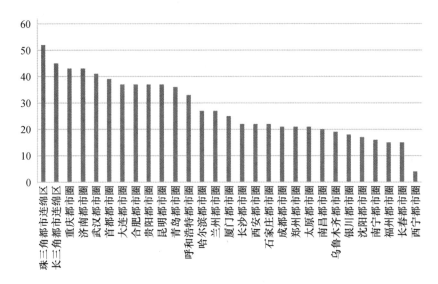

图4-7　都市圈优势产业综合竞争力得分排名

规模较小，由于其所在地人口规模较小，虽然第一产业农林牧渔业较发达，但较难形成大规模产业。

将都市圈 TOP 3 优势行业平均销售毛利率与平均营收规模分别进行排名计算得分（越大越好），通过排名可使两维度量纲缩小到同一尺度进行比较，如图4-6所示。

综合都市圈竞争力的两个维度，将两者得分进行相加并从高到低排序可得到综合竞争力排名，如表4-4所示。

表4-4　各都市圈优势行业毛利水平、营收规模及产业竞争力综合得分排名

	营收区位商 TOP 3 行业平均销售毛利率（%）	营收区位商 TOP 3 行业平均营收规模（亿元）	优势产业竞争力得分（越高越好）
珠三角都市连绵区	31	8831	52
长三角都市连绵区	27	5854	45
重庆都市圈	30	940	43
济南都市圈	29	1174	43
武汉都市圈	37	678	41

	营收区位商 TOP 3 行业平均销售毛利率 （%）	营收区位商 TOP 3 行业平均营收规模 （亿元）	优势产业竞争力得分 （越高越好）
首都都市圈	23	38103	39
大连都市圈	24	1322	37
合肥都市圈	24	1699	37
贵阳都市圈	42	366	37
昆明都市圈	28	742	37
青岛都市圈	25	1151	36
呼和浩特都市圈	35	359	33
哈尔滨都市圈	29	203	27
兰州都市圈	29	285	27
厦门都市圈	12	3015	25
长沙都市圈	23	586	22
西安都市圈	23	419	22
石家庄都市圈	15	1022	22
成都都市圈	17	867	21
郑州都市圈	19	728	21
太原都市圈	19	692	21
南昌都市圈	27	157	20
乌鲁木齐都市圈	20	447	19
银川都市圈	26	122	18
沈阳都市圈	19	620	17
南宁都市圈	25	90	16
福州都市圈	19	361	15
长春都市圈	21	328	15
西宁都市圈	15	192	4

表 4 - 5　　　　都市圈优势产业综合竞争力得分分段

优势产业综合竞争力得分	都市圈
39—52	珠三角都市连绵区、长三角都市连绵区、重庆都市圈、济南都市圈、武汉都市圈

优势产业综合竞争力得分	都市圈
27—39	首都都市圈、合肥都市圈、贵阳都市圈、昆明都市圈、大连都市圈、青岛都市圈、呼和浩特都市圈
21—27	哈尔滨都市圈、兰州都市圈、厦门都市圈、石家庄都市圈、西安都市圈、长沙都市圈
4—21	成都都市圈、郑州都市圈、太原都市圈、南昌都市圈、乌鲁木齐都市圈、银川都市圈、沈阳都市圈、南宁都市圈、福州都市圈、长春都市圈
4	西宁都市圈

如表4-5所示,通过自然分段法将都市圈综合竞争力得分分为五段,以电子等产业为优势的珠三角都市连绵区,以汽车等产业为优势的长三角都市连绵区、重庆都市圈、济南都市圈,以生物医药等产业为优势的武汉都市圈位列第一梯队,以有色金属产业为优势的西宁都市圈由于其规模与市场占有率均处于较弱水平,整体综合竞争力暂居末位。

3. 都市圈常住人口分布

都市圈是区域主要人口承载区,人口集聚指标不仅应关注都市圈人口总量和密度指标,而且还应关注都市圈人口增速指标。随着都市圈的不断发育和演进,都市圈人口迁移与区域统筹、城乡融合有着密切的联动关系。常住总人口衡量都市圈的总体人口规模情况。人口密度反映都市圈的人口集聚总体状况。常住人口增速衡量都市圈的社会经济活力,以及对大区域的人口吸引能力。

常住人口统计使用 WorldPop 项目数据。项目利用卫星图像来专门绘制定居者地图。所使用到的数据有空间分辨率为 30 米的 Landsat（ETM）卫星图像、定居点位置信息、土地覆盖和基础设施信息等所有空间参考辅助数据,以及国家/地区级别上的普查数据,通过"随机森林映射"等建模方法进行种群映射,得到较准确、高分辨率的地区人口数据,见图4-8。

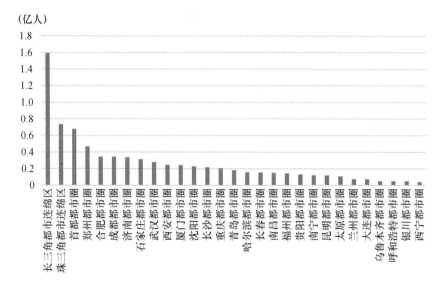

图 4 - 8　2020 年都市圈人口数量排名

全国 29 个都市圈，人口共计 7.8 亿人，约占当前全国 14 亿人口的 56%。覆盖面积约为 188 万平方公里，其中人造地表面积占比仅约 5%，为 9.5 万平方公里。长三角都市连绵区、珠三角都市连绵区、首都都市圈、郑州都市圈人口规模均在 4000 万人以上，共计约 3.5 亿人，约占 29 个都市圈全部人口的 44%，属人口规模第一梯队，其中长三角都市连绵区人口规模最大，拥有 1.6 亿人口。西北部的乌鲁木齐、呼和浩特、银川、西宁都市圈人口规模最小，约在 500 万人以下。将人口规模与都市圈的人造地表相除可得到人造地表人口密度，与一般的行政区面积人口密度数据不同，人造地表反映区域内土地城市化的建设水平，使用人造地表人口密度更能反映都市圈的人口聚集程度、人地矛盾以及供地的相对紧张程度。

贵阳、重庆、长沙都市圈人造地表人口密度高达 2 万人/平方公里以上，属于较拥挤都市圈，应利用都市圈内部区域比较优势，进行更为合理的人口、产业疏导及规划布局。而石家庄、青岛、济南都市圈人口密度在 5000 人/平方公里左右，人地矛盾相对缓和。以都市圈总人口除以人造地表面积可得都市圈平均人口密度为

10103 人/平方公里（见图 4-9），基本与西安、哈尔滨都市圈人口密度持平。

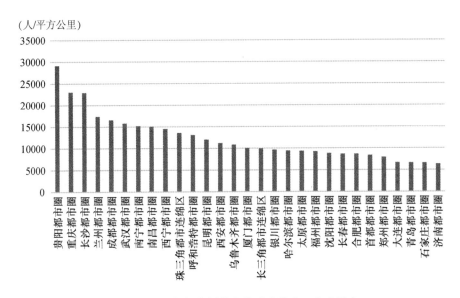

图 4-9　2020 年都市圈按人造地表的人口密度排名

4. 都市圈适龄购房人口比例及增速预测

都市圈人口年龄结构是对都市圈发展潜力、经济活力及未来地产需求评估的重要指标。

据《2019 年联合国世界人口展望》数据显示，将全国 1949 年以来出生人口与当前适龄购房（25—50 岁）分年龄段人口结构占比相对照，可以发现当前购房主力主要由补偿性生育高峰的第二代婴儿潮（1962—1971 年）的尾部，以及由第二代婴儿潮婚育高峰形成的"80 后""90 后"第三代婴儿潮构成，见图 4-10。随着人口老龄化加剧，主力购房人群整体规模呈下降趋势，同时由于生育成本、思想观念等原因，"90 后"婴儿潮一代婚育高峰较不明显，仅在 2016 年附近有小幅增加（出生人口约为 1700 万人），在这种存量下降、增量有限的情况下，刚需、刚改需求可能将会受到较大限制，但占比例较大的购房主力人群的老龄化趋势将增加养老住宅

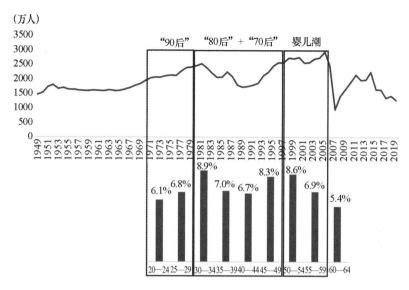

图 4-10　历年出生人口（万人）及 2020 年全国适龄购房人口占比

需求。

区域人口增长可分为自然增长与机械增长，本节对人口自然增长进行预测。根据 2010 年六普区县颗粒度 0—85 岁及以上的 5 岁年龄组数据，使用队列—要素人口概率预测方法对各都市圈人口年龄结构进行预测。

从出生人口看，东部的青岛、济南都市圈 0—4 岁年龄段人口占比增速较快，预计 2030 年比例将达到 7% 左右，而首都都市圈和珠三角都市连绵区降幅较大。从东部地区整体年龄结构特征看，当前在两代婴儿潮 30—34 岁与 50—54 岁附近形成两个密集峰且左峰较右峰均值高出约 2%。其中珠三角都市连绵区与沈阳都市圈年龄结构对比较为极端，珠三角都市连绵区左峰突出，右峰不明显，显示出年轻人口的绝对优势，而沈阳都市圈则右峰突出，左峰不明显，反映出青壮年人口外流，老龄化较严重。

中部都市圈出生人口基本呈减少态势，武汉、太原都市圈减少较为明显，从中部地区整体年龄结构特征看，当前在 30—34 岁与 50—54 岁附近形成两个密集峰较东部而言较平齐，且左峰较右峰均值高出约1%。

西部都市圈出生人口基本呈减少态势，乌鲁木齐、兰州都市圈减少较为明显，从西部地区整体年龄结构特征看，当前在30—34岁与50—54岁附近形成两个密集峰且左峰较右峰均值基本持平。西安都市圈呈现左峰较高右峰较低，而乌鲁木齐都市圈右峰最高而左峰不突出，显示出西安都市圈较有活力而乌鲁木齐都市圈老龄化较严重。

从东中西部横向对比来看，东部都市圈年龄分布最为年轻，中部次之，西部老龄化水平相对较高。

通过模型预测得到各都市圈 2020 年适龄购房人口（定义为25—50 岁人口）比例，珠三角都市连绵区占比 50% 以上，居首位，厦门、首都都市圈位列其次，重庆、山东、沈阳都市圈比例则较低，在 35% 左右，见图 4 - 11。

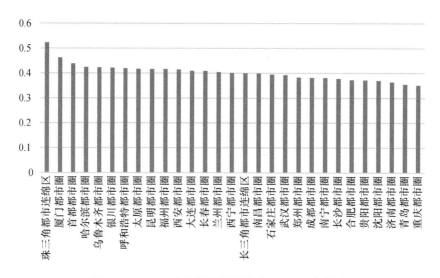

图 4 - 11　2020 年各都市圈适龄购房人口比例排名

人口增速主要体现新出生人口增速及老龄化程度，从整体人口预测 2020—2025 年 5 年增速看，山东都市圈、贵阳都市圈、珠三角都市连绵区、南宁都市圈、厦门都市圈、郑州都市圈增速较快，

而经历年轻人口外流的东北、老龄化负担较重的长三角都市连绵区
负增长较多，见图 4 – 12。

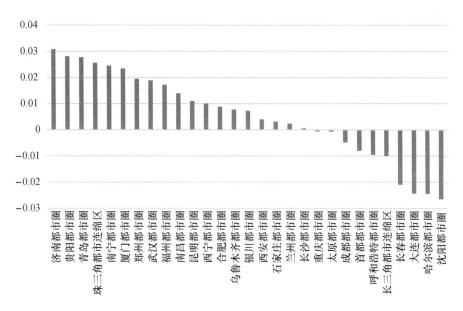

图 4 – 12　2020—2025 年各都市圈人口增速排名（六普预测）

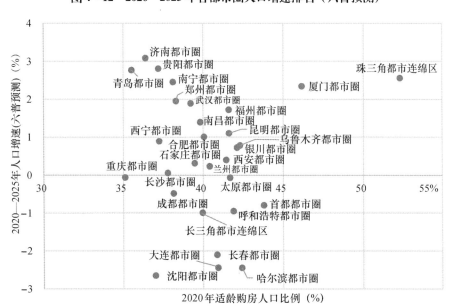

图 4 – 13　2020—2025 年各都市圈人口增速（六普预测）

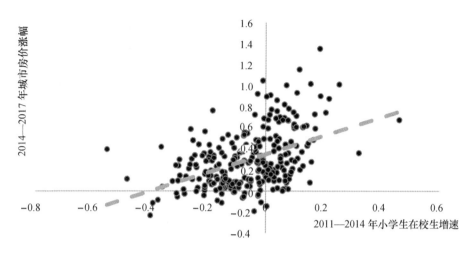

图4－14　2014—2017年城市房价涨幅和2011—2014年小学生在校生增速

　　将都市圈当前适龄购房人口比例与未来2020—2025年5年人口增速预测进行两维度对比，珠三角都市连绵区和厦门都市圈两者较为特殊，同时具有较高的适龄购房人口与未来人口增速，人口住房需求有一定潜力，见图4－13。

　　5. 小学生在校人数及增速

　　小学生在校人数指标同时可以反映地区人口自然增长与机械增长，其相关数据来自教育部门，准确度较高，不仅代表着地区的年轻人口潜力，也反映了背后的家庭状况。一个小学生来到一座城市读书，很有可能会让一个家庭"随迁"，这样的可能性是非常高的，所以小学生的人数是判断房价上涨的不可或缺的因素。图4－14显示，全国城市2011—2014年3年全国城市小学生在校生增幅与3年后2014—2017年房价增速散点图表示两者高度相关，相关系数达到0.45。

　　从规模角度看，长三角都市连绵区、珠三角都市连绵区、首都都市圈、郑州都市圈小学生在校人数规模最大，而西北、东北部较小，见表4－6。

表 4 - 6　　　　　　　　　都市圈小学生在校人数排名分段

小学生在校人数 （万人）	都市圈
501—750	长三角都市连绵区
215—500	首都都市圈、郑州都市圈、珠三角都市连绵区
107—214	济南都市圈、石家庄都市圈、西安都市圈、合肥都市圈、武汉都市圈、长沙都市圈、成都都市圈、重庆都市圈、贵阳都市圈、厦门都市圈
64—106	沈阳都市圈、青岛都市圈、南昌都市圈、福州都市圈、南宁都市圈、昆明都市圈
24—63	哈尔滨都市圈、长春都市圈、大连都市圈、呼和浩特都市圈、太原都市圈、银川都市圈、兰州都市圈、西宁都市圈、乌鲁木齐都市圈

从 2015—2018 年小学生在校生人数增速角度看，武汉都市圈、重庆都市圈、成都都市圈、珠三角都市连绵区增速较快，东北部呈现负增长，见图 4 - 15、图 4 - 16。

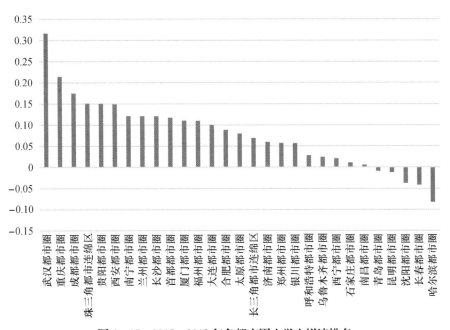

图 4 - 15　2015—2018 年各都市圈小学生增速排名

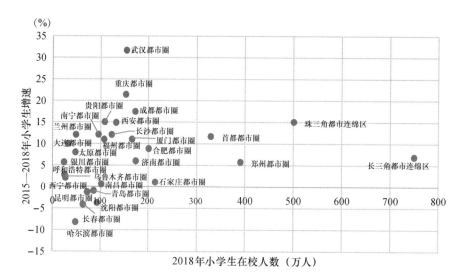

图 4 – 16　2015—2018 年各都市圈小学生增速

　　综合规模、增速两方面，长三角都市连绵区、珠三角都市连绵区、郑州都市圈、首都都市圈、武汉都市圈小学生规模大且增速较快，反映了区域经济、资源禀赋等对人口迁移的持续吸引力。

　　6. 人造地表面积及增速

　　人造地表是人类活动所产生的覆盖于原始自然地表之上的建筑物、道路、矿井及废弃物等形成的地表覆盖形态。可以通过人造地表历年扩张速度反映城市建设土地扩张速度，从侧面反映人口对空间的增量需求，也体现了都市圈对人口的吸纳能力和吸纳的途径（见图 4 – 17）。

　　得到人造地表数据后可进一步运用元胞自动机（cellular automata，CA）方法对人造地表进行预测。预测结果显示：重庆、贵阳都市圈 2015—2020 年扩张速度较快（见图 4 – 18）。

　　表 4 – 7 显示，都市圈 2020—2025 年整体人造地表扩张速度为 4%，其中，南宁、南昌都市圈将以 10% 左右速度快速扩张，而济南、郑州、首都都市圈扩张速度则显著低于平均值。

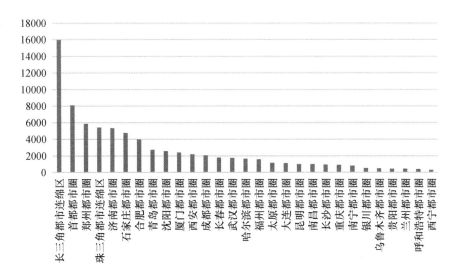

图 4 - 17　2020 年各都市圈人造地表排名

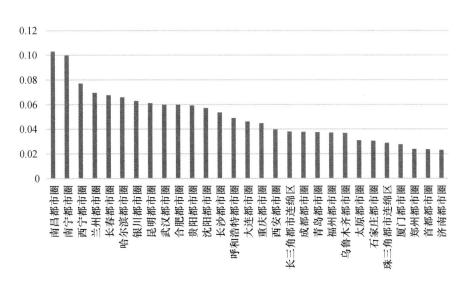

图 4 - 18　2020—2025 年各都市圈人造地表增速排名

表4－7　　　　各都市圈2020—2025年人造地表预测扩张速度分段

2020—2025年人造地表预测扩张速度	都市圈
0.077—0.104	南昌都市圈、南宁都市圈、西宁都市圈
0.06—0.077	兰州都市圈、长春都市圈、哈尔滨都市圈、银川都市圈、昆明都市圈
0.046—0.06	武汉都市圈、合肥都市圈、贵阳都市圈、沈阳都市圈、长沙都市圈、呼和浩特都市圈、大连都市圈
0.031—0.046	重庆都市圈、西安都市圈、长三角都市连绵区、成都都市圈、青岛都市圈、福州都市圈、乌鲁木齐都市圈
0.023—0.031	太原都市圈、石家庄都市圈、珠三角都市连绵区、厦门都市圈、郑州都市圈、首都都市圈、济南都市圈

7. 都市圈创新能力

创新能力和技术进步是经济增长的主要源泉，人才是技术进步的实现力量。科技创新对城镇化的引领和支撑作用在不断增强，都市圈的发展动力正从要素驱动向创新驱动转型。表4－8显示了各都市圈申请专利情况。

表4－8　　　　　　2018年各都市圈每万人专利申请件数分段

2018年专利申请件数/万人	都市圈
60.6—94.3	珠三角都市连绵区
34.4—60.6	长三角都市连绵区、厦门都市圈、首都都市圈、重庆都市圈
21.9—34.4	成都都市圈、福州都市圈、大连都市圈、武汉都市圈、西安都市圈、合肥都市圈、郑州都市圈
12.7—21.9	昆明都市圈、南昌都市圈、乌鲁木齐都市圈、济南都市圈、哈尔滨都市圈、沈阳都市圈、贵阳都市圈、兰州都市圈、长春都市圈、长沙都市圈
6.5—12.7	青岛都市圈、太原都市圈、南宁都市圈、西宁都市圈、银川都市圈、石家庄都市圈、呼和浩特都市圈

专利申请是知识产权保护的重要手段，也是企业创新竞争的法律保障。以2018年新增专利申请件数、专利授予数与人口数量之比，作为衡量都市圈创新能力的指标。由于当前全国发明专利六成以上以企业申请为主，此创新指标同时可以反映都市圈内企业的创新能力。2018年平均每万人专利申请件数珠三角都市连绵区数量最多，高达94件/万人，60件/万人以上的都市圈有长三角都市连绵区、厦门都市圈、首都都市圈、重庆都市圈，而中、西部都市圈较弱（见图4-19）。

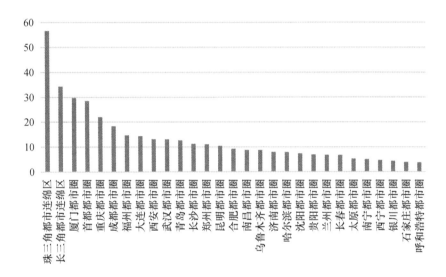

图4-19 各都市圈2017年、2018年每万人专利授权数排名

2017年、2018年每万人专利授权数基本与每万人专利申请件数类似（由于《城市统计年鉴2018》部分城市数据缺失，则以2017年此城市数据进行缺失值填充处理），珠三角都市连绵区高达56件/万人，厦门都市圈创新实力显著，与珠三角都市连绵区、长三角都市连绵区、首都都市圈同处第一梯队。

珠三角都市连绵区创新成绩亮眼，与广东省对知识产权的重视密不可分。广东省通过持续提高知识产权审查质量和效率，压减审查周期，2019年广东省专利和发明专利的授权量分别为52.7万件和 6.0 万件，有效发明专利量为 29.6 万件，其中战略性新兴产业有效发明专利量为 16.4 万件，均居全国前列。2019 年，广东 PCT 国际专利申请量为 24725 件，占全国总量的 43.5%，专利已成为广东新兴产业高质量发展极其重要的创新资源和核心竞争力。

8. 都市圈公共服务能力

都市圈公共服务能力衡量居民的生活需求能否更好地得到满足，强调"以人为本"的可持续发展理念，重点考察都市圈在教育、医疗、公共交通、环境治理、治安、购物休闲等方面的资源水平。对都市圈 2020 年的小学、中学、公交、地铁站、邮局、公安警察、消防机关、公园广场等 GIS 地理信息 POI 点数量进行统计，并结合城市统计年鉴中的绿化、污染数据进行综合评价，评价结果见图 4-20。

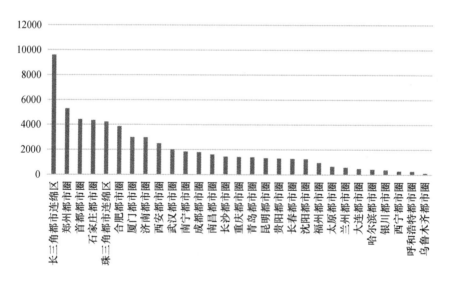

图 4-20　各都市圈小学 POI 数量排名

从小学数量上看，长三角都市连绵区初等教育资源丰富，拥有小学 10000 所左右。其次是郑州都市圈、石家庄都市圈、首都都市圈、珠三角都市连绵区，拥有小学 4000 所左右，而西北、东北的都市圈小学数量较少，乌鲁木齐都市圈数量最少（见表 4 - 9、图 4 - 21）。

表 4 - 9　　　　　　　　　　各都市圈小学数量分段

小学数量（所）	都市圈
5299—9592	长三角都市连绵区
2969—5299	郑州都市圈、石家庄都市圈、首都都市圈、珠三角都市连绵区、合肥都市圈、厦门都市圈
1449—2969	济南都市圈、西安都市圈、武汉都市圈、南宁都市圈、成都都市圈、南昌都市圈
661—1449	长沙都市圈、重庆都市圈、青岛都市圈、昆明都市圈、贵阳都市圈、长春都市圈、沈阳都市圈、福州都市圈
121—661	太原都市圈、兰州都市圈、大连都市圈、哈尔滨都市圈、银川都市圈、西宁都市圈、呼和浩特都市圈、乌鲁木齐都市圈

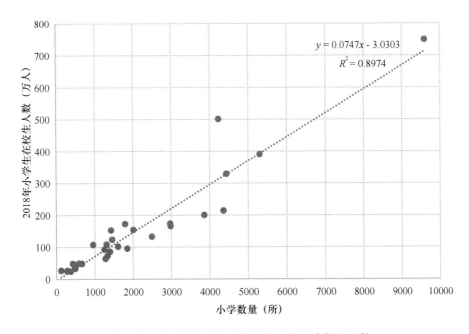

图 4 - 21　都市圈小学学校数量和小学生在校生人数

　　将都市圈小学数量与小学生人数做散点图，可得到都市圈小学数量与小学生人数基本成线性比例关系，皮尔逊相关系数高达94%，这意味着在保持其他情况不变的情况下，一定小学生数量的增加需要新建一定比例的学校进行吸纳承载。这也意味着，可以通过将小学数量与小学生在校生人数做比值，对学校教育资源丰富程度进行近似度量。

　　都市圈整体平均每万名小学生小学数量为 14 所，以此为大致衡量标准，则从图 4 - 22 可得，石家庄、长春、南宁、合肥都市圈小学教育资源较丰富；太原、郑州、沈阳、首都、武汉都市圈和长三角都市连绵区资源适中；而成都、重庆、福州、哈尔滨都市圈和珠三角都市连绵区，特别是乌鲁木齐都市圈，小学教育资源则较为紧张。珠三角都市连绵区作为国家主要的经济增长极，其初等教育资源匮乏应格外引起重视，教育资源紧张将对人才迁入及安家落户造成较大阻力，从而可能削弱城市竞争力（见图 4 - 22）。

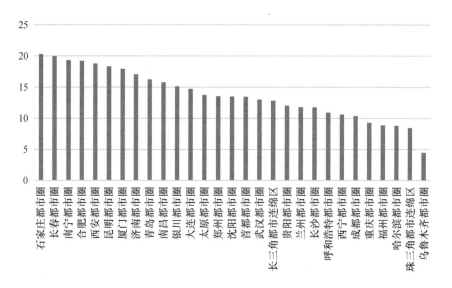

图 4 - 22　各都市圈每万名小学生的小学数量排名

　　公共交通方面，除西宁都市圈尚未达到地铁修建的经济、人口指标要求外，其他都市圈均有修建地铁（含在建），长三角都市连绵区、首都都市圈、珠三角都市连绵区地铁站点最多，其次武汉、成都、重庆、西安、郑州都市圈亦较多，兰州、呼和浩特、太原、银川都市圈地铁站较少（见图4-23、图4-24）。

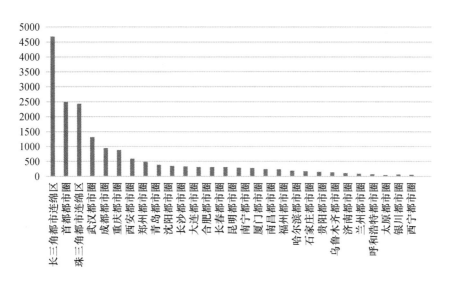

图4-23　各都市圈地铁站点数量排名

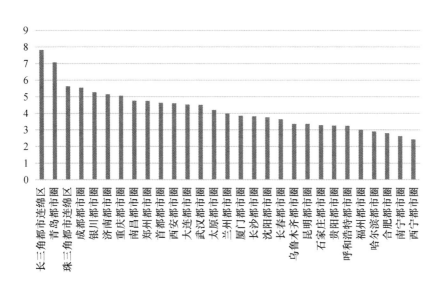

图4-24　各都市圈每万人公交车站数量排名

都市圈内地铁站建设需要满足一定的人口、经济规模，也受到地方财政的影响，因此，以公交车站作为衡量指标更具普适性。都市圈整体平均每万人拥有约 5 个公交车站，以此为标准，长三角都市连绵区、青岛都市圈、珠三角都市连绵区、成都都市圈公交资源较丰富，而福州、哈尔滨、合肥、南宁、西宁都市圈公交资源较紧张，平均每万人拥有公交车站数量低于 3 个。

以人均床位数作为医疗资源的代表变量，乌鲁木齐、西宁、成都、昆明都市圈较丰富，而珠三角都市连绵区、合肥都市圈、厦门都市圈人均医疗资源较紧张（见图 4−25）。

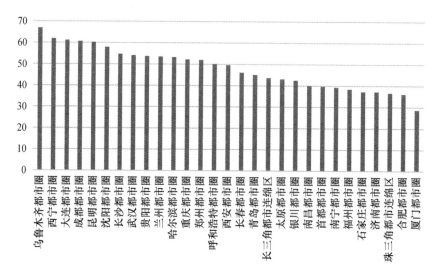

图 4−25　各都市圈医院每万人床位拥有数排名

考察各都市圈建成区绿化覆盖率指标排名可知，大连都市圈、福州都市圈、珠三角都市连绵区、南昌都市圈、太原都市圈、厦门都市圈、首都都市圈绿化率较高，在 44% 以上；而兰州、哈尔滨、沈阳都市圈绿化率较低，仅有 35% 左右（见图 4−26）。

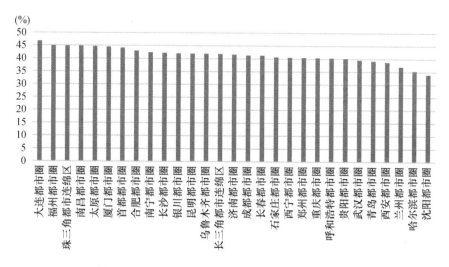

图 4 - 26　2018 年各都市圈建成区绿化覆盖率排名

（二）都市圈中心城市贡献度

中心城市贡献度反映中心城市为都市圈内其他城市提供辐射、服务的能力，中心城市贡献度大是成熟型和成长型都市圈的重要标志。都市圈是基于中心城市与周围城市频繁紧密的联系而确定的受中心城市带动影响的区域。中心城市贡献度指标包括中心城市的经济辐射力、人口辐射力和交通辐射力 3 个二级指标，可以动态、全面地反映中心城市对周围地区的带动能力、经济辐射力。经济辐射是指经济发展水平和现代化程度相对较高的地区与经济较落后的地区之间进行资本、人才、技术、市场等要素的流动和转移。

1. 中心城市投资贡献度

都市圈中心城市经济贡献度代表都市圈中心城市的经济辐射力，由都市圈城市从中心城市获得融资总额与都市圈所有城市获得融资总额占比计算得来，计算公式如下：

$$都市圈中心城市投资贡献度 = \frac{都市圈城市从中心城市获得的融资总额}{都市圈所有城市获得的融资总额}$$

南宁、兰州、南昌都市圈中心城市投资辐射力较强，中心城市投资贡献度在60%以上,一方面反映出这些中心城市在都市圈的地位逐渐增强;另一方面也表明这类都市圈中其他城市对中心城市依赖性较强。西安都市圈、首都都市圈、珠三角都市连绵区、长三角都市连绵区处于第二梯队,中心城市投资贡献度在40%以上,长三角都市连绵区、珠三角都市连绵区、首都都市圈处于第二梯队的原因是这三大都市圈发展较成熟,其中心城市辐射作用面向全国,远远超越了都市圈的地域范围。其他都市圈中心城市投资贡献度在20%以下(见图4-27)。

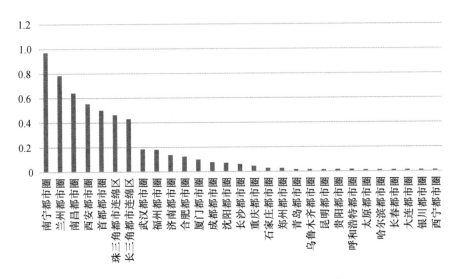

图4-27　各都市圈中心城市投资贡献度排名

2. 中心城市人口辐射力

中心城市人口辐射力体现在中心城市对都市圈内其他城市人口的持续吸引力。根据2020年百度迁徙春运数据可得到城市间迁入迁出人口比例,进一步计算得到对每一个都市圈中心城市作为迁入目的地和迁入来源地TOP 3的都市圈内城市及对应占迁入总量的比例,如表4-10所示。

表4-10　　都市圈中心城市迁入人口来源地 TOP 3 及
占迁入人口总量比例

	迁入来源地1	迁入来源地2	迁入来源地3	迁入来源地1比例（％）	迁入来源地2比例（％）	迁入来源地3比例（％）
成都市	德阳市	眉山市	资阳市	8.7	8.0	6.2
福州市	宁德市	泉州市	南平市	14.5	9.3	9.0
贵阳市	毕节市	黔南布依族苗族自治州	遵义市	19.4	13.8	12.0
哈尔滨市	绥化市	松原市	—	17.8	1.2	—
合肥市	六安市	淮南市	安庆市	12.3	8.3	7.2
呼和浩特市	乌兰察布市	鄂尔多斯市	朔州市	25.7	12.5	1.1
济南市	德州市	泰安市	聊城市	13.5	9.2	6.6
昆明市	曲靖市	玉溪市	楚雄彝族自治州	19.2	8.7	8.7
兰州市	定西市	白银市	临夏回族自治州	12.5	11.2	8.9
南昌市	宜春市	九江市	抚州市	15.7	9.9	8.1
南宁市	崇左市	百色市	河池市	9.9	7.7	7.7
青岛市	潍坊市	烟台市	日照市	15.7	13.5	5.3
厦门市	漳州市	泉州市	福州市	23.5	21.3	4.7
沈阳市	铁岭市	抚顺市	辽阳市	12.0	8.1	6.2
石家庄市	保定市	邢台市	衡水市	14.9	14.6	8.0
北京市	廊坊市	保定市	天津市	15.4	7.9	6.2
天津市	北京市	廊坊市	唐山市	17.4	10.9	10.0
太原市	晋中市	吕梁市	忻州市	22.2	17.3	11.8
乌鲁木齐市	昌吉回族自治州	五家渠市	—	30.1	5.2	—
武汉市	孝感市	黄冈市	咸宁市	12.6	11.3	5.5
西安市	咸阳市	渭南市	宝鸡市	25.2	13.6	6.2
西宁市	海东市	海南藏族自治州	海北藏族自治州	38.0	8.5	7.9
银川市	吴忠市	石嘴山市	鄂尔多斯市	29.2	17.8	2.6
长春市	四平市	吉林市	辽源市	19.9	15.4	2.7

	迁入来源地1	迁入来源地2	迁入来源地3	迁入来源地1比例（%）	迁入来源地2比例（%）	迁入来源地3比例（%）
上海市	苏州市	南通市	嘉兴市	14.3	5.1	3.5
南京市	镇江市	滁州市	马鞍山市	10.0	6.6	5.1
杭州市	绍兴市	嘉兴市	金华市	11.7	10.2	7.7
宁波市	杭州市	台州市	上海市	10.5	8.7	8.1
长沙市	岳阳市	益阳市	湘潭市	10.9	10.8	9.6
郑州市	开封市	周口市	新乡市	9.8	8.2	8.0
重庆市	广安市	达州市	泸州市	6.1	4.7	3.2
深圳市	东莞市	惠州市	广州市	16.6	11.1	6.1
广州市	佛山市	东莞市	深圳市	18.2	8.7	6.8

从表4-10可以看出，北京—廊坊、上海—苏州、广佛、深莞、郑州—开封、厦漳、福州—宁德、西咸等中心城市—周边城市之间具有密切的人口迁移关系。

将中心城市人口辐射力定义为：中心城市与都市圈内其他城市互迁移人口比例均值与中心城市与非都市圈内其他城市互迁移人口比例均值之比，并与都市圈内人口规模相乘从而对结果进行规模加权，即：

$$城市人口辐射力 =$$
$$\frac{中心城市与都市圈内其他城市互迁移人口比例均值}{中心城市与非都市圈内其他城市互迁移人口比例均值} \times 都市圈人口规模$$

从加权人口辐射力来看，郑州都市圈、合肥都市圈、长三角都市连绵区、石家庄都市圈、厦门都市圈中心城市人口带动能力较强，其中郑州与都市圈内其他城市人口流动较频繁且人口规模较大，开封、周口、新乡三座城市向郑州贡献了26%的迁移人口（见图4-28）。

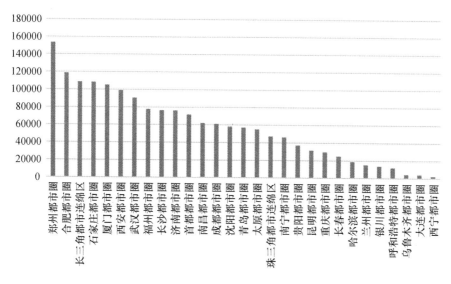

图4-28　各都市圈中心人口辐射力排名（人口加权）

3. 中心城市交通辐射力

中心城市交通辐射力反映中心城市与都市圈内其他城市通过铁路、客运汽车等交通工具的联系程度，交通辐射力一方面是中心城市与周边城市居民的出行需求现状旺盛程度的体现；另一方面，适度提高交通联系度，使之与经济社会发展需要相匹配也有利于中心城市与其他城市间的要素流动。通过携程城际列车、火车车次数据，将中心城市与都市圈内车次除以中心城市与全国车次得到占比，即：

$$中心城市交通辐射力 = \frac{中心城市与都市圈内车次}{中心城市与全国车次}$$

长三角都市连绵区中心城市交通辐射力显著强于其他都市圈，其次南昌、福州、长沙、武汉、郑州、合肥都市圈中心城市交通辐射力居第二梯队且差别较小，厦门、首都、乌鲁木齐等都市圈交通辐射力较弱（见图4-29）。

（三）都市圈联系强度

都市圈联系强度反映都市圈内部的投资、人员、交通联系水

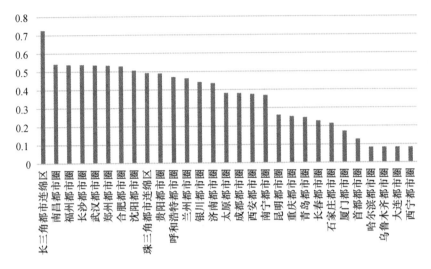

图 4-29　中心城市与都市圈内车次/中心城市与全国车次排名

平。都市圈发展的能力受都市圈各种资源要素的分配和流通影响，都市圈内部经济联系紧密、人口流动频繁才能促使都市圈内部资源共享和优化配置，实现网络化发展。这一指标体现了都市圈外围地区的发展空间和机会。都市圈联系强度指标包括平均经济联系度、平均人口联系度、平均交通联系度及平均房价联系度 4 个二级指标，可以有效评估都市圈城市间的网络化联系水平。

都市圈平均经济联系度由都市圈内部互投资总金额除以都市圈面积得到，即地均互投资总额，都市圈内城市间平均经济联系度是都市圈联系紧密度的重要测度指标，经济网络的完善程度、联系强度、均衡程度以及所呈现的发展发育阶段是评价都市圈网络化程度的重要依据。

首都都市圈、珠三角都市连绵区、长三角都市连绵区地均互投资总额分别为 78 万元/平方公里、36 万元/平方公里、26 万元/平方公里，规模位居前列。长江或黄河中下游的合肥、武汉、南昌、郑州、长沙都市圈地均互投资规模次之，平均为 3.5 万元/平方公里。

都市圈平均人口联系度由都市圈内部城市间春运迁徙平均比例并由人口规模加权得到。

首都都市圈、长三角都市连绵区、珠三角都市连绵区、西安都市圈、厦门都市圈人口联系度相对较高，其中首都都市圈最为突出。将上一节中的都市圈中心人口辐射力指标代表都市圈中心城市对其他城市人口的辐射带动作用，以都市圈人口联系度指标代表区域内的网络化程度或同城化程度，可绘制散点图（见图4–30）。

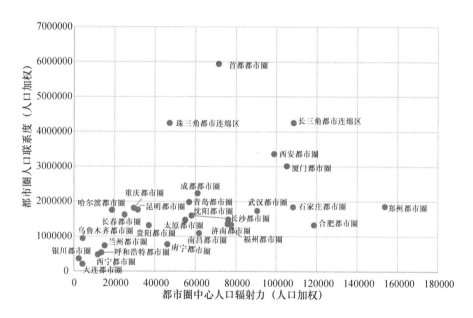

图 4–30　都市圈中心人口辐射力和都市圈人口联系度

其中首都与郑州都市圈为两个极端，首都都市圈人口联系的网络结构突出，非中心城市间的人口联系密切，相对而言，其中心城市的人口带动作用中等。郑州都市圈中心人口辐射力突出，而非中心城市间的人口联系的网络结构相对中等。长三角都市连绵区中心人口辐射力及非中心的网络化水平两者都较强，而珠三角都市连绵区基本与长三角都市连绵区维持相同的网络化水平，但广州、深圳的中心辐射力相较偏弱。

都市圈平均交通联系度由都市圈内城际火车、汽车总车次数据加总得到。

长三角都市连绵区平均交通联系度最强，其次为济南、郑州、合肥、珠三角等都市圈，东北部、西北部都市圈交通联系度较弱，分布走势基本与都市圈内人口强相关。

都市圈内部地产市场之间由于空间地域接近，以及交通、物流等基础设施、服务的不断完善，区域房价的不平衡及由之而来的空间套利，将使邻近区域房价互相影响程度不断加深。

都市圈房价联系度反映都市圈内部各城市受其他城市房价波动的平均影响度，可以侧面体现都市圈城市之间的综合联系程度，详细计算方法数据见下一节。

青岛、厦门都市圈房价联系度突出，都市圈内部城市较少且互相影响显著，长三角都市连绵区联系度稍强于首都都市圈，首都都市圈强于珠三角都市连绵区，银川、哈尔滨、昆明、西宁等都市圈房价联系度较弱（见图4-31）。

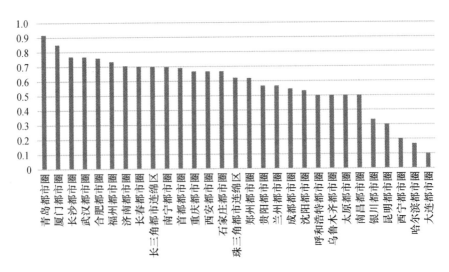

图4-31   各都市圈内房价联系度排名

（四）都市圈房地产市场

1. 都市圈房地产市场房价涟漪效应（ripple effect）实证检验

都市圈内部房地产市场之间由于空间地域接近，以及交通、物流等基础设施、服务的不断完善，区域之间房价互相影响程度将继续加深。联动可以分为两种类型：超前—滞后和同期关系。连锁反应以超前—滞后的方式发生，始于特定地区房价向其他地区的溢出，从长远来看，最终导致当地房价之间的联动。大多数关于连锁反应的研究都集中在英国房地产市场上，在英国市场上已经发现了一致的连锁反应模式。特别是，当整体经济发生变化时，有关英国房价的信息从东南向西北扩散，这表明东南地区的房价信息最丰富。其他地区逐渐受到此类房价信息溢出、人口迁移、股权转换、空间套利和具有不同时空效应的外来冲击。

这种连锁反应的存在形式对中国的区域地产市场理解、住房政策制定可能至关重要，同时都市圈内部节点城市房价的涟漪效应也为都市圈内部城市间人流、物流、交通流、资金流联系的紧密程度及都市圈的发育程度提供了较好的衡量尺度，因此考察都市圈房价是否发生扩散非常重要。如果存在连锁反应，我们也许能够确定当地房价上涨的根源，并控制来源地区而不是所有城市或地区的房地产市场。这种采用"正确治愈疾病"的方法可以提高当前房价政策的效率。相反，如果确定了当地住房市场之间的纯（同时）联动，则对住房市场的宏观经济控制是合理的。

运用格兰杰因果检验方法可以对区域房价之间的超前—滞后关系进行统计检验，如得到 A 城市房价是 B 城市房价的格兰杰原因，那么 A 城市房价就相对于 B 城市有领先作用。

（1）格兰杰因果关系检验方法

格兰杰因果关系检验（Granger causality test）是一种假设检定的统计方法，检验一组时间序列 X 是否为另一组时间序列 Y 的原因。它的基础是回归分析当中的自回归模型。回归分析通常只能得出不同变量间的同期相关性；自回归模型只能得出同一变量前后期的相关性；但诺贝尔经济学奖得主克莱夫·格兰杰（Clive Granger）于 1969 年论证，在自回归模型中通过一系列的检定进而揭示不同变量之间的时间落差相关性是可行的。

格兰杰因果关系检验的基本观念在于：未来的事件不会对目前与过去产生因果影响，而过去的事件才可能对现在及未来产生影响。也就是说，如果我们试图探讨变量 X 是否对变量 Y 有因果影响，那么只需要估计 X 的滞后期是否会影响 Y 的现在值，因为 X 的未来值不可能影响 Y 的现在值。假如在控制了 Y 变量的过去值以后，X 变量的过去值仍能对 Y 变量有显著的解释能力，我们就可以称 X 能"Granger 影响"（Granger-cause）Y。

格兰杰因果关系检验步骤为：

①令 X 和 Y 为广义平稳序列。如要检测 X 非 Y 的格兰杰原因之零假设，首先引入 Y 的滞后期建立 Y 的自回归模型：

$$y_t = a_0 + a_1 y_{t-1} + a_2 y_{t-2} + \cdots + a_m y_{t-m} + residual_t$$

②接着，引入 X 的滞后期建立增广回归模型：

$$y_t = a_0 + a_1 y_{t-1} + a_2 y_{t-2} + \cdots + a_m y_{t-m} + b_p x_{t-p} + \cdots + b_q x_{t-q} + residual_t$$

所有的 X 滞后期中：（1）在回归分析中具有显著性（根据学生 t 检验的 p 值来判断）的，且（2）这期滞后期加入模型后可提高回归模型的解释力（根据回归分析的 F 检定）的——将被留在模型中。在以上增广回归模型中，p 代表 X 变量滞后期中检定为显著的时间上最早一个，q 则是 X 变量滞后期中检定为显著的时间上最近一个。

③如果没有任何 X 的滞后期被留在模型中，无格兰杰因果关系的零假设就成立。

（2）Toda-Yamamoto 因果检验方法

格兰杰因果关系检验不能用于以协整估计技术的方式评估整体因果关系效果。此外，已知单位根测试的功效较低；同时，因果关系测试对模型规格和协整估计技术很敏感，容易导致前检验偏误

（pre-test bias）。基于上述，Toda 和 Yamamoto（1995）提供了格兰杰因果关系检验的改进版本，以解决上述问题，而无须考虑任何变量的积分顺序。这种新方法被称为 Toda-Yamamoto 因果关系检验，并在许多研究中使用。

Toda-Yamamoto 因果检验步骤：

①对都市圈内城市房价两两组合，进行集成测试（需要考虑结构性破坏），确定积分的最大阶数（m）。如果没有一个系列集成，则可以执行常规的格兰杰因果关系检验。

②在各个级别中建立一个 VAR 模型：

$$Z_t = A \sum_{i=1}^{p} \varphi_1 Z_{t-1} + \varepsilon_t$$

③确定滞后长度。令滞后长度为 p。因此，VAR 模型为 VAR（p）。

④进行错误指定的测试，尤其是残留序列相关性的测试。

⑤最大积分顺序添加到滞后次数中。这是增强的 VAR 模型 VAR（p + m）。

⑥仅对具有 p 个自由度的前 p 个变量执行 Wald 检验。

格兰杰因果关系方法仅适用于平稳序列，而 Toda-Yamamoto 因果关系检验可以直接检查各个水平变量之间的因果关系，无论它们是平稳或不平稳。下一节中列明了对都市圈内部各城市间 Toda-Yamamoto 因果关系检验的结果，第一行用"结果"表示，该结果受第一列即"原因"的影响。例如，A 城市受到 B 的影响很大；同时，A 对 B 的影响很大。即"A < – > B"，这是互为因果或双向因果关系。类似地，A 不是由 B 引起，而 B 由 A 显著引起的事实可以用"A→B"表示，即波纹效应或单向因果关系。从 6 个城市之间的连锁反应的方向来看，我们可以将关系分为两类：双向和单向。前者意味着两个城市之间的房价同时受到影响，而后者意味着一个城市的房价导致另一城市的房价波动。

定义都市圈内城市房价互动密度：以都市圈内 n 个城市两两关

系数量 n×（n－1）为分母，以其中 P 值小于 5% 的显著关联关系数量为分子的比例关系，可以以这个比例关系大体衡量都市圈房价的整体联系度。通过对都市圈内城市房价互动密度进行统计（过滤条件：P 值显著性小于 5%），得到都市圈房价联系度（见表 4－11）。

东部区域的青岛、厦门、武汉、长沙都市圈房价联系度较为紧密，都市圈内部的空间套利关系较紧密；而银川、哈尔滨、西宁都市圈房价联系度较弱。

表 4－11　　　　　　　　各都市圈房价联系度及特征

	房价联系度	中心城市和其他城市联系特征
青岛都市圈	0.92	青岛和其他城市房价均有显著的相互作用
厦门都市圈	0.85	厦门房价与福州、漳州、泉州均有较显著的互相影响
武汉都市圈	0.77	除黄石外，武汉房价与其他城市均有较显著的互相影响
长沙都市圈	0.76	长沙与都市圈内其他 7 个城市均存在显著的互相影响
长春都市圈	0.70	长春房价走势相对独立，与吉林有较显著的互相影响，而对四平、铁岭、辽源存在单向影响
合肥都市圈	0.76	合肥房价与淮北、六安、安庆、蚌埠有较显著的互相影响，而对南京、淮南、滁州等城市为单向影响
石家庄都市圈	0.67	除阳泉外，石家庄与都市圈内其他城市都有较显著的互相影响
济南都市圈	0.70	除沧州、济宁外，济南房价与其他城市均有较显著的互相影响
长三角都市连绵区	0.70	上海与其周边多个城市房价互相作用较显著；南京与徐州、无锡、镇江、绍兴存在互相作用关系
首都都市圈	0.69	北京除与廊坊、唐山互相影响，对沧州、保定、张家口存在单向影响；天津除与廊坊、保定互相影响，对北京、唐山、沧州、张家口存在单向影响
南宁都市圈	0.70	南宁走势相对独立，对都市圈内其他城市都有较显著的单向影响作用

都市圈	房价联系度	中心城市和其他城市联系特征
西安都市圈	0.67	西安房价与宝鸡、咸阳、铜川均有较显著的互相影响，而对商洛、渭南存在单向影响
重庆都市圈	0.67	重庆与广安互相影响，重庆对达州为单向影响
郑州都市圈	0.62	除鹤壁、周口、晋城、三门峡外，郑州房价与其他城市均有较显著的互相影响
成都都市圈	0.54	成都与资阳、绵阳、乐山、自贡互相影响，而对内江、德阳、眉山为单向影响
珠三角都市连绵区	0.62	深圳房价走势独立，对周边的东莞、惠州、中山、广州、佛山有较强影响； 广州房价走势则独立性不强，与惠州、中山、佛山、清远有较紧密的互相作用
福州都市圈	0.73	福州与宁德、泉州、南平、莆田存在显著的相互作用
南昌都市圈	0.50	南昌房价与九江、上饶均有较显著的互相影响，同时受到抚州、宜春单向影响
兰州都市圈	0.50	兰州与临夏、武威相互影响，对定西、海东存在单向影响
沈阳都市圈	0.53	沈阳与本溪、阜新、盘锦、辽阳均有较显著的互相影响，而对鞍山存在单向影响
呼和浩特都市圈	0.50	呼和浩特房价与乌兰察布、朔州存在单向影响
贵州都市圈	0.57	贵阳房价走势较独立，基本单向影响其他城市
太原都市圈	0.50	太原与忻州有较显著的互相影响，而对晋中有单向影响
乌鲁木齐都市圈	0.50	乌鲁木齐房价走势相对独立，对昌吉、五家渠存在单向影响
昆明都市圈	0.30	昆明与曲靖有较显著的互相影响，对玉溪、红河存在单向影响
银川都市圈	0.33	银川与鄂尔多斯互相影响，而对石嘴山、乌海单向影响
西宁都市圈	0.20	西宁对海东、黄南、海南州存在单向影响
哈尔滨都市圈	0.17	哈尔滨对绥化存在较显著的单向影响作用

2. 都市圈城市房价轮动/涟漪效应网络路径图及统计数据

通过网络图可以直观表达都市圈内城市间房价互相影响路径，以节点表示城市，节点颜色深浅表示城市 GDP 相对高低，以有向箭头表示房价影响的路径方向，以箭头粗细表示两者关系的显著性（P 值）（网络图已过滤显著性水平大于 0.05 的路径方向）。

（1）珠三角都市连绵区房价涟漪效应

珠三角都市连绵区房价联系度 0.62，内部城市联系度适中偏强，与长三角都市连绵区房价联系度 0.70 相比明显较弱，深圳、广州是都市圈内两大经济增长极，经济梯度较平缓。深圳、广州作为中心城市，各自房价关联模式区别较大，深圳房价走势独立，不受周边城市影响，对周边的东莞、惠州、中山、广州、佛山有较强影响。广州房价走势则独立性不强，与惠州、中山、佛山、清远有较紧密的互相作用。另外，珠海、中山、清远三个城市房价与都市圈内几乎所有城市均有较强联系，如图 4-32 所示。

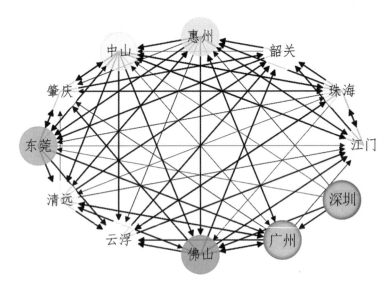

图 4-32　珠三角都市连绵区房价涟漪效应路径（显著性水平：0.05）

（2）长三角都市连绵区房价涟漪效应

由于长三角地区城市间房价互相影响方式已形成成熟网状结构，其房价联系度值为 0.70，从侧面反映出区域人流、资金流、信息流交换流动频繁而高效。

与深圳的房价相对周边房价走势较独立相比，上海与广州这种传统中心城市更相似，上海与其周边多个城市如南京、合肥、无锡、扬州、嘉兴、绍兴、淮安等城市房价互相作用较显著。南京与徐州、无锡、镇江、绍兴存在互相作用关系；苏州与徐州、无锡存在互相作用；合肥与徐州、苏州、无锡、南京、宁波、杭州、嘉兴、常州存在显著的单向影响关系，如图 4-33 所示。

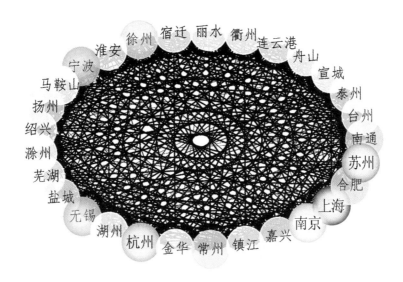

图 4-33　长三角都市连绵区房价涟漪效应路径（显著性水平：0.05）

（3）首都都市圈房价涟漪效应

首都都市圈房价联系度值为 0.69，属于较强联系度水平，除京津两大增长极，经济梯度较陡。北京除与廊坊、唐山互相影响，对沧州、保定、张家口存在单向影响。天津除与廊坊、保定互相影响，对北京、唐山、沧州、张家口存在单向影响。另外，廊坊除对保定存在单向影响外，与都市圈内其他城市均存在密切的互相影响，如图 4 - 34 所示。

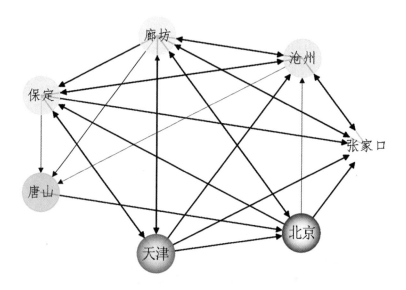

图 4 - 34 首都都市圈房价涟漪效应路径（显著性水平：0.05）

（4）武汉都市圈房价涟漪效应

武汉都市圈房价联系度值为 0.77，属于较强联系度水平，都市圈经济以武汉独大，经济梯度较陡。除黄石外，武汉房价与其他城市均有较显著的互相影响。除咸宁、天门两城市外，都市圈内城市间关系均较为密切，如图 4 - 35 所示。

（5）成都都市圈房价涟漪效应

成都都市圈房价联系度值为 0.54，属于中等联系度水平，都市圈经济以成都为增长极，经济梯度较陡。成都与资阳、绵阳、乐山、自贡互相影响，而对内江、德阳、眉山为单向影响。除雅安、阿坝两城市与其他城市联系较弱外，都市圈内城市间关系均较为密切，如图 4 - 36 所示。

（6）沈阳都市圈房价涟漪效应

沈阳都市圈房价联系度值为 0.53，属于中等联系度水平，都市

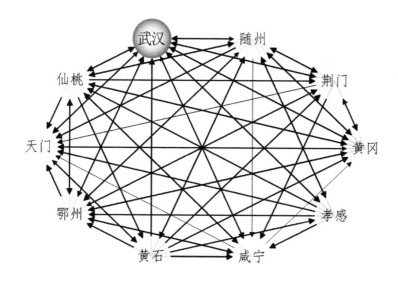

图4-35　武汉都市圈房价涟漪效应路径

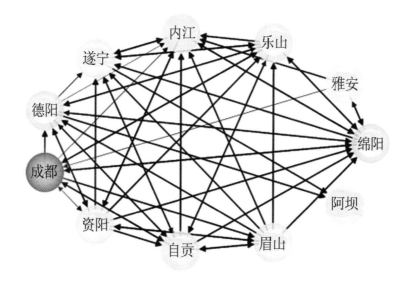

图4-36　成都都市圈房价涟漪效应路径

圈经济以沈阳为增长极，经济梯度较平缓。沈阳与本溪、阜新、盘锦、辽阳均有较显著的互相影响，而对鞍山存在单向影响。鞍山除受沈阳单向影响外，走势相对独立，对阜新、盘锦、营口、铁岭、抚顺、辽阳有较显著的单向影响，如图4－37所示。

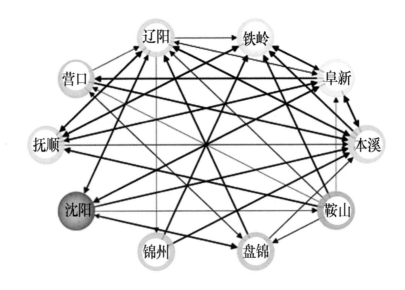

图4－37 沈阳都市圈房价涟漪效应路径

3. 都市圈隐马尔可夫（Hidden Markov Model，HMM）房地产周期识别

房地产周期是房地产经济水平起伏波动、周期循环的经济现象。地产从业者往往需要对不同城市市场目前所处周期阶段有快速、清晰的定性判断，并由此作为依据进行不同对应阶段下的资产配置，投资风险管理、销售节点控制的效率决策。

隐马尔可夫房地产周期识别可以灵活捕捉非线性动态结构如非对称性、振幅依赖性及波动率聚集（Volatility Clustering）。

由于上一部分实证检验，得到都市圈房价基本由中心城市起领先带动作用，对都市圈其他非中心城市房价进行作用。遵循这个思路，如果我们能够对都市圈中心城市目前所处的地产周期进行识别，作为把握都市圈整体所处周期阶段的抓手，对区域房价周期规律进行探索。

（1）隐马尔可夫周期识别方法

①房价领先指标筛选

对任意城市，存在房价时间序列向量 p^t，时间序列向量指标集 V^t，V^t 包括宏观指标及市场数据（除房价数据外）。

$V^t = \{v_1^t, v_2^t, v_3^t, \cdots\}$，其中 $t \in \{-\infty, +\infty\}$，

截取有限样本，$t \in \{0, T\}$，

对滞后期 $l = 1, 2, \cdots, T-2$，计算宏观指标集中各指标对房价序列的互相关系数：

$$r_{xy}^l = \frac{\sum\limits_{t=l+1}^{T}(y_t - \bar{y})(x_{t-1} - \bar{x})}{\sum\limits_{t=1}^{T}(y_t - \bar{y})^2 \sqrt{\sum\limits_{t=1}^{T}(x_t - \bar{x})^2}}$$

其中，$\bar{y} = \dfrac{1}{n}\sum\limits_{t=1}^{T} y_t$

其中，$x_t \in V^t, y_t = p^t$

对每一 $x_t \in V^t$ 存在：

$$l_0 = \underset{m_1 < l < m_2}{\arg\max}\, r_{xy}^l$$

则设 l_0 为此指标对应最佳滞后期数，m_1，m_2 为滞后期数取值约束范围。

对所有 $x_t \in V^t$ 存在：

$x_{t0} = \underset{x_t \in V^t}{\arg\max}\, r_{xy}^l$，其中 $m_1 < l < m_2$，

则 x_{t0} 为该城市房价最佳领先指标，其对应的 l_0 为该指标最佳滞后期数。

②尝试估计房价增长率的非时变—马尔可夫概率转移模型：

假设无法观测到的经济周期阶段或状态转换服从一阶马尔可夫链形式：

则由 $t-1$ 时刻的经济状态 i 转换为 t 时刻状态 j 的概率为：

$$Prob(s_t = j \mid s_{t-1} = i) = p_{ij}$$

假设经济仅有两种状态,扩张(状态 1)或衰退(状态 2),则存在状态转移矩阵描述各状态间转换概率:

$$p - \begin{bmatrix} p_{11} & p_{12} \\ p_{21} & p_{22} \end{bmatrix}$$

其中, $p_{12} = 1 - p_{11}$, $p_{21} = 1 - p_{22}$

若房价增长率观测数据服从正态条件分布:

$$y_t \mid s_t = s \sim N(\mu_s, \sigma_s^2)$$

则待估计参数集为 $\Omega = \{p_{11}, p_{22}, \mu_s, \sigma_s^2\}$

观测值似然函数可用迭代方式获取:

$$L_t = f(y_1, \cdots, y_T) = f'_T \xi_{T\mid T-1} L_{T-1} = \prod_{t=1}^{T} f'_t \xi_{t\mid t-1}$$

其中, $\xi_{T\mid T-1} = \begin{bmatrix} \xi_{T\mid T-1,1} \\ \xi_{T\mid T-1,2} \end{bmatrix}$,

$\xi_{T\mid T-1,s} = f(s_t = s \mid y_1, \cdots, y_{T-1})$,

$f_T = \begin{bmatrix} f(y_T \mid s_T = 1) \\ f(y_T \mid s_T = 2) \end{bmatrix}$,

$f(y_t \mid s_t = s) = \dfrac{1}{\sigma_s} \phi\left(\dfrac{y_t - \mu_s}{\sigma_s}\right)$, 由于 $y_t \mid s_t = s \sim N(\mu_s, \sigma_s^2)$,

$\xi_{t\mid t-1} = p' \xi_{t-1\mid t-1}$, 为对未来状态的概率预测,

$\xi_{t-1\mid t-1} = \dfrac{1}{f'_{t-1} \xi_{t-1\mid t-2}} f_{t-1} \odot \xi_{t-1\mid t-2}$, 为基于当前观测值对当前所处经济阶段/状态的概率推断,

其中 $\odot$ 表示点乘,同时设置初始概率:

$$\xi_{0\mid0} = \begin{bmatrix} \xi_{0\mid0,1} \\ \xi_{0\mid0,2} \end{bmatrix} = \begin{bmatrix} 0.5 \\ 0.5 \end{bmatrix}$$

参数估计为最大似然估计量:

$$\hat{\Omega} = \arg\max_{\theta = \Omega} \log(L_t)$$

尝试估计房价增长率的时变—马尔可夫概率转移扩展模型:

$$y_t = \begin{cases} \mu^0 + \Phi(L)(y_{t-1} - \mu^{s_{t-1}}) + e_t, & \text{如果处于状态 1} \\ \mu^0 + \Phi(L)(y_{t-1} - \mu^{s_{t-1}}) + e_t, & \text{如果处于状态 2} \end{cases}$$

其中，$\Phi(L) = \varphi_1 + \varphi_2 L + \varphi_2 L^2 + \cdots + \varphi_r L^{r-1}$ 是滞后算子多项式，其中，$e_t \sim N(0, \sigma^2)$，$S_t \in \{1, 2\}$，

假设状态转移概率由外生经济指标决定，并随时间发生变化。

设时变—概率转移矩阵为：

$$P(S_t = s_t \mid S_{t-1} = s_{t-1}, x_t) = \begin{bmatrix} p_{11,t} & p_{12,t} \\ p_{21,t} & p_{22,t} \end{bmatrix}$$

其中，假设转移概率与外生经济指标 x_{t-k} 关系具有逻辑斯蒂函数形式：

$$p_{ij,t} = \frac{exp\{x'_{t-k}\beta_{ij}\}}{1 + exp\{x'_{t-k}\beta_{ij}\}}$$

其中，最后领先指标 x_{t0} 可作为外生经济指标候选指标，其对应的最佳滞后期数 l_0 可作为 k 值候选指标：

$$\hat{k} = l_0$$

模型条件联合概率密度为：

$$g(y_t \mid y_{t-1}, \cdots, y_{t-r}, x_t) = \sum_{s_t=1}^{2} \cdots =$$

$$\sum_{s_{t-r}=1}^{2} \hat{g}(y_t \mid S_t = s_t, \cdots, s_{t-r} = s_{t-r}, y_{t-1}, \cdots, y_{t-r})$$

$$Prob(S_t = s_t \mid S_{t-1} = s_{t-1}, x_t)$$

$$Prob(S_{t-1} = s_{t-1}, \cdots, S_{t-r} = s_{t-r} \mid y_{t-1}, \cdots, y_{t-r}, x_{t-1})$$

则对应对数似然函数为：

$$L(\theta) = \sum_{t=1}^{T} \ln[g(y_t \mid y_{t-1}, \cdots, y_{t-d}, x_t; \theta)]$$

其中，θ 为参数向量。

最大化对数似然函数可得到 θ 参数估计量。

③按照模型估计的简洁性与拟合度选取候选模型：

对比 2、3 模型估计的赤池信息量准则（AIC），拟合优度 R^2 及

计算残差自相关函数（ACF）与偏自相关函数（PACF），选择 AIC 较小，R^2 较大，且 ACF、PACF 滞后阶数不显著的模型估计结果作为最终候选模型。

④抽取候选模型估计的 $\hat{\xi}_{it}$，即对历史各期房价所属阶段或状态的概率推断，作为对城市地产市场阶段的划分的参考依据。

（2）都市圈中心城市周期扩散系数

对 34 个中心城市历史各月涨跌数量进行统计，得到房价扩散系数，如图 4 - 38 所示。

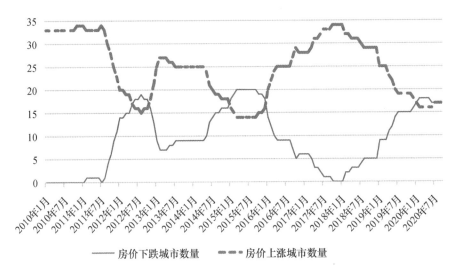

图 4 - 38　都市圈中心城市月度涨跌数量历史走势（2010 年 1 月—2020 年 9 月）

将都市圈中心城市历史各月上涨数量与全国商品住宅同比累计涨幅放置在都市圈中心城市月度涨跌数量历史走势图上（见图 4 - 39）可见二者走势的协同性，这种量价同向变化的特性表明，中国房地产市场的波动主要受需求主导。以全国商品住宅同比累计涨幅代表的地产需求端的繁荣与萧条领先于房价上涨的城市数量，反映了需求量增长对都市圈中心城市房价上涨的地理扩散性具有显著促进作用。

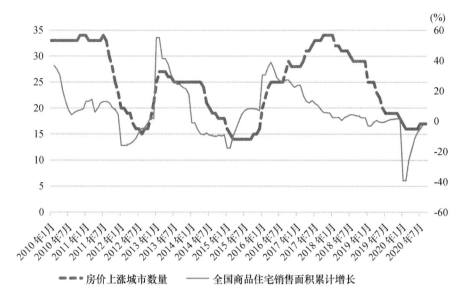

图 4 - 39　都市圈中心城市月度上涨数量与全国商品住宅同比累计涨幅

　　34 个都市圈中心城市各自的房价变动通过涟漪效应向同都市圈内其他非中心城市扩散，同时，由扩散系数持续较长时间的单边运行可见，都市圈中心城市之间也存在跨地域的扩散现象。由此，需求端的增长及地理上的扩散、叠加宏观经济运行及政策的多重合力，共同形成了地产的繁荣—萧条周期。

　　中心城市扩散系数峰、谷时点与政策调控有所契合，2009 年年底，货币政策和住房调控收紧，央行多次提高准备金率和存贷款基准利率，房贷利率和首付比例提高、限购、土地调控等政策全面实施，迅速打击房地产景气程度。

　　在 2012 年上半年，货币政策和调控政策已开始反向操作，房地产市场经历了一年的景气周期。2012 年年底，政策又开始收紧，市场再度经历了两年的消退。2015 年年底，去库存政策开始。2018年 5 月资管新规等政策出台，开发融资进一步受到限制。

　　目前上涨城市与下跌城市数量均为 17 个，下跌城市数量已由阶段性峰值 18 个开始回落。从历史经验看，2012 年 9 月，北京、天津、深圳、广州、福州、郑州等城市率先进入上升周期，带动其他城市上涨。2015年9月谷底前后，深圳、合肥、福州、北京、天津等城率先进入上升周期，带动其他城市上涨。2020年本轮周期，随着销售面积增速从春节新冠肺炎疫情中不断修复，都市圈中心城市上涨扩散系数已有见底回升态势。自2020年3月开始，深圳已从上一轮周期中企稳恢复并率先进入牛市。自2020年8月开始，广州、成都已从上一轮周期中企稳恢复并率先进入上升周期。

（五）综合打分及权重设定方法

目前已经通过数据搜集与模型计算对都市圈的发展水平、中心城市贡献度、平均联系度、房价涟漪效应有了初步认知，进一步应确定各指标的权重以得到对都市圈的横向评价。综合打分及权重设定方法主要使用回归赋权法及熵值法赋权法。从机器学习的观点看，回归赋权法是有监督学习，即从标签化训练数据集中推断出函数，适合运用于研究目标容易量化，数据可获得性强的任务场景，可以通过逐步回归法筛选出与目标变量有直接影响的自变量因子，并可通过回归系数的相对关系确定变量权重。另一种常用方法是熵值法赋权法，属于无监督方法，这种方法通过变量内部的相对差异性（离散度）大小进行客观赋权。

1. 多元线性回归方法

在统计学中，线性回归是一种线性方法，用于建模标量响应（或因变量）与一个或多个解释变量（或自变量）之间的关系。一个解释变量的情况称为简单线性回归。对于一个以上的解释变量，这个过程被称为多元线性回归。

影响 y 的因素往往不止一个，假设有 x_1，x_2，$\cdots$，x_k k 个因素，多元线性回归具有如下形式：

$$y = \beta_0 + \beta_1 \times x_1 + \beta_2 \times x_2 + \cdots + \beta_k \times x_k + \varepsilon$$

矩阵表示法有：

$$Y = X\beta + \varepsilon$$

使用最小二乘法得到 β 的解：

$$\hat{\beta} = (X^T X)^{-1} X^T Y$$

当解释变量过多时可以使用逐步回归方法对解释度相对较大的自变量进行筛选。逐步回归的基本思想是将变量逐个引入模型，每引入一个解释变量后都要进行 F 检验，并对已经选入的解释变量逐个进行 t 检验，当原来引入的解释变量由于后面解释变量的引入变得不再显著时，则将其删除。以确保每次引入新的变量之前回归方程中只包含显著性变量。这是一个反复的过程，直到既没有显著的解释变量选入回归方程，也没有不显著的解释变量从回归方程中剔除为止。以保证最后所得到的解释变量集是最优的。

依据上述思想，可利用逐步回归筛选并剔除引起多重共线性的变量，具体步骤如下：先用被解释变量对每一个所考虑的解释变量做简单回归，然后以对被解释变量贡献最大的解释变量所对应的回归方程为基础，再逐步引入其余解释变量。经过逐步回归，使得最后保留在模型中的解释变量既是重要的，又没有严重多重共线性。

2. 熵值法赋权

指标信息效用和权重的模型构建和计算原理如下：

假设对某块土地的价值评估，我们调取了 n 个等待评估地块样本，提取并计算后得到 m 个指标：

（1）对 n 个样本，m 个指标，则 x_{ij} 为第 i 个样本的第 j 个指标的数值；

（2）指标的归一化处理：

由于各类指标的计量单位不统一，因此在用它们计算熵值之前，需要进行标准化处理，将指标的数据的绝对值转化为相对值，即 $x_{ij} = | x_{ij} |$，从而解决不同指标值的同质化问题。且对于土地属性指标中存在对土地价值描述正向（积极）的指标和负向（消极）的指标的数量计量处理方法有所区别：

正向（积极）指标：

$$x'_{ij} = \frac{x_{ij} - \min\{x_{ij}, \cdots, x_{nj}\}}{\max\{x_{1j}, \cdots, x_{nj}\} - \min\{x_{1j}, \cdots, x_{nj}\}}$$

负向（消极）指标：

$$x'_{ij} = \frac{\max\{x_{ij}, \cdots, x_{nj}\} - x_{ij}}{\max\{x_{1j}, \cdots, x_{nj}\} - \min\{x_{1j}, \cdots, x_{nj}\}}$$

（3）计算第 i 项指标下第 j 个样本值占该指标的比重 p_{ij}：

$$p_{ij} = \frac{x_{ij}}{\sum_{i=1}^{n} x_{ij}}, i = 1, \cdots, n, j = 1, \cdots, m$$

（4）计算第 j 项指标的熵值 e_j：

$$e_j = -k \sum_{i=1}^{n} p_{ij} \ln(p_{ij}), 其中 k = 1/\ln(n) > 0, 满足 e_j \geq 0 ;$$

（5）计算第 j 项指标的信息熵冗余度 d_j：

$$d_j = 1 - e_j, j = 1, \cdots, m$$

（6）计算第 j 项指标的权重 w_j：

$$w_j = \frac{dj}{\sum_{j=1}^{m} dj}, j = 1, \cdots, m$$

（7）计算第 i 个样本的综合得分 s_i：

$$s_i = \sum_{j=1}^{m} w_j x_{ij}, i = 1, \cdots, n$$

通过以上，计算出选择的 n 个样本地块的综合得分，得分可以作为排序方式比较出不同地块的价值，还能得到模型计算过程中对各个指标的权重分配，快速判断出对土地价值贡献率最大的指标列。

三 都市圈综合评价及地产投资评分

（一）都市圈发展水平综合评分

经济实力以上市公司营收规模指标所占权重最多，GDP 规模占

30%权重，首都都市圈、长三角、珠三角都市连绵区经济实力最强，相对其他都市圈梯度差距明显，第二梯队中合肥、济南、厦门、武汉、郑州都市圈较强，而兰州、南宁、银川、西宁都市圈较弱。

表 4 - 15　　　　　　　　　　经济实力指标权重分配

指标	经济实力：权重
上市公司营收规模	0.645676
2018 年都市圈 GDP（亿元）	0.293514
TOP 3 优势产业竞争力得分（规模 + 毛利申万一级）	0.041935
2018 年人均生产总值	0.018875

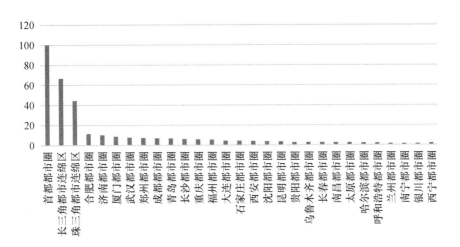

图 4 - 40　各都市圈经济实力分值

表 4 - 16　　　　　　　　　　土地扩张指标权重分配

指　标	土地扩张：权重
2020 年人造地表	0.857092
2020—2025 年人造地表增速	0.142908

　　土地扩张权重以 2020 年人造地表面积权重最高，占 86%，未来 5 年元胞机人造地表预测增速占权重 14%。长三角都市连绵区、首都都市圈、郑州都市圈土地扩张能力较强，西宁都市圈、呼和浩特都市圈、乌鲁木齐都市圈土地扩张偏弱（见图 4－41）。

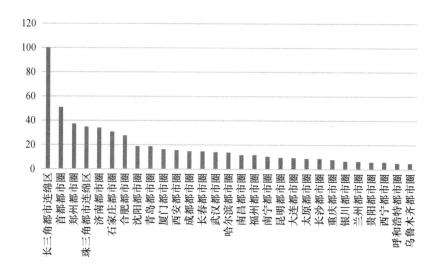

图 4－41　各都市圈土地扩张得分

表 4－17　　　　　　　　　　　　人口聚集指标权重分配

指　标	人口聚集：权重
2020 年人口数量	0.280709
2018 年小学生在校人数	0.269627
2020—2025 年人口增速（六普预测）	0.109788
2015—2018 年小学生增速	0.094972
人口密度（人造地表）	0.071272
2020—2025 年适龄购房比例差值	0.070165
2017—2020 年人口增速	0.066554
2020—2025 年新增适龄购房人口	0.034561
2020 年适龄购房人口比例	0.002352

人口聚集得分，人口规模与小学生在校规模两指标权重占比55%，其相应增速指标占比20%。长三角都市连绵区、珠三角都市连绵区、首都都市圈、郑州都市圈人口聚集能力突出，与其他都市圈梯度较大，第二梯队中的武汉、合肥、济南等都市圈居前，长春、呼和浩特、哈尔滨、大连都市圈较弱（见图4－42）。

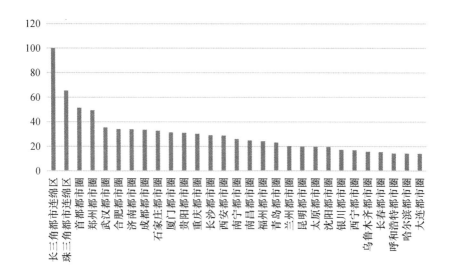

图4－42 都市圈人口聚集得分排名

表4－18 创新能力指标权重分配

指 标	创新能力：权重
都市圈2017年、2018年专利授权数（件）／万人	0.527747
都市圈2017年、2018年专利申请数（件）／万人	0.472253

创新能力以专利授权及申请两指标平分权重，珠三角都市连绵区创新能力最强，与长三角都市连绵区、首都都市圈相比优势明显。厦门、重庆、成都都市圈在第二梯队排名靠前，而南宁、太原、西宁、呼和浩特、石家庄都市圈则创新能力较弱（见图4－43）。

交通设施以路网长度权重占比最高达73%，路网密度占比26%。长三角都市连绵区交通设施优势相对突出，第二梯队以首都都市圈、郑州都市圈、石家庄都市圈、珠三角都市连绵区靠前（见图4-44）。

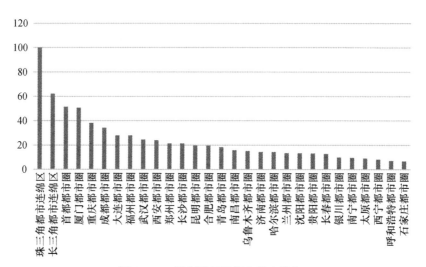

图4-43　都市圈创新能力得分排名

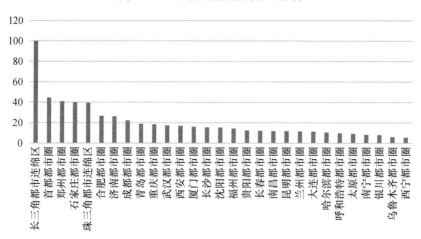

图4-44　都市圈交通设施得分排名

表4-19　　　　　　　　　交通设施指标权重分配

指标	交通设施：权重
路网长度	0.73166
路网密度	0.26834

公共服务指标权重由专家打分法与熵值法打分法综合得到，重点考虑都市圈医疗养老、青少年教育及城际交通建设水平，同时考察公园绿化、治安、环境污染（负向指标）等市内市政建设指标。大连、成都、昆明、重庆及青岛都市圈位列第一梯队，长三角、珠三角、郑州及西安等都市圈位于第二梯队（见图4-45）。

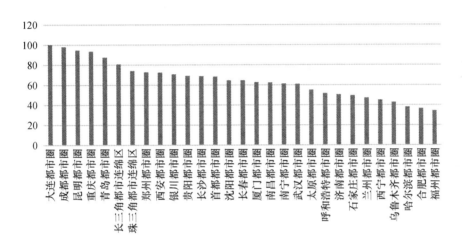

图4-45 各都市圈公共服务得分排名

表4-20 公共服务指标权重分配

类别	公共服务：权重
2018 年医院床位数/万人	0.1
路网密度	0.1
初等教育机构数量/万人	0.05
小学/万人小学生	0.05
公交车站/万人	0.05
地铁站/万人	0.05
公园广场/万人	0.05
购物服务/万人	0.05
体育休闲服务/万人	0.05

续表

类别	公共服务：权重
2018 年建成区绿化覆盖率（%）_ 建成区面积加权平均（仅全市）	0.05
邮局/万人	0.05
公安警察/万人	0.05
消防机关/万人	0.05
都市圈行政地均 2017 年、2018 年全市工业烟（粉）尘排放量（吨）	- 0.05
都市圈行政地均 2017 年、2018 年全市工业废水排放量（万吨）	- 0.05

（二）都市圈一级评价指标评分汇总

都市圈发展水平反映都市圈整体发展情况，包括经济实力、创新能力、人口聚集、公共服务、土地扩张、交通设施 6 个二级指标。通过分别对都市圈发展水平 6 个二级指标所对应三级细分指标熵值法打分并对二级指标得分结果进行二次打分得到都市圈发展水平最终得分，如表 4 - 21 所示。

表 4 - 21　　　　都市圈发展水平得分及二级指标得分

	经济实力得分	人口聚集得分	土地扩张得分	创新能力得分	公共服务得分	交通设施得分	都市圈发展水平
长三角都市连绵区	67	100	100	62	81	100	100
首都都市圈	100	51	51	51	68	44	87
珠三角都市连绵区	44	65	35	100	74	39	79
成都都市圈	7	33	15	34	98	22	45
重庆都市圈	6	30	8	38	94	18	43
郑州都市圈	7	49	37	21	73	41	43
厦门都市圈	9	31	16	51	63	16	40
大连都市圈	4	14	9	28	100	11	39
青岛都市圈	7	23	19	18	88	19	37
昆明都市圈	4	20	10	20	95	12	36

	经济实力得分	人口聚集得分	土地扩张得分	创新能力得分	公共服务得分	交通设施得分	都市圈发展水平
西安都市圈	4	29	16	24	72	17	34
武汉都市圈	8	35	14	25	61	17	33
济南都市圈	10	34	34	14	50	26	32
长沙都市圈	6	29	9	21	69	15	32
合肥都市圈	11	34	28	20	37	27	30
石家庄都市圈	4	33	31	7	49	40	29
贵阳都市圈	3	31	6	13	69	12	28
沈阳都市圈	4	19	19	13	65	15	28
南昌都市圈	3	25	12	16	62	12	27
长春都市圈	3	15	15	13	65	12	26
银川都市圈	1	17	7	10	71	8	25
南宁都市圈	2	26	10	10	61	8	24
福州都市圈	6	24	12	28	34	14	24
太原都市圈	3	20	9	9	55	9	22
兰州都市圈	2	20	7	13	47	11	21
呼和浩特都市圈	2	14	5	7	52	10	20
乌鲁木齐都市圈	3	16	5	15	43	6	19
哈尔滨都市圈	2	14	14	14	38	10	19
西宁都市圈	1	17	6	8	45	6	17

　　结合专家打分法与熵值法共同确定权重，都市圈发展水平以经济实力权重占比最大，高达30%，创新能力、公共服务，指标分别占20%权重。长三角都市连绵区、首都都市圈、珠三角都市连绵区为第一梯队，较其他都市圈梯度明显，第二梯队的成都、重庆、郑州、厦门都市圈经济实力居前，而呼和浩特、乌鲁木齐、哈尔滨、西宁都市圈经济实力偏弱（见图4-46）。

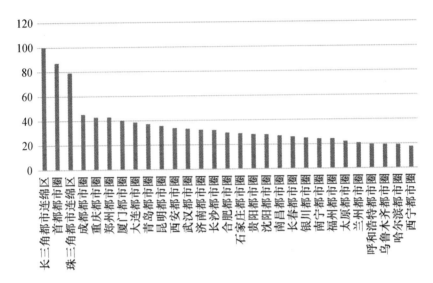

图 4 - 46　各都市圈发展水平得分排名

表 4 - 22　　　　　　　　都市圈发展水平指标权重分配

指标	都市圈发展水平：权重
经济实力得分	0.3
创新能力得分	0.2
公共服务得分	0.2
交通设施得分	0.1
人口聚集得分	0.1
土地扩张得分	0.1

　　都市圈中心城市贡献度指标反映中心城市为都市圈内其他城市提供辐射、服务的能力，包括投资贡献度、人口辐射力、交通辐射力 3 个二级指标。

　　中心城市贡献度以投资贡献度权重占比最大，约占 70%，南宁、兰州、南昌、西安中心城市贡献度较强。由于长三角都市连绵区、珠三角都市连绵区、首都都市圈这三大都市圈已发展较成熟，其辐射作用面向全国，远远超越了都市圈的地域范围，其中心城市贡献度居于第二梯队（见图4－47）。

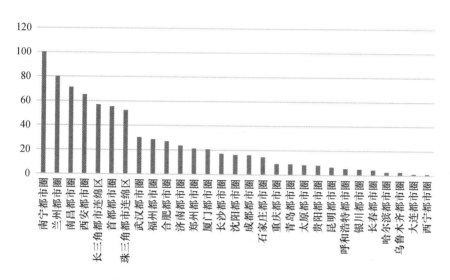

图4－47 各都市圈中心城市贡献度得分排名

表4－23 中心城市贡献度指标权重分配

指标	中心城市贡献度：权重
都市圈中心城市投资贡献度	0.686276
都市圈中心人口辐射力（人口加权）	0.206528
中心城市与都市圈内车次除中心城市与全国车次（火车汽车均值）	0.107196

　　都市圈联系强度指标反映都市圈内部的投资、人员、交通联系水平，包括经济联系、交通联系、人口联系及地产市场联系。

　　都市圈联系数据以地均互投资规模权重占比最大，约55％，人口及房价联系两指标仅占10％左右。首都都市圈、长三角都市连绵区、珠三角都市连绵区联系度最强，郑州、合肥、武汉等都市圈紧随其后（见图4－48）。

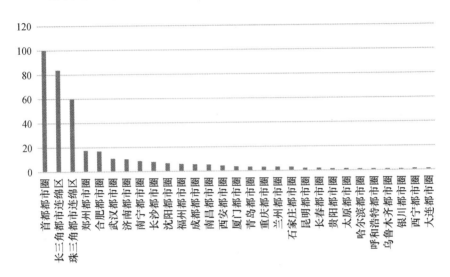

图 4-48 都市圈联系强度得分

表 4-24 都市圈联系强度指标权重分配

指标	都市圈联系强度：权重
都市圈地均互投资总额（百万元/平方公里）	0.554045
都市圈内总车次（火车汽车均值）	0.348592
都市圈人口联系度（人口加权）	0.071367
房价联系度	0.025996

表 4-25 都市圈一级指标得分明细表

	都市圈发展水平得分	中心城市贡献度得分	都市圈联系强度得分
首都都市圈	100	56	100
长三角都市连绵区	94	57	84
珠三角都市连绵区	62	53	60
郑州都市圈	23	21	18
合肥都市圈	21	27	17
武汉都市圈	16	30	11
济南都市圈	21	24	10
西安都市圈	13	65	5

续表

	都市圈发展水平得分	中心城市贡献度得分	都市圈联系强度得分
福州都市圈	13	29	6
厦门都市圈	22	21	4
南宁都市圈	7	100	9
南昌都市圈	9	71	6
成都都市圈	17	16	6
长沙都市圈	13	17	8
沈阳都市圈	11	16	7
石家庄都市圈	17	15	3
青岛都市圈	15	9	3
兰州都市圈	7	80	3
重庆都市圈	15	9	3
昆明都市圈	10	7	2
贵阳都市圈	9	8	1
长春都市圈	9	4	2
太原都市圈	7	8	1
哈尔滨都市圈	8	3	1
大连都市圈	12	1	0
呼和浩特都市圈	6	5	1
乌鲁木齐都市圈	7	3	1
银川都市圈	6	5	1
西宁都市圈	5	1	0

（三）都市圈类型划分

将都市圈发展水平得分、中心城市贡献度得分、都市圈联系强度得分3个一级指标得分取排序得到排名分数（一级指标得分越大排名越大），取3个一级指标排名分数均值得到综合评分。

长三角都市连绵区、首都都市圈、珠三角都市连绵区综合评分最高，第二梯队中的郑州、武汉、西安、合肥都市圈排名居前，西

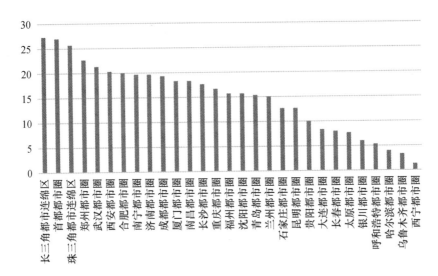

图 4-49 都市圈综合评分排名

宁都市圈综合评分最低（见图 4-49）。按照综合得分梯度，可将都市圈分为成熟型、成长型、培育型三类。

成熟型都市圈的 3 项指标，明显高于成长型、培育型都市圈，各个指标发展较为均衡。成长型、培育型都市圈的各项指标不均衡特征较为明显，一些都市圈在单个指标方面发展较为突出。如在中心城市贡献度方面，合肥、南宁、南昌较为突出，显示出这些城市与周边的非中心城市有较为密切的企业投资、人口流动关系。而相比于成熟型、成长型都市圈，培育型都市圈的各项指标明显偏弱，发展质量亟待提高（见图 4-50）。

表 4-26 都市圈综合评分分类

	都市圈	都市圈综合评分 （排序得分均值）
成熟型都市圈（3 个）	长三角都市连绵区	27
	首都都市圈	27
	珠三角都市连绵区	26

	都市圈	都市圈综合评分 （排序得分均值）
成长型都市圈（17个）	郑州都市圈	23
	武汉都市圈	21
	西安都市圈	20
	合肥都市圈	20
	南宁都市圈	20
	济南都市圈	20
	成都都市圈	19
	厦门都市圈	18
	南昌都市圈	18
	长沙都市圈	18
	重庆都市圈	17
	福州都市圈	16
	沈阳都市圈	16
	青岛都市圈	15
	兰州都市圈	15
	石家庄都市圈	13
	昆明都市圈	13
培育型都市圈（9个）	贵阳都市圈	10
	大连都市圈	8
	长春都市圈	8
	太原都市圈	8
	银川都市圈	6
	呼和浩特都市圈	5
	哈尔滨都市圈	4
	乌鲁木齐都市圈	3
	西宁都市圈	1

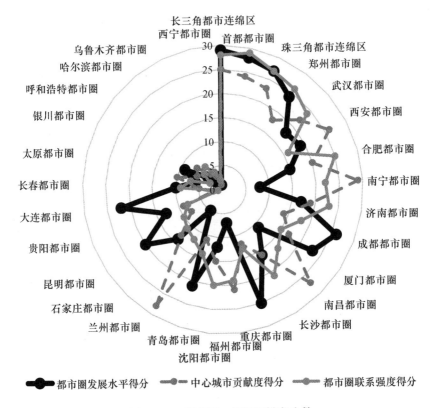

图 4-50　都市圈一级指标排名分数

（四）都市圈房地产量价归因分析

以下研究主要基于客观数据分析，没有将变动率高、相机决策的房地产市场调控政策因素考虑在内。

1. 都市圈房价归因分析

（1）都市圈房价三级指标归因分析

通过对 2020 年都市圈房价以区县颗粒度进行均值统计可得到都市圈平均房价，珠三角都市连绵区、首都都市圈平均房价在 2 万元以上，长三角都市连绵区、厦门都市圈、福州都市圈紧随其后，共有 7 个都市圈平均房价在 1 万元以上，其他都市圈房价处于5000—1 万元之间（见图 4-51）。

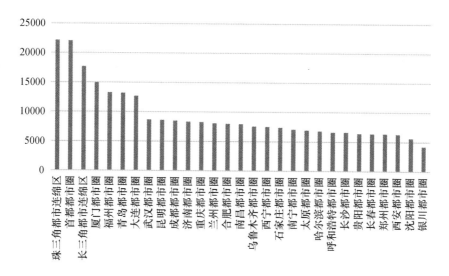

图 4 − 51　各都市圈 2020 年房价

尝试使用前述三级指标体系对 2020 年都市圈平均房价进行多元回归建模，使用逐步回归方法可筛选出"上市公司营收规模"与"专利授权数（件）/万人"两个重要指标，两者对都市圈房价截面上差异的解释度在 84% 以上（R 方），β 系数皆能通过 t 检验，整体模型效果较好，F 统计量达到 74.708。模型说明保持其他情况不变时，上市公司营收与专利授予件数的增加可使都市圈平均房价增加，上市公司营收可反映区域造富能力、高支付力客群分布，专利授予件数是区域创新能力的重要体现。创新度是获取经济超额利润及生产力提升的重要体现，模型结果与经验相符。

其次通过观察两者标准回归系数可知，由于标准回归系数是指消除了因变量和自变量量纲影响之后的回归系数，其绝对值的大小直接反映了自变量对因变量的影响程度。上市公司营收规模与专利授权数（件）/万人标准回归系数分别为 0.4 与 0.6，这反映了专利授予件数对房价影响的相对重要性，后续打分权重分配可借鉴此结论。

表 4 – 27   模型摘要

模型	R	R 方	调整后 R 方	标准估算的误差
1	0.923[a]	0.852	0.840	1838.5168

注：a. 预测变量：（常量），都市圈：2017 年、2018 年专利授权数（件）/万人，上市公司营收规模。

表 4 – 28   ANOVA[a]

模型		平方和	自由度	均方	F	显著性
1	回归	505050569.920	2	252525284.960	74.708	0.000[b]
	残差	87883751.550	26	3380144.290		
	总计	592934321.470	28			

注：a. 因变量：2020 年房价（区县平均）；b. 预测变量：（常量），都市圈：2017 年、2018 年专利授权数（件）/万人，上市公司营收规模。

表 4 – 29   系数[a]

模型		未标准化系数		标准化系数	t	显著性	共线性统计	
		B	标准误差	Beta			容差	VIF
1	（常量）	5404.142	544.365		9.927	0.000		
	上市公司营收规模	4.744E – 10	0.000	0.417	4.415	0.000	0.640	1.562
	都市圈：2017 年、2018 年专利授权数（件）/万人	245.102	37.866	0.611	6.473	0.000	0.640	1.562

注：a. 因变量：2020 年房价（区县平均）。

（2）都市圈房价因子得分归因分析

通过对都市圈经济实力得分、人口聚集得分、土地扩张得分、创新能力得分、公共服务得分、交通设施得分、都市圈发展水平得分、都市圈中心城市贡献度得分、都市圈联系度得分共 9 个指标作为自变量备选指标，与都市圈房价建立回归方程。使用逐步回归法得到"创新能力得分"与"经济实力得分"，两因子得分对都市圈房价差异解释相对最有效，其结论与前述细分指标回归基本相似。模型对都市圈房价差异整体解释度为83%，创新能力得分较经济实力得分对房价差异解释度更强。

表 4 - 30　　　　　　　　　　模型摘要

模型	R	R 方	调整后 R 方	标准估算的误差
1	0.911[a]	0.831	0.817	1965.949

注：a. 预测变量：（常量），创新能力得分、经济实力得分。

表 4 - 31　　　　　　　　　　ANOVA[a]

模型		平方和	自由度	均方	F	显著性
1	回归	492445509.858	2	246222754.929	63.707	0.000[b]
	残差	100488811.612	26	3864954.293		
	总计	592934321.470	28			

注：a. 因变量：2020 年房价（区县平均）；b. 预测变量：（常量），创新能力得分、经济实力得分。

表 4 - 32　　　　　　　　　　系数[a]

模型		未标准化系数		标准化系数	t	显著性
		B	标准误差	Beta		
1	（常量）	5297.980	597.006		8.874	0.000
	经济实力得分	90.499	23.127	0.430	3.913	0.001
	创新能力得分	128.613	25.114	0.563	5.121	0.000

注：a. 因变量：2020 年房价（区县平均）。

表 4 - 33　　　　　　　　　　系数[a]

模型		未标准化系数		标准化系数	t	显著性	共线性统计	
		B	标准误差	Beta			容差	VIF
1	（常量）	5297.980	597.006		8.874	0.000		
	经济实力得分	90.499	23.127	0.430	3.913	0.001	0.539	1.854
	创新能力得分	128.613	25.114	0.563	5.121	0.000	0.539	1.854

2. 都市圈住宅销售面积归因分析

以全市商品住宅销售面积数据进行汇总作为都市圈住宅销售面积的代表变量，得到 2018 年 29 个都市圈总销售面积约为 6.8 亿平方米，占 2018 年全国销售面积 14.8 亿平方米的 46% 左右。长三角区域销售面积对都市圈销售面积贡献最大，销售面积达 1.4 亿平方米，其次是珠三角、重庆、郑州等都市圈，销售面积在 5000 万平方米以上，而呼和浩特、西宁都市圈销售面积较少。如何解释销售面积在不同都市圈的差异性，需要进行归因分析（见图 4 - 52）。

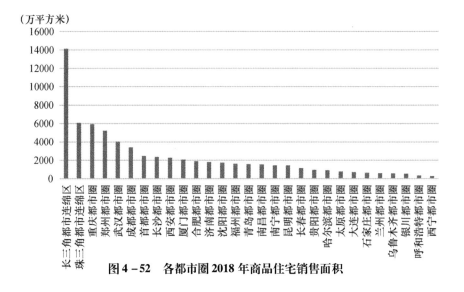

图 4 - 52   各都市圈 2018 年商品住宅销售面积

（1）都市圈商品住宅销售面积三级指标归因分析

商品住宅销售面积是衡量地产需求的重要指标，使用前述三级指标体系对 2018 年都市圈住宅销售规模进行多元回归建模，使用逐步回归方法可筛选出"都市圈内总车次（火车汽车均值）"与"专利授权数（件）/万人"两个重要指标，两者对都市圈房价截面上差异的解释度在 87% 以上（R 方），β 系数皆能通过 t 检验，整体模型效果较好，F 统计量达到 100.2。模型说明保持其他情况不变时，都市圈内总车次与专利授予件数的增加可使都市圈住宅销售规模增加，都市圈内总车次可反映区域人口流动规模，专利授予件数是区域创新能力的重要体现，模型结果与经验相符。

其次，通过观察两者标准回归系数可知，由于标准回归系数是指消除了因变量和自变量量纲影响之后的回归系数，其绝对值的大小直接反映了自变量对因变量的影响程度。都市圈内总车次（火车汽车均值）与专利授权数（件）/万人标准回归系数分别为 0.77 与 0.29，这反映了人口流动规模对住宅需求量影响的相对重要性。

表 4 – 34　　　　　　　　　　　　　模型摘要

模型	R	R 方	调整后 R 方	标准估算的误差
1	0.941	0.885	0.876	971.91555

表 4 – 35　　　　　　　　　　　　　ANOVA

模型		平方和	自由度	均方	F	显著性
1	回归	189309525.932	2	94654762.966	100.204	0.000
	残差	24560115.703	26	944619.835		
	总计	213869641.635	28			

表 4 – 36　　　　　　　　　　　　　系数

模型		未标准化系数		标准化系数	t	显著性
		B	标准误差	Beta		
1	（常量）	414.302	280.400		1.478	0.152
	都市圈内总车次（火车汽车均值）	1.200	0.118	0.769	10.159	0.000
	都市圈：2017 年、2018 年专利授权数（件）/万人	69.366	18.236	0.288	3.804	0.001

（2）都市圈销售面积因子得分归因分析

通过对都市圈经济实力得分、人口聚集得分、土地扩张得分、创新能力得分、公共服务得分、交通设施得分、都市圈发展水平得分、都市圈中心城市贡献度得分，都市圈联系度得分共9个指标作为自变量备选指标，与都市圈销售面积建立回归方程。使用逐步回归法得到"人口聚集得分"，单一因子得分对都市圈房价差异解释相对最有效，对销售规模差异的解释度高达80%以上，F 统计量为117.49，其结论与前述分指标回归基本相似。

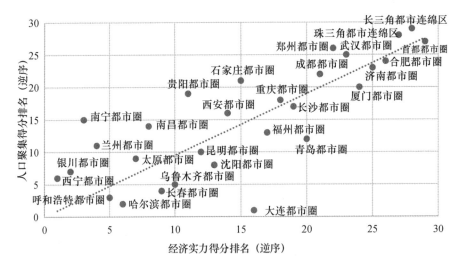

图 4-53　都市圈经济实力—人口聚集分布

通过上述分析，都市圈人口聚集因子与经济实力因子很大程度上解释了都市圈量价差异，通过对得分分别进行排序以统一得分量纲，可得到经济—人口因子得分排序（逆序）散点图（见图 4-53），可观察各都市圈在经济—人口坐标系内的相对位置。以 45°线代表经济—人口匹配理想线，都市圈散点分布基本围绕 45°理想线，通过理想线将都市圈分为两类，理想线之上部分都市圈可视为"弱经济—强人口"，即具有相对于其经济实力更强的人口聚集水平，以南宁、兰州、贵阳都市圈较为突出；理想线之下部分都市圈可视为"强经济—弱人口"，即具有相对于其经济实力人口聚集水平较弱，以大连、青岛都市圈较为突出。

表 4 - 37   模型摘要

模型	R	R 方	调整后 R 方	标准估算的误差
1	0.902[a]	0.813	0.806	1216.60336

注：a. 预测变量：（常量），人口聚集得分。

表 4 - 38   ANOVA[a]

模型		平方和	自由度	均方	F	显著性
1	回归	173906300.928	1	173906300.928	117.494	0.000[b]
	残差	39963340.706	27	1480123.730		
	总计	213869641.635	28			

注：a. 因变量：求和项：2018 年商品住宅销售面积；b. 预测变量：（常量），人口聚集得分。

表 4 - 39   系数

模型		未标准化系数		标准化系数	t	显著性	共线性统计	
		B	标准误差	Beta			容差	VIF
1	（常量）	-1800.393	445.022		-4.046	0.000		
	人口聚集得分	138.187	12.749	0.902	10.839	0.000	1.000	1.000

3. 都市圈房地产投资评价

在不考虑房地产调控政策的前提下，通过上述房价归因分析，得到创新能力与经济实力是解释房价差异的重要因子，通过对销售面积归因分析，得到人口聚集得分是销售面积的重要因子。但是两者未解释的房价差异有20%左右，我们需要考虑捕捉都市圈发展的其他基本面因子，为房价的价值回归留出一定空间。首先对房价与各因子得分分别计算皮尔逊相关系数，选择所有对房价有显著正向影响因子，剔除负向影响因子。

通过比对相关系数矩阵发现，都市圈发展水平的二级细分指标皆与房价、商品房销售面积基本均呈显著正相关，所以可以使用都市圈发展水平得分因子代替其他二级指标因子得分进行打分。

表 4 - 40   地产量价与都市圈因子得分相关系数

		2020 年房价 （区县平均）	求和项：2018 年商品 住宅销售面积
经济实力得分	皮尔逊相关性	0.812 **	0.558 **
	显著性（双尾）	0	0.002
	个案数	29	29
人口聚集得分	皮尔逊相关性	0.636 **	0.902 **
	显著性（双尾）	0	0
	个案数	29	29
土地扩张得分	皮尔逊相关性	0.581 **	0.804 **
	显著性（双尾）	0.001	0
	个案数	29	29
创新能力得分	皮尔逊相关性	0.855 **	0.666 **
	显著性（双尾）	0	0
	个案数	29	29
公共服务得分	皮尔逊相关性	0.215	0.369 *
	显著性（双尾）	0.263	0.049
	个案数	29	29
交通设施得分	皮尔逊相关性	0.564 **	0.858 **
	显著性（双尾）	0.001	0
	个案数	29	29
都市圈发展水平	皮尔逊相关性	0.819 **	0.794 **
	显著性（双尾）	0	0
	个案数	29	29
中心城市贡献度得分	皮尔逊相关性	0.286	0.275
	显著性（双尾）	0.133	0.149
	个案数	29	29
都市圈联系强度得分	皮尔逊相关性	0.793 **	0.649 **
	显著性（双尾）	0	0
	个案数	29	29

续表

		2020 年房价 （区县平均）	求和项：2018 年商品 住宅销售面积
2020 年房价（区县平均）	皮尔逊相关性	1	0.476 **
	显著性（双尾）	0	0.009
	个案数	29	29
求和项：2018 年商品住宅销售面积	皮尔逊相关性	0.476 **	1
	显著性（双尾）	0.009	0
	个案数	29	29

注：* 在 0.01 级别（双尾），相关性显著；** 在 0.05 级别（双尾），相关性显著。

最终分别为价格模型解释因子、量模型解释因子及 3 个基本面一级指标各分配 1/3 的权重。经济实力与创新能力共分配 1/3 权重，按照其分别与量价相关性均值的占比进行权重分配，经济实力占比 0.16，即 1/3 × ｛（0.812 + 0.558）/2/ ［（0.812 + 0.558）/2 + （0.855 + 0.666）/2]｝，创新能力占比 0.18，人口聚集因子分配 1/3 权重，剩余 1/3 权重由三个基本面因子以同样的方法进行分配。

最终得到地产投资潜力评分权重，如表 4 - 28 所示。

表 4 - 41　　　　　　　地产投资潜力评分指标权重

因子分类	因子	地产投资评估权重
价格因子	经济实力得分	0.16
	创新能力得分	0.18
销售规模因子	人口聚集得分	0.33
剩余基本面因子	都市圈发展水平得分	0.15
	中心城市贡献度得分	0.05
	都市圈联系强度得分	0.13
权重合计	—	1

通过上述权重分别对相应得分进行加总得到地产投资潜力综合

评分（见图 4 – 54）。

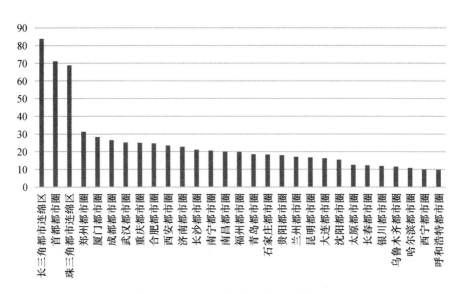

图 4 – 54　都市圈地产投资潜力排名

长三角都市连绵区地产投资潜力得分最高，且与首都都市圈、珠三角都市连绵区同处第一梯队，与其他都市圈得分差距较大，郑州、厦门、成都、武汉都市圈紧随其后，哈尔滨、西宁、呼和浩特都市圈得分最低。

进一步综合考虑投资潜力综合得分与都市圈房价的比值关系，仿照证券投资分析中的估值指标（较常用的估值指标市盈率即股价除以每股收益或估值倒数），可以得到对于投资潜力而言，房价相对较低的都市圈排序。

如图 4 – 55 所示，郑州都市圈、长三角都市连绵区估值偏低，仍具备较强的投资价值，西安、首都、长沙、成都、珠三角等都市圈紧随其后，而呼和浩特、青岛、西宁、大连都市圈房价有被高估的可能性。

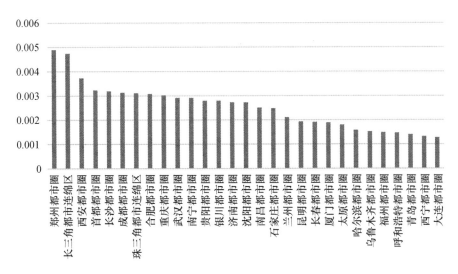

图 4 - 55　都市圈投资潜力综合评分/房价排名

4. 都市圈养老地产投资评价

目前中国出生人口快速下降，在 20 世纪 50、60 年代婴儿潮一代老龄化加快的背景下，养老地产客群可大致定位于年龄段在 50 岁以上人口，应找到 50 岁以上人口增加较多的区域作为重要的地产布局因素。由于养老需要增加对社会服务、医疗资源及环境质量等因素的考量，可以将权重平均分配给上一节得到的都市圈地产投资潜力得分、社会服务因子、老龄人口因子上。

长三角都市连绵区、珠三角都市连绵区、首都都市圈养老地产投资潜力得分较高，处于第一梯队，成都、重庆、郑州等都市圈紧随其后。从表 4 - 33 细分指标排序得分可知，长三角都市连绵区、珠三角都市连绵区、首都都市圈老龄化人口较多，成都、重庆都市圈社会公共服务方面较强，哈尔滨、乌鲁木齐、西宁都市圈三项得分较弱，不适宜投资养老地产（见图 4 - 56）。

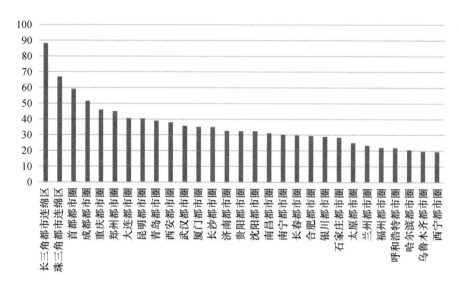

图 4 - 56　都市圈养老地产投资潜力得分

表 4 - 42　　　　　　　　　养老地产投资潜力分项指标排序得分

	公共服务得分（排序得分）	老龄人口得分（排序得分）	地产投资潜力综合评分（排序得分）	养老地产投资潜力得分（排序得分）
长三角都市连绵区	24	29	29	29
珠三角都市连绵区	23	28	27	28
首都都市圈	17	27	28	27
成都都市圈	28	25	24	26
重庆都市圈	26	21	22	25
郑州都市圈	22	26	26	24
大连都市圈	29	5	9	23
昆明都市圈	27	10	10	22
青岛都市圈	25	12	14	21
西安都市圈	21	20	20	20
武汉都市圈	11	22	23	19
厦门都市圈	14	16	25	18
长沙都市圈	18	17	18	17

续表

	公共服务得分（排序得分）	老龄人口得分（排序得分）	地产投资潜力综合评分（排序得分）	养老地产投资潜力得分（排序得分）
济南都市圈	8	23	19	16
贵阳都市圈	19	9	12	15
沈阳都市圈	15.5	18	8	14
南昌都市圈	13	11	16	13
南宁都市圈	12	8	17	12
长春都市圈	15.5	14	6	11
合肥都市圈	2	24	21	10
银川都市圈	20	2	5	9
石家庄都市圈	7	19	13	8
太原都市圈	10	7	7	7
兰州都市圈	6	6	11	6
福州都市圈	1	13	15	5
呼和浩特都市圈	9	3	1	4
哈尔滨都市圈	3	15	3	3
乌鲁木齐都市圈	4	4	4	2
西宁都市圈	5	1	2	1

表 4 - 43　　　　　　　　　　地产投资潜力指标汇总

	地产投资潜力综合评分（排序）	地产投资潜力综合评分（除房价外）（排序）	养老地产投资潜力得分（排序）
长三角都市连绵区	1	2	1
首都都市圈	2	4	3
珠三角都市连绵区	3	7	2
郑州都市圈	4	1	6
厦门都市圈	5	21	12
成都都市圈	6	6	4

	地产投资潜力综合评分（排序）	地产投资潜力综合评分（除房价外）（排序）	养老地产投资潜力得分（排序）
武汉都市圈	7	10	11
重庆都市圈	8	9	5
合肥都市圈	9	8	20
西安都市圈	10	3	10
济南都市圈	11	14	14
长沙都市圈	12	5	13
南宁都市圈	13	11	18
南昌都市圈	14	16	17
福州都市圈	15	25	25
青岛都市圈	16	27	9
石家庄都市圈	17	17	22
贵阳都市圈	18	12	15
兰州都市圈	19	18	24
昆明都市圈	20	19	8
大连都市圈	21	29	7
沈阳都市圈	22	15	16
太原都市圈	23	22	23
长春都市圈	24	20	19
银川都市圈	25	13	21
乌鲁木齐都市圈	26	24	28
哈尔滨都市圈	27	23	27
西宁都市圈	28	28	29
呼和浩特都市圈	29	26	26

第 五 章

都市圈发展与住宅地产投资

2019年2月国家发改委发布的《关于培育发展现代化都市圈的指导意见》提出，加快都市圈经济、产业、政策、人口及交通等基础设施的一体化。都市圈中心城市住宅投资由增量向存量转变，周边城市住宅投资和租赁市场增长明显。本章主要对成熟型和成长型都市圈住宅投资趋势及其影响因素进行分析。

一 都市圈中心城市存量住宅更新升级成为投资重点

（一）存量住宅更新成为都市圈中心城市投资热点

1. 强中心型都市圈中心城市住宅市场进入"存量时代"

根据国家统计局数据，2013年中国住宅新开工面积达到近些年的峰值，为14.58亿平方米，之后到2017年一直低于这一数值。据如是金融研究院推算，考虑住房空置率后，到2017年年底全国城镇住房供应总量为298亿平方米，其中商品住房为112亿平方米、保障性住房为72亿平方米、小产权房为73亿平方米、房改房性住房为41亿平方米。

2016年年底中央经济工作会议提出"房住不炒"政策思路后，各级政府及相关部门陆续出台与之相配套的政策，抑制社会投机投资性需求。城镇化进程中，2019年中国城镇化水平逾60%，未来城镇化增速将趋缓，城市发展重点也将从提高速度转向提升质量。

对于都市圈来说，中心城市的城镇化率要高于全国平均水平，北京、上海等超大城市在短期内将继续执行城市管控政策，人口规模将保持稳定。未来都市圈虽然仍是人口流入的主要区域，但中心城市可出让土地越来越稀缺，新的商品住宅、新增产业向周边圈层加速迁移。根据华夏幸福产业研究院数据，2018 年都市圈住宅市场规模约 6.2 万亿元，占了全国市场的近一半；而都市圈的外溢市场规模有 2 万亿元，占到都市圈规模的约 35%，这个趋势在未来总体还会强化。强中心—强网络型都市圈的中心城市，尤其是核心区已进入存量时代，周边区域以及成长型和培育型的都市圈中心城市还是增量时代。

2. 存量住宅更新注重集约化与高质量

都市圈的中心城市存量住宅存在可利用面积偏小、结构单一、建筑老化、环境较差、治理混乱、服务落后等问题，存量更新迫在眉睫。

2019 年 7 月 30 日，中共中央政治局会议指出要"实施城镇老旧小区改造"。同年 12 月，中央经济工作会议指出要"加强城市更新和存量住房改造提升，做好城镇老旧小区改造，大力发展租赁住房"。2020 年以来，财政部、住房和城乡建设部等各部委均从各个方面强调推进老旧小区改造，内容包括"将城镇老旧小区改造纳入了专项债券的支持范围""鼓励房地产开发企业参与老旧小区改造"等。未来城市更新领域相应的支持和保障政策也将不断出台并完善，支持民生保障工作顺利开展，并进一步拉动地产领域的有效投资和消费。

存量住宅更新方式包括拆除重建与综合整治。拆除重建典型案例为 2008 年启动的棚户区改造项目。虽然棚户区建筑质量差、公共设施缺乏且安全隐患大，但空间可塑性强与开发成本低，棚户区改造大多采用拆除重建方式。截至 2018 年，全国已有逾 1 亿居民"出棚进楼"。与拆除重建不同，综合整治更注重保留原有基础与提高住宅质量。国务院办公厅《关于全面推进城镇老旧小区改造工作的指导意见》（国办发〔2020〕23号），将城镇老旧小区改造内容分为基础类、完善类、提升类三类，并将老旧小区改造列为民生工程和发展工程。其中，基础类改造以满足居民安全需要和基本生活需求为主，包括市政配套基础设施改造提升①以及小区内建筑物屋面、外墙、楼梯等公共部位维修等；完善类改造以满足居民生活便利需要和改善型生活需求为主，包括环境及配套设施改造建设②、小区内建筑节能改造、有条件的楼栋加装电梯等；提升类改造以丰富社区服务供给、提升居民生活品质、立足小区及周边实际条件积极推进为主，包括公共服务设施配套建设及其智慧化改造③。

（二）"未来社区"激发都市圈中心城市住宅新需求

"未来社区"是住宅地产新概念与城市建设新构想，是智慧社区的进阶版。自2019年浙江省率先提出"未来社区"概念以来，具有中国特色的"未来社区"建设在中国迅速发展。《浙江省未来社区建设试点工作方案》中提出"未来社区"包括"三化九场景"，即以满足人民美好生活向往为目的的社区，围绕社区全生活链服务需求，以人本化、生态化、数字化为价值导向，以未来邻里关系、教育、健康、创业、建筑、交通、能源、服务和治理等众多场景创新为主的新型城市功能单元（见表5－1）。

---

①　市政配套基础设施改造提升包括小区内部及与小区联系的供水、排水、供电、弱电、道路、供气、供热、消防、安防、生活垃圾分类、移动通信及光纤入户、架空线规整（入地）等。

②　环境改造建设包括拆除违法建筑物，整治小区及周边绿化、照明等；小区及周边配套设施改造建设包括适老设施、无障碍设施、停车库（场）、电动自行车及汽车充电设施、智能快件箱、智能信包箱、文化休闲设施、体育健身设施、物业用房等。

③　公共服务设施配套建设及智慧化改造包括小区及周边的社区综合服务设施、卫生服务站等公共卫生设施、幼儿园等教育设施、周界防护等智能感知设施，以及养老、托育、助餐、家政保洁、便民市场、便利店、邮政快递末端综合服务站等社区专项服务设施。

表 5 - 1 未来社区内容

类别	内容
三化	人本化、生态化、数字化
九场景	邻里场景：营造交往交融、交心人文氛围
	教育场景：服务社区全人群教育需求
	健康场景：满足健康多元化需求
	创业创景：创建适宜创业的办公环境
	建筑场景：提高土地集约利用效率
	交通场景：解决停车难、公共交通出行不便等痛点
	低碳场景：构建"循环无废"未来低碳场景
	服务场景：打造"优质生活零距离"未来服务场景
	治理场景：依据社区数字精益管理，构建党建引领的"政府导治、居民自治、平台数治"未来治理场景

"未来社区"建设的着力点是针对目前社区治理中邻里关系淡漠、交通拥堵、服务品质不高、空间布局不合理等问题，围绕九大场景开展不同层面、不同维度的理念创新、机制创新、方式创新以及技术创新，推动未来社区人本化、生态化、数字化。

"未来社区"建设对政府与企业提出新要求。对政府而言，都市圈一体化要破除地方行政壁垒，促进政府合作，配置"未来社区"建设所需土地、人口、资本、技术等要素以及产业、公共服务等资源。对房地产企业而言，对城市更新类"未来社区"改造要综合政策、居民意愿及资金回收期等因素，对新建类"未来社区"开发要依据人口集聚趋势及综合交通、公共服务等因素，将以建造销售为主的开发模式转向开发建造与社区综合管理结合的经营模式。

目前，杭州、宁波、绍兴、温州、衢州等长三角都市连绵区城市已开展"未来社区"试点建设，东莞、惠州、四川部分地级市已建成或投入使用符合类似"未来社区"的项目（如智慧建筑、智慧社区、智慧园区等）。

"未来社区"的建设在国内仍属于新生事物，而在国际上，

"未来社区"已成为热点，关于"未来社区"的探索和构建在全球范围内不断出现，如新加坡的"邻里中心"计划、美国和欧洲的BLOCK 街区等。BLOCK 是一种新生地产开发理念，B 代表商业（business），L 代表休闲（lie fallow），O 代表开放（open），C 代表人群（crowd），K 代表亲和（kind）。BLOCK 是集居住、生活与商业于一体的友好型开放式空间，既可满足居民"一站式"生活需求，又具备商旅功能，实现土地与空间功能多元化和集约化。美国纽约、西班牙巴塞罗那、德国柏林等世界都市都有此类新生地产。

"未来社区"是有利于人民美好生活的民生工程，也是房地产业转型升级的创新工程，有助于推动城市建设向城市运营转型，重塑存量社区形态，开发新型高质量社区，提高居民生活质量，提升区域住宅地产价值，推动传统社区向智慧社区转型。"未来社区"理念的推广将进一步激发政府、企业及居民部门在都市圈中心城市住宅投资的活力与潜力。

二　都市圈中心城市外溢效应带动周边住宅需求增长

中心城市规模和经济发展到一定程度，其扩散效应开始显著。首先表现为产业的外迁，随后带动人口等要素和经济活动向外疏散，从而带来了周边住宅需求的增加；户籍、交通的一体化加快了人口从中心城市向外围的流动，而 TOD 开发模式则为周边城市交通枢纽区域住宅地产开发提供机会。

（一）都市圈一体化带动周边住宅需求增长

1. 中心城市产业外迁带动人口溢出

根据新地理经济学观点，"房随人走，人随产业走"。都市圈一体化程度越高，都市圈中心城市与周边城市产业分工越明确，产业转移越多，产业协同程度越高。都市圈中心城市产业向周边城市外迁，引发中心城市产业人口也向周边城市外迁，促进周边城市住宅投资的增长。例如，东莞通过政企合作开发，建立松山湖高新科技产业园等多个产业园区，为外迁企业提供价格相对低廉的土地资源，松湖智谷产业园一期引进企业的60%—70%来自深圳，少量来自广东及大湾区其他城市。

都市圈中心城市人口与周边城市人口增速不同，周边城市住宅投资潜力更大。表5-2显示，虽然2013—2017年，首都都市圈中心城市北京常住人口年均增长1.38%，高于周边城市常住人口0.69%的增长率，但2016年之后周边城市常住人口增幅开始明显高于中心城市增幅，房地产开发投资和住宅销售面积增长率也有超过中心区的趋势。2013—2017年北京住宅销售面积年均下降4.88%，周边城市住宅销售面积则年均增长2.54%。

表5-2   2013—2017年首都都市圈人口和住宅投资变动趋势

年份	房地产开发投资（亿元）		住宅销售面积（万平方米）		常住人口（万人）	
	中心城市增幅（%）	周边城市增幅（%）	中心城市增幅（%）	周边城市增幅（%）	中心城市增幅（%）	周边城市增幅（%）
2013	12.48	8.45	2.98	8.89	3.02	0.62
2014	13.03	23.62	-15.04	1.93	2.27	0.74
2015	8.86	8.53	6.93	9.33	1.34	0.58
2016	3.89	17.52	25.04	12.92	0.47	0.68
2017	—	-4.73	-44.29	-20.37	-0.20	0.81
均值	9.56	10.68	-4.88	2.54	1.38	0.69

注：（1）中心城市包括北京与天津，周边城市包括保定、沧州、廊坊、唐山与张家口；（2）2014—2017年周边城市常住人口数以年末总人口数替代，2017年中心城市房地产开发投资缺失。

资料来源：《中国区域经济统计年鉴》《中国房地产统计年鉴》《北京市统计年鉴》《河北省统计年鉴》。

表5-3和表5-4显示，2013—2017年期间珠三角和长三角都市连绵区中心城市常住人口增长大于周边城市常住人口增长，但周边城市房地产开发投资和住宅销售面积增长开始大于中心城市，表明中心城市产业和人口外溢效应显现，带动周边城市住宅投资增长。

表5－3　　2013—2017年珠三角都市连绵区人口和住宅投资变化趋势

| 年份 | 房地产开发投资（亿元） | | 住宅销售面积（万平方米） | | 常住人口（万人） | |
	中心城市增幅（％）	周边城市增幅（％）	中心城市增幅（％）	周边城市增幅（％）	中心城市增幅（％）	周边城市增幅（％）
2013	16.23	22.6	19.09	25.97	0.73	0.53
2014	17.81	16.36	－13.22	－7.35	1.29	0.56
2015	20.20	4.86	25.23	32.55	4.28	0.33
2016	23.89	18.30	9.15	27.10	4.31	0.53
2017	12.60	16.66	－17.32	－3.67	4.14	1.17
均值	18.15	15.76	4.59	14.92	2.95	0.62

注：中心城市包括广州市与深圳市，周边城市包括东莞市、佛山市、惠州市、江门市、清远市、韶关市、云浮市、肇庆市、中山市与珠海市。

资料来源：《中国区域经济统计年鉴》《中国房地产统计年鉴》《广东省统计年鉴》。

表5－4　　2013—2017年长三角都市连绵区人口和住宅投资变化趋势

| 年份 | 房地产开发投资（亿元） | | 住宅销售面积（万平方米） | | 常住人口（万人） | |
	中心城市增幅（％）	周边城市增幅（％）	中心城市增幅（％）	周边城市增幅（％）	中心城市增幅（％）	周边城市增幅（％）
2013	17.11	12.53	22.40	29.32	0.92	0.30
2014	16.50	11.73	－5.44	－12.48	0.68	0.30
2015	8.01	－4.21	25.25	14.58	0.11	0.39
2016	9.68	3.67	15.47	30.13	0.61	0.47
2017	－33.43	9.82	－16.86	0.38	0.93	0.53
均值	3.58	6.71	8.16	12.38	0.65	0.40

注：中心城市包括上海市、南京市、杭州市与宁波市，周边城市包括合肥市、常州市、滁州市、湖州市、淮安市、嘉兴市、金华市、丽水市、连云港市、马鞍山市、南通市、衢州市、绍兴市、苏州市、台州市、泰州市、无锡市、芜湖市、宿迁市、宣城市、盐城市、扬州市、镇江市与舟山市。

资料来源：《中国区域经济统计年鉴》《中国房地产统计年鉴》《江苏省统计年鉴》。

2. 户籍一体化与人才政策促进人口流动

受限购政策影响，户籍壁垒使住宅投资由都市圈限购城市（主要为中心城市）流向非限购城市（主要为周边城市）。国务院《关于进一步推进户籍制度改革的意见》及《关于促进劳动力和人才社会性流动体制机制改革的意见》进一步推动都市圈中心城市与周边城市的户籍一体化改革，加速都市圈人口由中心城市向周边城市流动。

人才政策进一步提升周边城市住宅投资潜力。人才政策包括人才落户与人才住房补贴两部分。相较中心城市，周边城市对人才的渴望更强烈，人才住房补贴水平更高。以长三角都市连绵区为例，中心城市上海 2019 年一次性人才住房补贴最高额度为 200 万元（普陀区），周边城市苏州 2019 年一次性人才住房补贴最高额度为 500 万元（乐居购房贴项目），限购政策给予人才较高比例配售优购权，同时放宽公积金贷款最高可至贷款限额的 4 倍。

3. 交通一体化加速周边城市住宅投资

都市圈交通一体化有利于促进都市圈资本和人口流动，促进周边城市住宅投资增长，提高周边城市住宅价格。"1 小时通勤圈"是都市圈交通一体化的主要目标，有助于中心城市人口向周边城市疏解。例如，2018 年深圳跨城通勤来源地主要包括东莞（0.53%）、广州（0.43%）、惠州（0.31%）、揭阳（0.10%）、汕尾（0.10%）。广州市跨城通勤来源地主要包括佛山（1.10%）、深圳（0.9%）、东莞（0.4%）、清远（0.3%）、湛江（0.2%）。中心城市产业和人口外迁将为周边城市提供住宅投资增长空间。

上海作为长三角都市连绵区中心城市，其跨城通勤来源地主要为苏州（0.49%）、杭州（0.16%）、南通（0.12%）、南京（0.10%）及无锡（0.08%）。图 5 - 1 显示，2019 年上海租金较 2018 年下降 3%，周边城市苏州、杭州、南京、宁波 2019 年租金较 2018 年均有所增加。

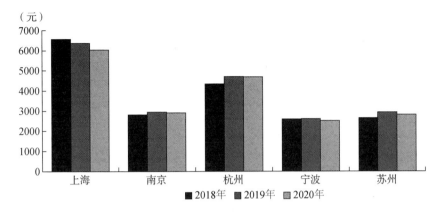

图 5 - 1　2018—2020 年长三角都市连绵区中心城市和周边城市住房租赁价格

注：住房租赁价格单位为元/套 /月。

资料来源：北京中指信息技术研究院。

（二）TOD 模式提升周边城市住宅投资与回报

TOD 是 1992 年彼得·卡尔索尔普（Peter Calthorpe）首次提出的以城市交通枢纽为导向的城市开发模式。TOD 模式包括城市型TOD 模式及社区型 TOD 模式。中国 TOD 社区分布主要有两类，一是都市圈中心城市主要地铁站；二是中心与周边城市接壤区域的轨道交通站点。

社区型 TOD 模式可同时满足居住、通勤与生活需求，有助于提高空间利用率与满足多样化居住需求，是都市圈集约化住宅开发模式。TOD 模式可显著提升周边住宅投资回报，例如武汉万科金域国际小区是典型社区型 TOD 模式，位于武汉市轨道交通 4 号线五里墩站，项目销售均价约 21500 元/平方米，远高于 2019 年武汉市商品住宅 12988 元/平方米的平均售价。

三　租售并举政策促进长租公寓发展

中国住房租赁市场发展迅速，房屋租赁人口由 2013 年的 1.61亿人增至 2017 年的 2.43 亿人，住宅租赁面积由 45.14 亿平方米增至 64.15 亿平方米（见表 5 – 5）。

表 5 – 5　　　　　　　　　2013—2017 年中国住房租赁市场变动趋势

项目	2013	2014	2015	2016	2017
房屋租金（亿元）	15802	17643	19706	21945	23798
住宅租金（亿元）	9100	10500	12100	13800	15088
住宅租金增速（%）	15.19	13.33	13.22	12.32	8.54
住宅租金占房屋租金比重（%）	57.59	59.51	61.40	62.88	63.40
房屋租赁面积（亿平方米）	53.87	59.28	65.15	70.59	75.16
住宅租赁面积（亿平方米）	45.14	50	55.4	60.21	64.15
住宅租赁面积增速（%）	11.07	10.77	10.80	8.68	6.54
住宅租赁面积占房屋租赁面积比重（%）	83.79	84.35	85.03	85.30	85.35
房屋租赁人口（亿人）	1.61	1.83	2.02	2.22	2.43
房屋租赁人口增速（%）	12.59	13.66	10.38	9.90	9.46

资料来源：根据公开网络数据整理。

　　近几年有关鼓励住房租赁市场发展的政策密集落地。从 2015 年年初住房和城乡建设部发布的《关于加快培育和发展住房租赁市场的指导意见》开始，之后每年中央和相关部委都会有政策文件出台推动租赁市场的发展完善。政策的整体基调是以发展和保障市场为主，大力发展长租市场，并在财政、立法、土地等方面给予支持；同时在立法端加强了对市场的管理，进一步维护市场秩序。2020 年 11 月发布的《中共中央关于制定国民经济和社会发展第十四个五年规划和二〇三五年远景目标的建议》中首次提出了完善长租房政策。虽然目前租赁市场存在种种问题，但租售并举是大势所趋。随着新型城镇化正在不断推进，人口也在加速向重点城市流入。尤其对于强中心型的都市圈，一方面是人口的不断流入，另一方面是楼市交易的收紧，这给住房租赁市场带来了巨大的空间。

表 5 - 6 显示，首都都市圈中的天津住宅租赁规模由 2012 年的
2.949 万平方米增至 2016 年的 4.224 万平方米；长三角都市连绵区
的杭州、宁波和南京的住宅租赁规模均呈上升趋势；珠三角都市连
绵区的深圳住宅租赁规模由 2012 年的 2.1205 万平方米增至 2016 年
的 5.4528 万平方米。

表5-6		中国主要都市圈中心城市住宅租赁规模							单位：平方米		
年份	首都都市圈		长三角都市连绵区				珠三角都市连绵区		其他都市圈		
	北京	天津	上海	杭州	宁波	南京	广州	深圳	重庆	西安	郑州
2012	445445	29490	924317	—	3106	8495	129914	21205	20244	40290	4258
2013	412924	—	753152	9689	3106	9553	107048	5522	25848	7283	4220
2014	222926	—	721629	11611	—	18741	78867	5620	127857	—	3744
2015	190367	51432	1205864	35080		33503	43357	12117	8404	14652	—
2016	178061	42240	834060	—			76828	54528	7771	14652	128821

资料来源：各省、直辖市统计局，国家信息中心网。

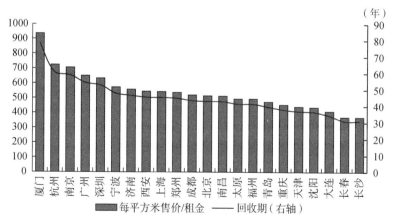

图 5 - 2　2020 年都市圈主要城市租售比排名

注：（1）租售比 = 每平方米月租金/每平方米商品住宅（包括保障性住房）售价，图中以
售价/租金呈现，回收期 = （每平方米售价/月租金）/12 个月；（2）2020 年包含 1—8 月。

资料来源：北京中指信息技术研究院。

　　租售比不仅可测度住房投资回报率，而且可以表示住房泡沫程度和投资风险。2020 年都市圈的中心城市中厦门的住宅租售比最低，为1:937，表明厦门住宅租赁回报率最低，住宅投资风险最大。最高的是长沙，租售比为 1:371，住宅租赁回报率较高，住宅投资风险较低（见图 5 - 2）。

　　租赁税收改革及租赁补贴优惠政策显著促进都市圈周边城市住宅租赁市场发展。表 5 - 7 显示，2019 年长三角都市连绵区中心城市住宅销售与租赁价格高于周边城市 1.5 倍左右，但周边城市住宅租赁价格上涨较快，导致中心城市平均租售比（1∶582）大于周边城市（1∶661）。

表 5 - 7　　　2019 年长三角都市连绵区中心与周边城市住宅租售比

城市等级	城市	租售比
中心城市	上海	1∶465
	南京	1∶722
	杭州	1∶729
	宁波	1∶510
	均值	1∶582
周边城市	苏州	1∶793
	无锡	1∶690
	合肥	1∶462
	均值	1∶661

　　资料来源：北京中指信息技术研究院。

　　都市圈住宅租赁投资包括普通住宅出租和以长租公寓为代表的专项租赁住宅。近些年，长租公寓等专项租赁住宅开发是政府与房地产开发企业重点关注领域，既可盘活都市圈存量住宅，提高住宅投资回报，又可缓解中心城市新市民职住不平衡问题。表 5 - 8 显示，未来 3—5 年都市圈中心城市和主要周边城市均会加大住房租赁供给，住宅租赁投资将持续增长。

表5－8　　　　　中国都市圈住房租赁市场试点城市租赁供应计划

都市圈	城市	租赁供应计划
首都都市圈	北京	2018—2021年将供应约800万平方米集体土地用于租赁住房，每年约建设租赁住房10万套
长三角都市连绵区	上海	2016—2020年供应租赁住房用地1700万平方米，建设租赁住房70万套
	杭州	2018—2020年新增租赁住房占新增商品住房总量的比例为30%
	南京	2020年年底，建设集体租赁住房总建筑面积30万平方米左右
	合肥	2020年，筹集各类集中式租赁住房约16万套，其中房地产企业建设自持租赁住房2万套；2017—2020年完成集体用地建设租赁住房试点目标5000套，建设面积约45万平方米
珠三角都市连绵区	广州	2017—2021年供应租赁住房用地825万平方米，建设租赁住房15万套，占市场化住房20%；2020年年底，全市计划利用集体建设用地建设租赁住房建筑面积300万平方米，每年批准建筑面积按100万平方米控制
	深圳	2018—2035年新增建设筹集各类住房共170万套，其中公共租赁住房供应比例为20%
	佛山	2018—2022年新增商品住房58.31万套，租赁住房10.79万套；新增商品住房与租赁住房面积共1335.23万平方米
其他都市圈	成都	2021年全市租赁住房保有量达151万套、1.36万平方米，较2017年增长25%、22%
	郑州	2017—2020年利用国有土地建设租赁住房3.8万套，利用集体土地与自有土地建设5000套，建设特色租赁小区5000套
	沈阳/大连	2020年，沈阳、大连租赁住房供应规模在住房建设年度计划占比达到10%以上，辽宁省其他城市要达到5%以上
	武汉	2020—2022年，新增市场租赁住房1112.5万平方米、22.25万套（间），公共租赁住房157.5万平方米、3.15万套（间），其中新建公共租赁住房0.75万套（间）、37.5万平方米；新增供应租赁住房套（间）数与新增供应商品住房套数比达到3∶7
	福州	2020—2022年新增租赁住房10万套
	南昌	2018—2022年预计南昌中心城区产生住房总需求29万套，其中租赁住房需求约5万套，每年约1万套；房租赁补贴发放家庭约每年2000户

资料来源：根据地方政府网站资料整理。

　　为支持各城市租赁市场的发展，2019—2022 年的 4 年中，中央财政计划累计将向 24 个入选试点示范城市投入专项奖补资金 588 亿元，用于支持发展住房租赁市场，包括第一批 16 个城市，即北京、长春、上海、南京、杭州、合肥、福州、厦门、济南、郑州、武汉、长沙、广州、深圳、重庆、成都，第二批 8 个城市，即天津、石家庄、太原、沈阳、宁波、青岛、南宁、西安。2020 年 10 月住房和城乡建设部《住房租赁条例》公开征求意见，指出"国家支持金融机构按照风险可控、商业可持续的原则创新针对住房租赁的金融产品和服务，支持发展房地产投资信托基金，支持住房租赁企业发行企业债券、公司债券、非金融企业债务融资工具等公司信用类债券及资产支持证券，专门用于发展住房租赁业务。住房租赁企业可以依法质押住房租赁租金收益权"，在法律与金融两个关键方面对租赁市场发展给予支持，充分表明中央政府发展租赁市场的决心。

第六章

都市圈发展与商业地产投资

　　都市圈发展带来了城市结构的重新布局，随着都市圈市场内部重构加速，呈现高度的圈层分异，各个圈层存在不同的商业地产投资机会。科技、信息、金融等高端服务业向核心城市集聚要求中心商业地产升级；产业和人口向周边城市的溢出形成有效的需求拉动，带来了新兴商圈和社区商业的发展机会。

一　TOD 模式给商业地产投资带来机会

　　都市圈化趋势下，人口从中心城市向外围圈层溢出，催生出对都市圈交通体系的新需求。随着中国进入大规模轨道交通建设的高峰期，轨道交通建设将带来以 TOD 为载体的区域型商业地产投资机会。

（一）TOD 模式有利于优化都市圈空间结构和功能

　　TOD 将多样化的城市功能集中布局，优化了城市网络化结构，在满足居民多元化需求、创造高品质生活的同时，也通过引导城市发展，达到优化城市结构、重塑城市空间的目的，推动都市圈高质量发展。

　　1. TOD 构成都市圈的重要节点

　　随着人口的迅速增长，节点型城市及功能组团成为未来新增人口的主要承载地，这对高密度、大运量、高效率的多层次交通体系建设提出了更高的要求。轨道交通，包括市郊铁路、地铁成为连接节点型城市及功能组团的理想交通方式。通过实施 TOD 综合开发，融合产业、公共服务资源，可以形成新的商业中心和生活中心，缓解中心城区的人口负荷和资源环境承载压力，同时也优化提高了土地资源的利用率。

中国都市圈目前内外圈层经济落差巨大，周边中小城市发育不足，空间格局和功能分布亟待进一步优化。轨道交通作为促进城市间要素流动的关键因素，对人口、产业的空间转移和合理分布影响巨大，因此以服务都市圈为目标的城市—郊区轨道交通体系建设势在必行。从更大范围来看，TOD 不仅通过轨道交通网线拓展带动中心城市周边的发展，而且以高铁站、高速公路、机场、港口、码头等枢纽互通为重要节点实现区域联动、城际联动，也在引领着新一轮新城市群、都市圈的一体化发展。

2. TOD 被赋予推动经济发展动能

现代轨道交通系统的建设可以大大提高沿线站点的可达性，尤其是轨道交通与其他交通工具的转乘中心枢纽，所发挥的功能已超出了轨道交通本身的范畴，在其中起到了增长极的作用。轨道交通每天带来的大量人流，以及枢纽周围土地可达性的改善，将带动和促进附近区域居住、商业、工业、服务业等产业的发展。多职能的发展以及土地的混合利用，增强了区域的经济活力，为城市新中心（副城心）的形成提供有力的支持。

轨道交通建设不仅会加快沿线片区地产市场的发展和成熟，还会加快片区价值重塑。通过以"交通＋产业"两大驱动力的构建，形成了都市圈发展新模式，既能高效分配资源要素，同时又拉近了城市间的距离，实现合理化产业分工协同，各自形成特色化产业集群，错位互补发展，发挥都市圈的真正效能。

3. TOD 提升城市消费能级

TOD 模式是现代服务业发展的重要集聚带和新型生活空间示范

带。轨道交通客流在带来资金、技术、人才等各种生产要素的流动的同时，也带来了新的生活方式。依托轨道交通站点的人流聚集效应，通过打造高密度的商业空间，培育多产业业态，营造新经济场景和消费业态，形成集聚人气和商机的新生活消费场景。例如法国拉德芳斯、日本六本木新城、美国新世贸中心、香港国际金融中心——外在以摩天大楼的形式丰富着城市的天际线，内在则以功能集约的聚合力量营造城市新中心，进而成为城市的名片。

（二）TOD 商业带动区域价值的提升

1. TOD 带来新时代商业模式的全新升级

TOD 商业是指在构筑公共交通系统为导向下的商业模式，具有功能复合、集聚开发、高效可达等特征，是新时代商业模式的全新升级。

功能复合：以城市主要公共交通站点为中心，复合聚集购物、办公、休闲娱乐等业态，使每一个核心站点既是城市交通枢纽，又是区域活动中心，实现生产、生活、生态共融。随着社会需求的发展，如今的 TOD 项目功能布局越来越多元化，引入了更多的业态和功能，比如科研院、图书馆、艺术中心、社区教育、亲子空间等等，满足人流的购物、休憩、聚会、社交等多种复合型需求，增强项目的吸引力。

集聚开发：多元化利用土地，将地下空间、地面空间、地上空间"三位一体"高效、集中开发，提高土地使用率，实现周边土地价值最大化。

高效可达：以轨道交通站点为中心，由地铁、公交、步行等交通线将周边商业设施和城市公共空间有效串联，实现多种交通方式"零换乘"。

2. TOD 模式提升物业价值

一般来说步行去轨道交通车站的最适宜距离，在城市中心区为

500—600 米，在郊区为 800—1000 米。考虑地租因素，在轨道交通车站周边约 600 米范围内，最适宜布局商业、金融业、旅馆业、综合办公楼等大型公共建筑，其中 200 米内为核心腹地，1000 米之外轨道交通对商业的辐射带动作用已不再明显，如上海（见图 6 -1）。

日本多摩新城通过 TOD 交通发展引导模式，导入商业、商务、居住、娱乐等综合功能，大型商业设施主要集中于小田急多摩线中心站周边，由多个街区的复合商业商务综合体形成了多摩新城的商业中心。围绕站点 600 米服务范围内，商业、办公、文化功能占比在一半以上。法国巴黎之门是巴黎和拉德芳斯之后巴黎地区的第三大城市中心，是典型的 TOD 新城中心的发展模式，围绕站点 600 米服务范围内，商业、办公、公共服务功能占比在 40% 左右。在上海50 多个营业额 10 亿元级的商场中，过半数是直接连通地铁站的，而 1 公里以外的超 10 亿元营业额商场往往位于区域商业中心。

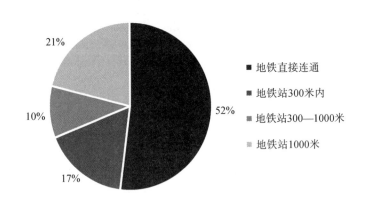

图 6-1　上海地铁站不同半径范围内营业额
超过 10 亿元商场比重

资料来源：戴德梁行、民生证券研究院。

随着轨道交通站点开发、周边区域的建设，TOD 模式的发展将给商业地产项目带来更多机遇。轨道交通沿线的办公楼、购物中心、公寓、城市综合体可以利用交通枢纽带来的人流，以及区域的租金优势大幅提升物业价值。轨道交通站点对周边价值提升的有效范围是 1000 米以内，其中 200 米范围内是最大增值区域，从一般经验来看，通常 100 米以内的商业增值能够超过 200%。

东京新宿汇集了 9 条轨道线路，设有 178 个出口，是世界上出口数量最多、换乘最复杂的站点，每天接纳 360 万人以上的购物人群，成为东京最繁华的商业区。新宿站周边的地价，在短短 5 年时间内上涨了 37%。香港九龙 TOD 还未完成时，价格已超同片区市价的 13%，开发中后期，价格已高于同期九龙市价 34%。

（三）轨道交通建设带来巨大的 TOD 商业开发机会

TOD 的商业开发模式主要可分为：以枢纽站为中心的高度复合集聚型开发模式，与轨道交通同步建设的沿线型开发模式。

以枢纽站为中心的高度复合集聚型开发模式是将大城市中心区的轨道交通枢纽站和周边的城市街区进行一体化开发的模式。由于枢纽站的选址接近历史悠久的城市商业区和中心区，大部分土地都已经建设完毕，能用于城市再开发的土地较少，因此，需要通过高度复合的土地利用，将多种交通、商业、文化等功能整合于一体，增强枢纽站的交通和商业运营能力。同时通过建设与周边商业连通的通道，缝合由轨道割裂开来的区域，提高站点周边一体化发展。

东京地铁涩谷站就是日本践行"以枢纽站为中心的集聚式开发"模式的典型案例。20 世纪 90 年代，涩谷拉开 TOD 开发的序幕。第一个 TOD 综合体项目是涩谷标记 Mark City，这也是东急公司第一个车辆段上盖综合体。该综合体在开发过程中灵活运用检修基地、巴士专用道路、车站用地的上部空间，贯通了办公、酒店、娱乐设施、铁路车站、地铁车站等，构成了涩谷城市的新活力空间。Mark City 项目成功后，2005 年 12 月涩谷站周边地区被列入都市再生紧急整备地域，即城市更新改造区域，规划目标是"通过集成和导入高层次的功能业态，提高生活文化发源地涩谷的活力"。涩谷车站周边 1000 米范围内的土地基本以商业用途为主，1000—

2000 米范围内主要为居住用地，仅在东南方向有小片的工业用地分布（见图 6-2）。

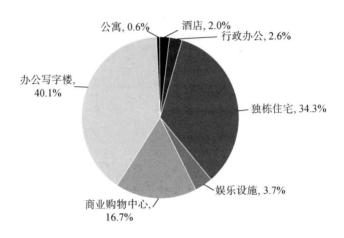

图 6-2　涩谷站各建筑类型占比

　　与轨道交通同步建设的沿线型开发模式主要应用于郊区，将轨道交通建设和沿线城市建设一体化进行，主要通过沿线城市开发、新城开发、新线路建设等方式，实现轨道交通经营效率的最大化。

　　截至 2020 年 6 月 30 日，中国内地累计有 41 个城市投资运营城市轨道交通线路 6917.62 公里，其中 19 座城市轨道交通运营里程数突破百公里，如图 6-3 所示。近几年，除北上广深一线城市外，新一线城市如南京、武汉、大连、成都、郑州等城市轨道交通的建设进程明显加快，线网密度和便捷度不断优化。例如 2020 年成都新开通有轨交通里程数（217.16 千米）位列全国第一位，按此数据，预期成都市在 2020 年轨道交通运营里程数将达到约 520 千米，在上海、北京之后排在全国第三。这些新增线路就是未来 TOD 发展空间。

　　区域分布上，目前在建及规划地铁的城市多集中在东南沿海一带，西北内陆地区基本空缺，东北地区也仅几个省会城市有地铁规划，全国地铁规划东西分布十分不均衡。

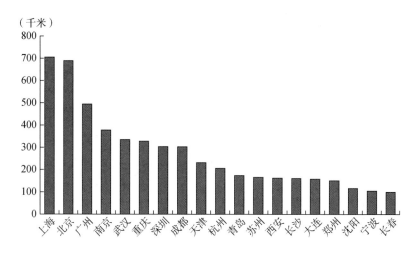

图 6 - 3　各城市轨道交通运营里程

注：数据截至 2020 年 6 月 30 日。

在已开通轨道交通的城市中，有近一半的城市出台了轨道交通 TOD 开发相关政策，越来越多的城市开始重视发展轨道交通 TOD。其中，上海出台的政策相对完善，制定了相应的管理导则；深圳最早提出土地使用权作价出资的政策，创新了轨道交通 TOD 综合开发的土地政策；广州则明确了"轨道 + 物业"开发体系，并在 2017 年出台 TOD 综合开发的实施细则。2017 年下半年以后，成都连续出台了一系列政策，包括划定 TOD 综合开发实施范围、TOD 综合开发工作指引和技术指南、实施办法等，为成都 TOD 综合开发提供了引导和支持。2019 年成都 TOD 进入建设"快车道"，当年共 13 个 TOD 项目获得首期用地。在政策推动、重点城市土地资源日益稀缺、平衡轨道交通建设资金需求等因素的影响下，轨道交通上盖物业综合体开发的步伐持续加快。目前房地产头部企业均在中心城市布局 TOD 商业（见表 6 - 1）。

表 6 – 1　　　　　　　中国主要房地产开发企业国内 TOD 项目

房地产开发企业	代表 TOD 项目
绿地地铁投资发展有限公司	南京地铁 5 号线、金马路站点 TOD 枢纽
深圳市地铁集团有限公司	前海车辆段上盖物业开发项目
华润置地股份有限公司、保利房地产有限公司	南宁万象城、杭州万象城
上实城开（上海）城市建设开发有限公司	莘庄 TODTOWN 天荟
北京市基础设施投资有限公司	北京东坝车辆段、东小营车辆段、新机场线磁各庄车辆段
香港铁路有限公司	香港九龙站、北京 4 号线、港铁深圳
龙湖集团控股有限公司	重庆沙坪坝龙湖光年、成都西宸天街
万科企业股份有限公司	上海万科天空之城、金马路站点 TOD 枢纽
恒基兆业地产有限公司	香港国际金融中心、名人商业大厦
九龙仓集团有限公司	香港时代广场、成都 IFS、海港城
新鸿基地产发展有限公司	香港九龙站、香港国际金融中心、新城市广场、环球贸易广场、创纪之城
恒隆地产有限公司	香港九龙站、港汇恒隆广场

资料来源：《成都 TOD 生态圈研究报告》、中国指数研究院 CREIS 中指数据库。

　　中国地铁发展数据显示，一线城市从地铁线路开通运营到基本建设成熟需要 20—25 年的时间，但随着大城市进入都市圈的发展阶段，这一时间将会被缩短，预估未来 5—10 年大部分新一线城市将进入地铁成熟期，在此周期内，轨道交通建设将带来以 TOD 为载体的区域型商业地产投资机会。据中国指数研究院的相关研究显示，截至 2019 年年末，在建的轨道交通线路共有车站超过 4500 座，规划车站也在 4500 座以上，预计将来共有超过 9000 座车站完成建设，其中每 2 个站点按 1 个 TOD 项目计算，每个项目规划建筑面积约 20 万平方米计算，全国预计共有 9 亿平方米的 TOD 项目规模。

（四）合作开发成为房企参与 TOD 主要途径

1. 与轨交公司合作是房企参与 TOD 的有效途径

房企布局 TOD 开发形式包括与地铁公司合作和独立投资为主。由于 TOD 项目开发复杂、投资大，具备轨道交通专业背景和开发资质的房企仍为少数，并且一些城市将轨道及周边物业的开发权优先给予了轨道交通公司，因此房企与地铁公司合作成为主要开发方式。如上海市政府于 2016 年出台的《关于推进本市轨道交通场站及周边土地综合开发利用的实施意见》提出"原则上由项目所在区政府组织实施轨道交通场站综合开发，鼓励相关企业、轨道交通建设主体单独或联合设立开发主体（以下统称'综合开发主体'）"，"综合开发主体以协议方式取得的建设用地使用权，以自主开发为主，土地使用权不得转让，不得以改变土地使用权人的出资比例、股权结构等方式，变更土地使用权"。上海这一规定确立了轨道交通公司开发主体的地位。深圳通过赋予沿线土地储备权，实行轨道交通建设、运营、资源物业协同发展战略，地价按未建地铁时的地价核定。出让方式采用协议出让、定向招拍挂，或有条件招拍挂等方式，保障轨道交通公司获得开发用地。

对于 TOD 开发项目来说，除了技术问题之外，更需要对政策规划、项目定位、项目经济性等问题进行深入研究分析，而轨道交通建设和运营管理公司一般在房产开发经验和专业人才队伍上会有所欠缺，因此也需要和有实力的地产公司合作进行物业开发。例如香港九龙站上盖物业，港铁作为片区整体开发的主体，引入了四家实力开发商九龙仓、恒隆、永泰控股、新鸿基一起共同开发，地铁上盖物业部分为商业自营，部分为开发商联合开发（如新鸿基、九龙仓等），政府进行股东分红，业态集住宅、办公、购物、娱乐和住宿等功能于一体，成为 TOD 开发模式的典范。

2. TOD 开发需要进行合作模式的创新

房企与地铁公司较为常见的合作模式有三种：项目公司式合

作、股权合作以及收益权合作。

（1）项目公司合作模式

项目公司合作模式，是房企与地铁公司先合作成立项目公司，再进行合作拿地开发。该模式下项目资金来自双方自筹资金，按所占股权比例进行投入。例如2020年7月，万科物业和成都轨道交通集团有限公司联合成立了成都轨道万科物业有限公司，双方分别持股51%和49%，公司注册资本为3000万元。这种合作模式有助于满足拿地条件，同时可以分担拿地成本。

（2）股权合作模式

股权合作模式，是地铁公司拿地后，房企通过收购股权方式获取地铁公司TOD项目的部分权益，参与到开发建设中。2015年，上海申通地铁资产经营管理有限公司与上海轨道交通上盖物业股权投资基金通过合资方式成立项目子公司上海广欣投资发展有限公司，竞得青浦区徐泾镇车辆段上盖地块，即上海万科·天空之城项目。2015年9月，万科通过收购上海广欣投资发展有限公司50%股权以22亿元获取该地块权益，从而参与到开发中。

股权合作模式在国内采用较为广泛，主要是由于地铁公司具备轨道建设相关专业能力和开发经验，在拿地环节更具优势。在该模式下，项目资金在合作前全部来自地铁公司，合作后由双方按股权比例承担。

（3）收益权合作模式

收益权合作模式是项目用地不发生股权转移，房企与地铁公司按照收益权比例进行投资，招标过程中，收益权与BT融资建设招标捆绑进行，典型如深圳红树湾项目。但该模式目前还不成熟，仅是股权合作模式受限情况下的补充创新。

从整个国内实践来看，在轨道交通物业开发的合作模式实践中，股权合作模式是最为成熟的模式。但是轨道交通公司和房企都在积极探索合作模式的创新，例如深圳作为轨道交通物业开发先进城市，在合作模式上做了较多探索，包括入股开发企业、创新BT

模式、代建模式、收益权合作模式、股权合作模式等等。灵活多样的合作模式是未来轨道交通物业开发顺利进行的保障。

二　都市圈发展与商业地产投资趋势

（一）区域布局：拓展中心城市外围潜力发展区域

2019 年 1—6 月，全国 300 城商办用地推出规划建筑面积 1.02 亿平方米，同比下降 13.2%，共成交 0.91 亿平方米，同比下降 5.9%；成交楼面均价为 2179.6 元/平方米，同比下跌 6.6%。平均溢价率为 9.21%，较 2018 年同期提高 0.9 个百分点。但从城市等级看，一线城市量减价升，成交楼面均价上涨显著，市场热度不减。

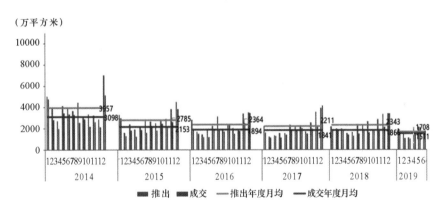

图 6 - 4　2014—2019 年前 6 个月全国 300 城商办用地推出及成交面积

资料来源：CREIS 中指数据、Fang. com、3Fang. com。

中国目前的城镇化正在进入都市圈和城市群的发展过程，人口和资源不断向都市圈和城市群集聚，商业地产代表企业的战略方向也大多聚焦于中国的核心城市群，并在此基础上布局城市群核心区域和潜力发展区域。

借助都市圈产业和人口外溢红利及"消费下沉"的差异化特征，都市圈非中心区域将成为专业化及本土化商业地产企业寻求发展机会的良地。据统计，2019 年万达新开业的 43 座万达广场中，三、四线城市占比超过 70%；截至 2019 年年底，新城控股累计开业的 63 座吾悦广场中，三线及以下城市占比 70%。最具商业地产发展潜力的是发展水平较高的都市圈的周边城市。图 6 - 5 显示，受中心城市杭州与上海影响，2017—2019 年苏州、无锡等周边城市商业地产活力指数排名连续 3 年进入前 20 名，苏州商业地产活力指数增幅最大。

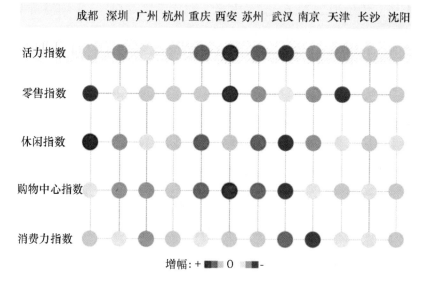

图 6 - 5   2018—2019 年第二梯队城市商业地产活力指数增幅

资料来源：RET 睿意德中国商业地产研究中心。

（二）都市圈内：寻求差异发展机会

在都市圈发展过程中，都市圈市场内部重构加速，呈现高度的圈层分异，各个圈层存在不同的商业地产投资机会。

1. 中心商圈通过更新实现功能升级

一方面，主要都市圈中心城市土地稀缺，可供开发的商业地产空间有限。据戴德梁行报告，2016—2019 年，北京核心区域内购物中心新增供给仅为 51.9 万平方米。另一方面，对中心城市来讲，城市能级的提升也要求商业功能的升级和辐射影响力的增强。如日本主要城市兴起了新一轮的城市更新运动，世界客流量榜单前三位的新宿、涩谷、池袋车站都开启了长达 10 年之久的"筑城"计划，欲将世界级商圈再提档，焕新为"世界级城市综合功能区"。

2004 年《伦敦规划》中首次提出中央活动区（Central Activity Zone，CAZ）概念，希望通过复合功能的构建，弥补传统 CBD 的不足，并且激活区域的经济活力。和 CBD 相比，CAZ 更强调除商务活动以外的文化设施、旅游设施、国际机构及其活动等对于城市中心地区的重要性，因此 CAZ 是 CBD 在功能上的扩展和延伸，同时也是契合人文发展的进步表现。国内一线城市在 CAZ 相关理念的指引下，已经开始进行了积极探索，将城市主中心的 CAZ 定位为全球城市核心功能的重要承载区，推动城市中心区空间优化重组。例如《上海市城市总体规划（2016—2040）（送审稿）》中提出，上海将用 24 年升级 CBD 为 CAZ（CAZ 的特征见表 6 - 2）。

表 6 - 2　　　　　　　　　CAZ 的特征

更多的产业类型	产业涵盖商业、零售、居住、企业办公、休闲、餐饮、社交、娱乐、教育、消费医疗、政府导向服务等，更加强调以人为导向
更高质量的公共空间	以步行为主导的空间和道路是 CAZ 的框架脉络，人们在建筑内外都可以舒适地移动
更长活动覆盖时间	CAZ 的人群活动时间达到 24 小时覆盖

对于存量商业资产的更新，从功能上通过土地的混合利用和建筑空间的功能复合化，促进中心区金融、零售、旅游、文化等功能的多元复合发展。从业态上，通过"重构场景"和"内容升级"，融入高科技、生态健康、共享办公、人性化体验、创新文化与城市场景等元素，提供一种更具有开放价值与张力的办公和商业新生态。

2. 周边区域商圈加速发展

从近几年的新项目布局来看，一线城市商业正在由市中心向外围区域扩展。基础设施及公共交通网络建设将进一步推进城镇化进程，且受限于核心区域可供交易的优质物业较为稀缺影响，开发企业转向选择规划良好、配套完善的非核心区域。如北京市场，2019年下半年至 2020 年北京市购物中心待开业项目主要位于北京近郊区域，其中约 90% 的项目位于四环以外。2018 年上半年，广州非核心区域的交易宗数占全市交易总宗数的比例高达 73.9%。从大的方向来看，头部城市存量商业地产改造和升级日趋增多，新项目的主战场依然聚焦在周边区域。

2020 年 3 月 13 日，国家发改委等 23 个部门联合印发了《关于促进消费扩容提质　加快形成强大国内市场的实施意见》，提出结合区域发展布局打造消费中心，持续推动都市圈建设，不断提升都市圈内公共服务共建共享和基础设施互联互通水平，加快推进成熟商圈上档升级，形成若干区域消费中心。周边区域商圈将迎来更大的发展机会。

3. 社区商业市场潜力巨大

社区商业与"线上线下"结合的零售业态为都市圈周边城市的商业地产商提供投资模式。社区商业与"互联网＋零售"业态的商业地产既可满足迁入产业及流入人口快捷、智能和高质的商业服务需求，也可满足当地居民小量多次的生活消费需求。据《2018 年中国社区商业发展报告》，未来 10 年中国城市化率将达到 67% 左右，将形成 2 万个超新社区，2020 年年末国内社区服务市场规模将达到 13.5 亿元。截至 2018 年中国主要都市圈中心城市社区商业消费占社会消费品零售的 30%—40%，周边城市占比更低，与发达国家 60%—70% 的平均水平相比有很大发展空间。未来，随着周边城市消费力的增长，社区商业为房地产企业创造的收益将不断提高。

表 6 - 3　　　　　　　　　　商业地产企业社区商业开发模式

	产品名称	运营理念及特点
保利商业地产投资管理有限公司	若比邻	全方位链接社区生活，提供满足社区居民需求的一站式生活解决方案
深圳市星河商置集团有限公司	COCO Garden	主要以 1—3 公里范围顾客为目标，为其提供价格相宜产品
远洋集团控股有限公司	未来汇	配套公建项目，满足周边居民休闲购物的社区型配套商业
碧桂园控股有限公司	碧乐时光	融合"办公＋商业＋长租＋艺术"等多种业态及首个自有全品牌生态圈，以快乐就是好时光为主题的家庭亲子休闲中心
	碧乐坊	以构建城市特色商业与主题街区为主，满足家庭型消费群体和社区生活需求，拥有百货超市、大型影院、特色餐饮等业态

资料来源：北京中指信息技术研究院、独角 Mall 公众号。

（三）产品定位：精准定位与运营升级

在精准定位的基础上，企业产品业态和产品空间也正在进入差异化模式。在存量高度竞争的背景下，差异化产品的建设已经成为企业的核心竞争力之一。

1. 写字楼

核心区写字楼需求的持续增长植根于城市辐射能级提升和产业转型升级，金融、科技和先进制造业是该进程的三大推动力。因此从行业上，随着经济结构的不断优化升级，核心区写字楼的专业服务业需求大，金融、TMT 等行业对办公楼的需求有望持续提升。例如从上海 2017 年 10 月至 2018 年 9 月的数据来看，专业服务业成交租赁面积占比 27.9%，排名第一；受各类限制性政策的影响，金融行业发展受挫，租赁面积环比下降 9%，占总租赁面积的 17.9%，排名第二；TMT 行业占比 16.3%，排名第三，制造业占比 16.2%，排名第四（见图 6 - 7）。

未来预计金融行业、TMT 行业、制造业、医疗健康行业、联合办公行业等行业将会大幅推动核心区写字楼市场的需求。写字楼也需要通过功能升级、服务升级满足这些高端产业的办公需求，将科技、绿色、人文、创意等嵌入到办公空间中。部分重点城市，在各类产业、人才的政策利好下，吸引了大量企业落户与投资，将为写字楼增长带来空间。

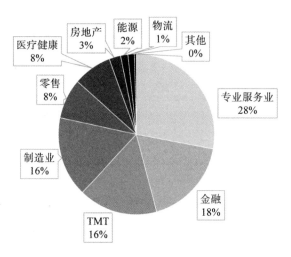

图6-7　上海甲级写字楼按产业成交租赁面积（2017年10月—2018年9月）

资料来源：戴德梁行、《2019大中华区写字楼供应/需求核心趋势报告》。

核心板块趋于饱和，办公用地推出越来越少，新增市场主要在非核心区。例如上海核心区域写字楼市场2018年总存量为742万平方米，新增供应3.5万平方米；非核心板块区总存量为494万平方米，新增供应17.9万平方米。轨道交通的扩展，提升了非核心板块的交通便捷程度，也加快了企业的跨城布局和产业联动。随着非核心板块周边配套设施的发展，这些地区的写字楼对企业的吸引力也大大提升。

2. 酒店

中国酒店行业规模持续增长，根据中国饭店协会发布的2015年至2019年《中国酒店连锁发展与投资系列报告》，中国酒店客房数量从 2015 年的 215.01 万间增长到了 2019 年的 414.97 万间，其间的年均复合增长率为 17.87%（见图 6-8）。

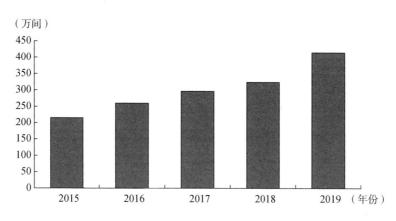

（万间）

图 6-8　中国酒店客房数量情况

资料来源：中国饭店协会。

随着都市圈中心城市产业格局不断优化和升级，产业格局调整中的高价值产业不断在中心城市聚集优化，而将支持型配套型产业功能转移至中心城市周边。对于酒店行业而言，不同区域需对要匹配的产品有一定的需求差异。

核心商圈以及传统历史风貌街区的存量物业升级，将为市场带来更多主题鲜明的个性化产品。人工智能和微智能会广泛地在酒店中运用；随着中产阶级的崛起，对产品、文化与服务的精选将逐渐成为酒店行业下一阶段的发展趋势；在历史风貌区，酒店产品的设计上应更充分挖掘历史文化元素、打造特色主题酒店。

新兴城区和产业园区则需要更多的都市配套增补及升级。根据《2018 年中国中端酒店发展报告》的数据，中端酒店在主要城市（如上海、北京）的保有量已接近饱和，但在三、四线城市中正处于发力状态。随着中心城市去城市化和中心城市周边城市圈的不断扩张，中端酒店在中心城市周边有较大的发展空间。

3. 商业综合体

商业综合体作为一种复合型现代城市商业设施，整合了包括零售、餐饮、娱乐等在内的多种商业功能，在满足日常消费生活的多重需求时，也正在成为城市公共空间的重要组成部分。

（1）消费升级带动商业创新

随着经济转型升级持续发力和新兴技术快速发展，消费已成为驱动经济增长的主要动力。消费规模持续扩大的同时，消费结构也在不断升级，文化娱乐等服务性消费需求大幅增加；个性化服务需求内容越来越广阔，对服务体验、消费场景的要求越来越高。融入体验式场景的购物广场、主题鲜明的开放式商业街区、植入文化旅游IP的主题乐园，以及以人文艺术为主题的商业公园等商业业态，满足了人们对场景体验、文化内容、个性化偏好等方面的需求，成为聚集人气、引领休闲娱乐方式的消费新风口（商业地产代表企业产品线定位见表6-4）。

表6-4　　　　　　　　　　商业地产代表企业产品线定位

	产品线	产品定位与客群
大悦城控股集团股份有限公司	大悦城城市综合体	年轻时尚潮流品位的以购物中心为主体的全服务链城市综合体，目标客群为18—35岁新兴中产阶级
	大悦春风里	温馨时尚惬意品位的区域型商业中心，目标客群为25—45岁一、二线城市年轻及成熟中产阶级
	祥云小镇	全景开放式的休憩型商业街区，国内首家"城市微度假"主题生活小镇，目标客群是25—55岁城市中高产阶级
龙湖商业	天街	区域型购物中心，购物、餐饮、休闲、娱乐等多业态的一站式商业综合体，目标客群是中等收入新兴家庭
	星悦荟	社区生活配套型购物中心，面向中产阶级家庭的综合消费
	家悦荟	中高端家居生活购物中心
华润置地（北京）股份有限公司	万象城城市综合体	一站式消费和体验式消费
	万象汇/五彩城	区域商业中心

	产品线	产品定位与客群
宝龙商业	宝龙一城	（超）高端产品系列
	宝龙城	宝龙广场的升级产品
	宝龙广场	主流社区 Mall 产品

资料来源：作者根据企业年报及企业公开数据、中指研究院综合整理。

在商业地产的发展过程中，消费者最直接能感受到的就是商业业态及产品的不断升级与创新，因此企业要深刻洞察消费升级、技术迭代对商业模式变迁的传导逻辑，把握商业业态更替规律，应对不断产生的新的消费需求，通过精准定位获取目标群体、满足消费需求、打造差异化产品品牌。

（2）TOD 正成为商业综合体的新发展机会

TOD 带来的大量人流以及本身具有的功能复合特征，契合商业综合体的发展需求。商业综合体的成功开发，同样可以反哺轨道的运营，还会成为城市的新地标，参与建设的房企不但能收获经济效益，还可以产生社会效益。国外经典的 TOD 项目，如新加坡Zlonorchard 广场、韩国 D-Cube City、日本涩谷站等都已成为城市地标。

三　商业地产投资风险分析

商业地产投资涉及的层面较广，其投资风险的影响因素较多。主要包括与外部环境相关的宏观经济与政策风险，市场变化带来的空置率风险以及产品的运营风险等。

1. 宏观经济环境和政策风险

2018 年以后，由于受到宏观调控、金融去杠杆和经贸摩擦的影响，房地产市场多面承压。2018 年 3 月，《政府工作报告》提出"房子是用来住的、不是用来炒的"定位后，中央坚持强化金融监管降杠杆，各部委部署房地产市场调控，房地产及金融调控政策密集出台。2018 年中国人民银行、中国银行业监督管理委员会、中国证券监督管理委员会和中国保险监督管理委员会等相关部门共出台 24 个政策文件，涉及银行、信托、券商资管、基金专户、私募基金业务限制管理，直指房地产去杠杆化。商办类项目限购政策的落地实施对商办类产品市场的供求格局产生了重大影响，加大了商办类产品的库存压力。

2. 需求变化带来的空置率风险

目前商业地产市场总体上呈现出供大于求的局面。办公楼与商业营业用房连续销售三年大幅下降，2019 年中国商业营业用房和办公楼销售面积分别为 10172. 87 万平方米和 3722. 76 万平方米，同比分别下降 15. 0% 、14. 7% 。而 2019 年新开工办公楼面积则上涨了 14% （见图 6 - 9、图 6 - 10）。

（万平方米）

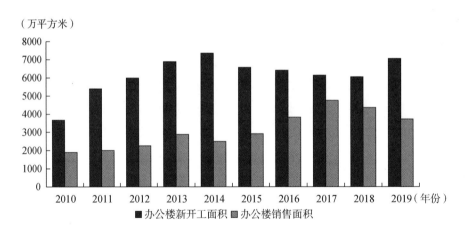

图 6 - 9 办公楼新开工和销售面积

资料来源：国家统计局。

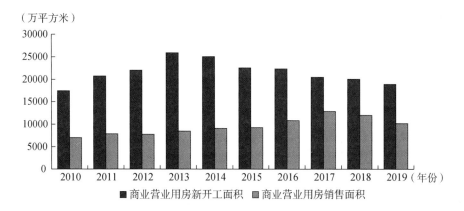

图 6 – 10　商业营业用房新开工和销售面积

资料来源：国家统计局。

商业地产投资规模的不断扩大具有多层面的原因，一方面是商业地产投资与住宅地产投资相比，具有较高的投资回报率；另一方面，受房地产市场"五限"政策等影响，投资者在住宅市场的投资受限，纷纷转向商业地产领域，再加上创新创业政策的导向作用、居民消费能力提升的影响，使得商业地产投资的热度较高。但在需求端，中国经济发展从高速增长进入新常态阶段，科技的发展改变了办公生态，产业和消费的升级带来了对新业态、新内容的需求，这些都对传统的商业地产带来了冲击。结构性的供需失衡导致了高空置率。世邦魏理仕（CBRE）发布数据显示，截至 2019 年年底上海写字楼空置率达到 19.4%。租金则处于持续下行通道，核心商务区甲级写字楼租金自 2017 年以来环比持续下跌，至 2019 年年底下跌至 9.9 元/平方米/天，近几年来首次跌破 10 元。

3. 巨大投资成本带来的财务风险

商业地产投资项目的资金需求量相对较大，但目前融资渠道相对单一，而商业地产回款速度慢，资金流动性较差，在经营管理的过程中一旦发生非常规性活动，极易造成资金链断裂，进而影响项目的投资效用。

　　商业地产投资是一种长期投资，前期需要投入大量的费用，如土地取得费、项目开发费等，这些费用支出短期内难有现实、稳定的收入作为支撑，而主要依靠商业地产企业雄厚的资金实力，这就对商业地产企业的开发和运营提出了新的要求。

　　对于 TOD 项目而言，不仅轨道交通站场周边拆迁补偿安置费用高昂，而且轨道场站、文教卫体等公共设施建设几乎没有收益，唯有通过可售型物业的销售利润和持有型物业的长期经营才能实现投资收益的平衡与资金成本的覆盖。同时，TOD 开发具有一定的超前性，在项目开发前期，客流一般尚处于培育阶段，客流量还不足以支撑商业地产的投资运营成本，需要企业具有一定的资金实力以度过客流的培育期。如果没有大量现金流的沉淀，又缺乏持有物业的长期经营能力，TOD 项目很难做好。

　　4. 产品定位不准带来的市场风险

　　商业地产的运作涉及房地产开发、建筑设计、招商运营、销售策划、经营管理等多个专业化的运作体系，具有极强的专业性。商业地产的成功，是在各个环节较高的专业基础上多元化综合运营的结果。如果开发商对商业地产的市场发展规律、经营规律等不甚了解，造成商业地产在选址、建造、产品类型、规模及营销等环节存在偏差，和市场的需求不匹配，使商业地产投资无法实现获益的持续性，则直接增加了投资的风险。

第 七 章

都市圈发展与城市更新投资机会

随着中国城镇化进程进入中高级阶段，都市圈化已成为空间格局的新特征。世界城市发展的历史经验表明，都市圈内经济和社会活动活跃，各城市间功能互补性强，是所属国家和地区的创新中心和竞争力高地。都市圈内存在一个具有强大辐射带动能力的中心城市，是实现都市圈协同发展的关键。中国都市圈的中心城市要发挥对区域发展的带动作用，乃至参与国际大都市圈的竞争，亟须加强创新要素集聚、提升经济效率、增强高端服务功能，重塑竞争新优势。

都市圈的发展为中心城市转型升级提供了"腾笼"的空间，而城市更新则是中心城市实现"换鸟"的必然选择。通过城市更新，为中心城市注入新内容、新产业、新技术、新动能，是提升土地利用效能、优化城市产业结构、推动城市功能转型升级的重要手段。并且通过更新，中心城市可按经济规律置换和升级产业结构，与周边城市形成有机产业集群，进一步推动都市圈的一体化发展。

一 中心城市崛起是都市圈发展的前提和基础

经济全球化迫使各地区直接面临国际性竞争，竞争更趋激烈。各地区为了增强自己的竞争力，大力加强区域经济一体化发展。其中都市圈是区域经济一体化发展中的推动力量，而都市圈的竞争力强弱很大程度上取决于中心城市的竞争力。没有功能强大的中心城市，就不可能有竞争力强的都市圈或城市群，更不可能有世界级的城市群。

（一）中心城市是都市圈发展的经济引擎

都市圈内存在一个具有强大辐射带动能力的中心城市，是实现都市圈协同发展的关键。以发达国家为代表的成熟都市圈，均以中心城市为经济引擎，带动周边中小城市的经济与人口互动。例如伦敦和东京对国家的 GDP 贡献都超过了 20%（见表 7 - 1）。

表 7 - 1 　　　　　　　　　2018 年都市圈中心城市 GDP 情况

	中心城市	GDP（亿元）	占全国 GDP 比例（%）
纽约都市圈	纽约	71070	5. 03
东京都市圈	东京	70518	20. 56
伦敦都市圈	伦敦	65000	33. 6

中心城市在都市圈的发展中所产生的功能主要包括极化功能、扩散功能和创新功能。

1. 中心城市极化功能提高资源效率

中心城市是社会经济发展到一定阶段而形成的一个增长极。发展初期，在科技进步和规模经济效益的助推下，大量的人口、资源、技术、产业向一些经济条件优越、发展起点较高的地区和城市集聚，这种聚集可以促进资源配置效率的提升，使城市的生产率不断提高，从而形成区域增长极。

2. 中心城市扩散功能带动区域发展

中心城市发展到一定阶段，集聚不经济的压力促使城市向外扩散，通过调整产业结构和产业的重新布局，部分要素和经济活动向外疏散。伴随着产业转移等经济形式的发生，扩散效应大于极化效应，此时经济辐射作用开始显现。在合理的区域利益协调机制下，通过中心城市辐射能力的提高在更大的空间范围内进行资源配置，进而形成以大都市为核心的多层次、网络化、功能互补的城市空间格局，有利于进一步增强中心城市的经济辐射能力。

3. 中心城市创新功能推动经济升级

中心城市的扩散活动随着城市的发展而不断加强，但并不会因此削弱其集聚力量，极化功能为创新功能的实现提供了条件。经济中心城市产业结构自升级能力源于产业技术和组织的创新能力。在扩散过程中，高端要素如人才、技术、信息、知识等进一步向中心集聚，中心城市成为高端要素、创新要素的集聚区，在更高层次上获得更强大的集聚规模效应，创新型经济和服务型经济等新兴经济形态不断涌现，成为促进产业转型升级的动力源。中心城市与其腹地之间通过创新—转移—扩散—再创新的循环往复过程推动城市产业结构不断提升。

例如对中国 367 个城市的常住人口数和专利数进行比较发现，人口越集聚的地方，产生的专利数量就越多，两者呈现出一种非线性的正相关关系。都市圈内部创新活动和创新空间并不是均质分布的，而是呈现由内到外，圈层式递减特征。典型都市圈的高新技术企业主要集中在都市圈核心区，沿着圈层向外，创新企业主体和创新活动逐步递减。如首都都市圈，截至 2018 年，核心区拥有高新技术企业 1.9 万家左右，而都市圈外圈层仅有 1259 家（图 7-1）。

城市扩散功能的发挥也对中心城市提出创新要求，中心城市要在制度、科技等多领域通过不断创新才能使其在向都市圈外围区域产生扩散效应的过程中强化核心区的统治地位。

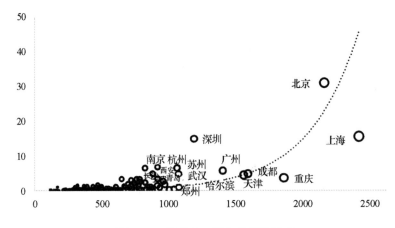

图 7 - 1　常住人口数和专利数关系

资料来源：顾强：《以"创新尖峰 + 产业高地"构筑都市圈经济新未来》，华夏幸福产业研究院，2019 年。

（二）中心城市能级决定了都市圈发展的高度

城市能级是指城市的综合实力及其对该城市以外地区的辐射影响程度。中心城市能级决定了都市圈发展的"天花板"，构筑了都市圈的核心竞争力。

1. 高能级城市更容易孕育新的发展动能

中心城市是区域的政治、经济、文化、医疗、交通等各个领域的中心，各种高端要素都集中在中心城市，在当前经济进入到转型升级新阶段后，中心城市的作用更加突出。高能级的中心城市集聚了各种高端要素，更容易孕育新的发展动能。

2. 高能级城市资源配置效率越高

中心城市能级越高，资源配置的范围就越广，配置效率越高。例如纽约、伦敦、东京这类全球城市的发展，聚集了包括跨国公司总部、全球研发中心在内的全球功能性机构，是全球性的资金、信息、人才、货物、科技等要素流动的重要枢纽节点之一，在全球范围内集聚和辐射资源。

3. 高能级城市辐射带动能力越强

高能级城市形成了强大的发展内核，一方面在区域经济社会发展中发挥引领作用，促进区域协调发展；另一方面还可以推动构建合理分工架构，在都市圈之间通过良性的分工协作形成彼此内嵌的产业链。城市能级越高，科技创新能力越强，在产业发展中处于前端位置，越有助于通过分工效应和扩散效应带动都市圈内中小城市功能的升级。

因此，提升中心城市能级，发挥其在资源整合、新业态孕育、体制机制创新、资源再分配方面的优势，与周边城市和城镇形成互补和错位分工，避免重复建设、资源浪费和恶性竞争，有助于形成更有竞争力的都市圈。

二　城市更新是提升中心城市能级的必然方式

（一）中国都市圈中心城市能级亟待提升

能够带动周边地区有效协同发展的中心城市，应该具备一些基本的条件，例如一定的经济体量。从国内城市发展情况来看，八千亿甚至万亿 GDP 已经是一个基础门槛，在形成如此规模的经济体量之前，无论是从城市决策者的决策意愿来看，还是从产业发展的实际状态来看，都还很难谈得上有外溢的动力，即使是核心主动推进与周边地区的协同发展，集聚效应也多于疏散效应。截至 2019 年，中国 GDP 超万亿的城市达到 17 个，但其中有一些城市是刚迈过万亿的门槛，超 2 万亿元的城市只有上海、北京、深圳、广州和重庆。整体看，东部沿海地区，尤其东南地区发展较早，处于从集聚走向扩散的阶段，而西部地区主要还处于做大中心城市的集聚阶段。2019 年人民论坛测评中心发布了《对 19 个副省级及以上城市的城市能级测评》，北京、上海、深圳和广州为高分组；重庆、杭州、武汉、南京等 11 个城市为中间组；长春、济南、沈阳、哈尔滨 4 个城市能级水平较低。

和纽约、东京、伦敦相比，即使处于最高能级的北京、上海、深圳在经济实力、创新能力等方面仍存在显著差异。北京的人均 GDP 仅为伦敦的 34%，纽约的 21.3%。创新方面，位于墨尔本的商业数据公司 2thinknow 发布的 2019 年全球"创新城市"指数排名显示，北京虽较 2018 年大幅提升 11 个名次，但也仅排在第 26 位；上海排名第 33 位；排名前三的分别为纽约、东京和伦敦（见表 7 - 2）。

表 7 - 2   2019 年国内外主要大城市情况比较

	人口（万人）	GDP（亿元人民币）	人均 GDP（元人民币/人）	人口密度（人/平方公里）
北京	2154	35371	164212	1313
上海	2424	38155	157406	2823
深圳	1303	24222	185894	6522
伦敦	898	43222①	481316	5696
纽约	854	65708	769415	7032
东京	1392	67626	485817	6459

资料来源：作者根据相关资料整理。

在产业层次和发展水平上，中国都市圈中心城市和发达国家相比差距依然巨大。从中美两国对比的情况看，总体上中国人均服务业产值显著低于美国，其中生产性服务业的差距大于生活性服务业。超大城市的科研服务和公共服务两个领域尤其明显，较美国分别接近 22 倍和 33 倍。中心城市要发挥其对区域发展的带动作用，亟须加强创新要素集聚、提升经济密度、增强高端服务功能，重塑

---

① 2018 年为 6532 亿美元，汇率按 6.617 计算。

产业竞争新优势（见图 7 - 2、图 7 - 3）。

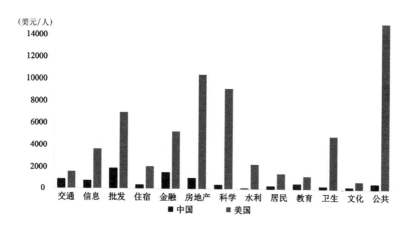

图 7 - 2　中美两国超大城市的人均服务业产值对比

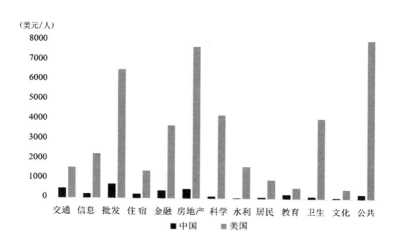

图 7 - 3　中美两国大城市的人均服务业产值对比

资料来源：李惠娟：《城市服务业的规模、结构及其影响因素——基于中美日英四国城市面板数据的实证分析》，《产经评论》2016 年第 3 期。

（二）城市更新推动中心城市能级的提升

城市更新是 20 世纪 90 年代以来最重要的城市战略工具之一。在新的世界竞争格局中，一些国家和地区通过城市更新积极挖掘自身潜力，提高城市竞争力和影响力。目前中国大城市普遍面临着资源紧缺，土地利用低效，公共环境和空间品质需要提升，城市空间结构不适应产业转型升级需求等问题，严重阻碍和约束了城市的进一步发展。因此，亟须通过城市更新实现城市结构优化，人居环境的改善，城市文化的延续，为地区产业升级提供空间，增强城市经济发展动力与发展质量，实现城市能级和竞争力的提升。

通过城市更新提升土地利用效率。在土地约束日益趋紧的情况下，城市更新成为未来城市空间供给的重要途径。通过城市更新对低效率用地实施功能转换、结构升级，开发强度的调整，推动用地产出效率的提升。目前北京、上海的人口密度和单位土地产出都远低于伦敦、纽约等城市，还有很大的潜力空间。

通过城市更新优化城市空间布局。随着中国经济发展和产业升级转型，新的产业不断出现和发展，同时居民的消费需求也在升级，这些变化推动着城市不断进行新陈代谢。反过来城市发展要承载这种新变化，空间结构就要进行相应的调整，以匹配新产业和新消费的需求并促进其持续发展。通过对城市更新项目的用地布局和功能引导，从区域层面统筹规划，将人口、土地、产业、生态环境、基础设施等要素纳入统一的空间系统中，进行用地平衡和综合利用，优化土地功能和空间布局。

通过城市更新推动产业结构升级。城市更新不仅是物质层面的更新，更重要的是引入新产业、新科技和新文化，通过不断迭代升级产业，放大产业外溢效应，提高中心城市的吸引力和凝聚力，把周边地区带动起来。从发达国家城市化的历史经验可以看出，城市更新是大城市保持持续有竞争力和活力的重要手段之一。

通过城市更新促进公共服务供给均衡。通过用地的重新布局和空间的复合利用，增进公共服务供给，丰富各类商业、居住、景观、生态功能的内涵和输出，补齐城市功能短板，促进城乡间、城市不同区域间的公共设施供给均衡。

通过城市更新构建城市宜居环境。城市的环境是否宜居已成为衡量城市竞争力的重要指标之一。伴随新一代产业革命浪潮，产城人三者关系的新变化正在发生——构建宜居城市吸引科技创新人才的聚集，以人才促进产业的升级。城市人居环境的提升，包括自然生态环境、人文生态环境、生产生活环境，都有赖于通过城市更新的方式推进。

三　城市更新在都市圈层的机会

在都市圈发展过程中，都市圈市场内部重构加速，呈现高度的圈层分异，各个圈层会带来不同的投资机会。对中心城市来讲，产业将进一步高端化，科技、研发、金融、文化、创意、会展等高端制造业和现代服务业的聚集和发展，带来对新办公、新商业、新居住的需求。

（一）中央活动区理念指导主城区功能升级

1. 从 CBD 到 CAZ：中心区功能的进阶

随着现代经济的发展和可持续理念的提出，以商务活动为主的传统 CBD 滞后于经济活动多元化的需求。CAZ 作为 CBD 的升级版，在产业层面表现更为多元，除商务以外，居住、旅游、公园、会展等多功能高度聚集，倡议更为开放、包容、活力的国际化空间样态。CBD 向 CAZ 的发展体现了城市规划理念的发展，即从单一功能分区向多功能混合使用，从重视物质建成环境转向强调生活品质，从强调总量增长转向提升生活质量。

从 CBD 向 CAZ 的转型升级，是适应全球化经济的多元发展和城市空间复合使用的需求。一些高能级的中央活动区已经成为国际大都市最重要的核心功能区和战略发展区域。伦敦 CAZ 以全市 1.4% 的面积，拥有全市 75% 的办公面积，贡献全市 55% 的 GDP。纽约曼哈顿则以全市 2% 的面积，拥有全市 55% 的办公面积，贡献全市 40% 的 GDP（见表 7-3）。

表7-3 伦敦、纽约和东京CAZ的比较

	面积	在全市占比	生产总值	在全市占比
伦敦 CAZ	22 平方公里	1.4%	1500 亿英镑	55%
纽约曼哈顿	15 平方公里	2%	3000 亿美元	40%
东京中央区	25 平方公里	3%	3788 亿美元	40%

　　多功能复合共存是中央活动区最主要的特征。通过不同功能的综合布置，保持中心区各类功能的平衡。混合功能使用不仅能够适应多元经济的发展需求，满足产业的紧密联系，满足不同消费者的需求，还能通过功能互动吸引多样的消费者和居住人群，创造城市活力。

　　CAZ 在区域内部还可划分出不同层级，包括全球级 CAZ、全市及区域级的 CAZ、次级社区级 CAZ。

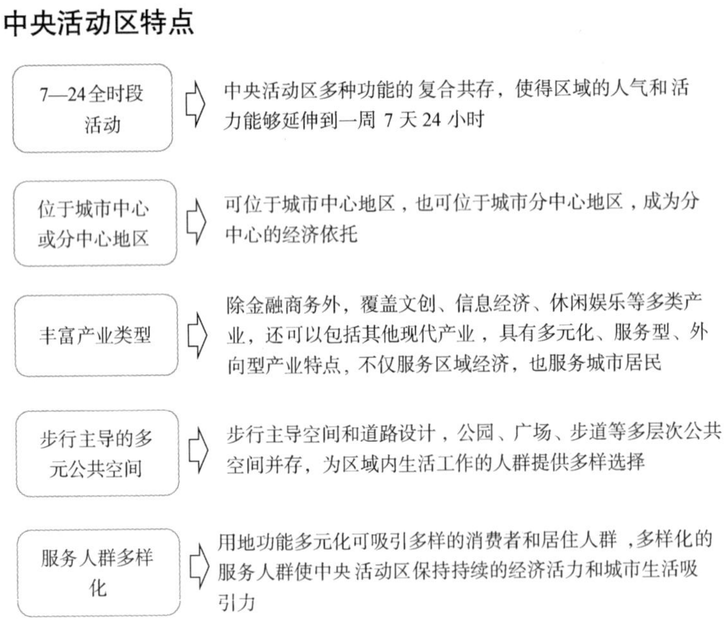

中央活动区特点

图7-4 中央活动区特点

　　资料来源：张庭伟、王兰：《从 CBD 到 CAZ：城市多元经济发展的空间需求与规划》，中国建筑工业出版社 2011 年版。

伦敦 CAZ 战略指在通过规划政策促进金融、零售、旅游和文化功能的复合发展，即打破单一的商务功能，转向更丰富多元的生活空间。CAZ 威斯敏斯特区域在过去的 10 多年中，商业零售、办公、居住、酒店的比例变动很小，政府始终将办公建筑面积比例保持在 50% 以下，居住用地保持在 12%—14%，以确保两者比例在 1：3 至 1：4 之间，维持整个地区的内部活力。同时，由于 CAZ 多样的服务人群与庞大的旅游业，地区一直保持 8% 的酒店与 11% 的商业零售作为整个地区的支撑性服务。预留 20% 的场地空间给其他产业，以保证 CAZ 业态的弹性与多样发展。

在迈向全球城市区域的过程中，芝加哥中心区的职能也在发生演变。从 1909 年《芝加哥规划》中将芝加哥战略定位为工业中心、交通中心，到 1973 年的区域中心定位，再到 2003 年的全球城市，其中心区的职能和发展重点也在不断发生变化。2003 年的《芝加哥 2020 规划》（Chicago 2020）中，将中央活力区作为城市未来发展目标，其发展理念是保持中心区的多样性，致力于创造一个充满活力的中心区。中央活动区成为芝加哥 21 世纪规划的最成功之处，带动了经济的显著增长。从 2010 年到 2017 年，芝加哥中心区工作岗位从 47.9 万增长到 59.4 万，增长率为 23.9%，而同期芝加哥市和都市区工作岗位的增长率分别为 16.6% 和 13.5%。

2002 年《日本都市再生特别措施法》颁布以来，城市更新呈现都市功能复合化趋势，建设了大量具有复合功能的超高层建筑。如东京都心地区更多地出现融住宅、商业、市政（车站）、教育等复合功能的城市综合体。日本 CAZ 的改造除了在城市核心区，交通枢纽周边的再开发也是更新的重点区域。1969 年《城市再开发法》的制定，使日本开始了真正意义上的轨道交通客运枢纽周边地区开发，例如涩谷站是东京都市圈仅次于新宿站的第二大交通枢纽，进入 21 世纪后，涩谷站乘降人数开始下降，同时面临商业空间老化、业态减少等问题。2005 年 12 月涩谷站周边地区被列入都市再生紧急整备地域，再开发计划于 2008 年启动，持续 20 年，分为四期建设，总体再开发面积约928100平方米，5个主要街区容积率将提高3%—6%，主要承载办公、商业、文化、酒店和会议等功能。其中2012年建成开业的涩谷未来之光多元城市综合体，集合东急地铁车站、商业设施、餐饮、剧场、办公等各种功能，堆积形成"立体城市"。涩谷之光开发前是东急文化会馆，年亏损3亿日元，建成综合体后第一年营业额超过190亿日元（原预计180亿日元），来店人数2200万人（原预计目标是1400万人）。

2. CAZ 给中心城区更新带来投资机会

（1）建立多层级的 CAZ 中心

在CAZ理念下，城市各层级中心可通过调整容积率、提供多元化建筑类型、建设便捷的公交网络、提供高品质的公共空间等更新实现功能的升级。按层级，CAZ可分为城市主中心、城市副中心、地区中心和社区中心。大城市可利用发达的交通网络，例如通勤铁路和地铁，建立以全球型的CAZ（主中心）为核心，辐射四周并以区域型（城市副中心）和社区型（社区中心）CAZ为节点的三层发展模式，统筹配置城市职能，提升城市整体功能，更好地发挥中心城市作用，促进都市圈一体化发展。

对于一线城市，城市主中心的CAZ定位应是全球城市核心功能的重要承载区。国内一些大型城市在CAZ相关理念的指导下，已经开始进行了积极探索，推动城市中心区空间优化重组。2016年年底，上海、重庆、深圳三大城市在"十三五"规划中都明确提出将在城市核心区打造CAZ或将CBD改造为CAZ。《上海市城市总体规划（2016—2040）》中首次提出中央活力区概念，拟用24年将CBD升级为CAZ。上海CAZ规划范围约75平方公里，包括小陆家嘴、外滩、人民广场、南京路等区域，作为全球城市核心功能的重要承载区，重点发展金融服务、总部经济、商务办公、文化娱乐、创新创意、旅游观光等功能，加强历史城区内文化遗产和风貌的整体保护。以外滩—陆家嘴地区为核心，进一步集聚国际金融、贸易、航运和总部商务等全球城市功能。

城市副中心是城市空间结构分散化过程中核心区的外延部分，具有疏解或补充核心区的功能，并与之共同构成城市 CAZ 网络系统；是服务一定区域的公共活动中心，可兼顾承载全球城市的功能。成都新南区、重庆巴南区、杭州钱江世纪城等传统 CBD 纷纷提出升级 CAZ 的计划。

地区中心的 CAZ 可结合轨道交通站和枢纽进行设置，主要服务所在地区。例如 1989 年日本建立了立体道路制度以后，建设了大量以地铁站点为核心的城市综合体和高架桥下的商业、公共服务等设施。"基础设施更新 + 城市再开发 + 城市复合功能完善和价值提升"成为城市更新的重要方式。

社区中心级的 CAZ，可围绕打造"15 分钟社区生活圈"进行设置。按照步行 15 分钟可达的空间范围，将社区打造成能满足居民的居住、学习、工作、健身、休闲等多重需求的多功能基本城市空间。

（2）提供和功能匹配的多种业态空间

CAZ 内承载的复合多元化的产业也使得其承担着多种城市功能，例如文化交流功能、旅游观光功能、社区生活服务功能、创意产业服务功能、国际商务服务功能、商业功能等。功能的复合化要求提供相应的产业业态空间。例如商务服务功能需要高端办公场所、国际性会展空间等；科创产业发展需要提供与产业特征相匹配的场所，包括各类孵化器、联合办公空间，打造促进人群交流的公共空间。人才要素是支撑 CAZ 发展的核心要素，除了提供工作机会外，还要通过提供商业购物、文化娱乐设施、居住设施和良好的生态环境，以增强对包括人才在内的各类群体的吸引力。

伦敦 CAZ 除了商务功能外，由不同层次的商业集群组成的具有较大规模和高品质的商业结构，使其成为具有全球吸引力的购物目的地。它包含一系列独一无二的商业中心和混合功能的商业集群，在提供零售购物的基础功能之上，针对不同客群发挥不同作用，横向拓展零售之外的业态和功能，纵向加深消费者的参与感和体验度。以商业为主的夜色经济更帮助伦敦 CAZ 打造城市 7 × 24 小时全天候焕发活力（见表 7 - 4）。

表 7 - 4　　　　　　　　　CAZ 需要的业态类型

功能	业态
商务服务	高端办公场所、国际性会展空间
科创产业	孵化器、联合办公空间、公共空间
商业服务	全球性的购物中心、商贸中心、俱乐部
文化旅游	广场、剧院、音乐厅、美术馆、文化遗产、广场公园
居住	住宅、酒店式公寓、人才公寓、生活服务设施
交通	轨道交通、友好的步行交通系统
能源	低碳、清洁能源

（二）科创产业成为中心城市经济的新动能

城市的科创产业正在从"郊区"重新回归到"都市"，这已经成为一种全球趋势。无论是纽约的硅谷，还是伦敦的东区科技城，无一例外地印证了"科技创新都市化"的新潮流。科技产业是知识密集型产业，无污染、生产效率高，可以为城市带来可持续的竞争力；文化创意产业可以充分彰显地方魅力，集聚创意人群和创意企业，提升城市活力。新经济中的各个产业相互促进，共同助力城市产业走向更高端，人口结构更优化，为城市注入新动能。

1. 科创经济回归都市

随着数字经济崛起，科技创新产业逐渐成为全球城市发展的核心驱动力。2014 年 6 月，美国市长会议主席凯文·约翰逊（Kevin Johnson）在第 82 届市长会议上提出了城市 3.0 的概念：拥有更多的科技产品与城市智能服务，是创新创业和科技的集聚中心。

产城人三者关系的新变化，催生了科创经济向大城市的主城区回流。一方面，新经济地理模式下主城区完备的城市功能吸引科技精英回流，以人群带动科技产业迁移。2018 年，电商巨头亚马逊（Amazon）第二总部选址，就将"位于人口密集的大都会区"列为首要条件。另一方面，老城区更适合构建多元包容的文化氛围，从而更易吸引结构化的创新阶层；主城区丰富的商业与公共服务场景和海量的数据也为科创经济提供了良好的商业应用基础和市场样本。1998 年，英国政府提出建设创新驱动型经济；1999 年，英国城市复兴计划提出"让城市精英阶层重回城市中央"的口号，计划通过发展创新经济，吸引创新人才，改善环境和生活质量获得可持续发展。纽约、旧金山、西雅图、波士顿、柏林等城市的老城区内，都涌现出了科技创新区，科技重新回归到都市中最都市的地方。纽约的科创产业聚集区——"硅巷"（Sillicon lley）距离华尔街只有 1.5 公里。有研究报告也显示，TMT 企业（科技、媒体和通信）成为近年亚洲商业中心区办公空间需求增长的重要驱动。

伦敦科创区新秀——东区科技城，距城市中心金融城只有 1 公里，离新金融城金丝雀码头（Canary Wharf）也不远。从科技创新所需的资本、商业环境、数字基础设施、知识外溢、生活服务等各个角度来说，这里都具有得天独厚的区位优势。以信息产业为代表的创新经济，在就业与经济贡献上逐渐赶上金融、高端商务等行业，成为伦敦经济增长的新驱动力之一。伦敦中心区信息产业增加值占比已接近 25%，伦敦金融城的科技产业办公面积占比更超过 40%，东伦敦科技城更成为全球性的科技产业地标。

2. 科技发展要求重塑空间载体

城市更新往往与产业转型紧密相连、互为依存、互相促进。科创产业不仅给城市的经济带来新的发展引擎，其发展要求的新空间、新业态、新功能、新技术和新生活也在推动着城市的更新，要求城市重塑空间载体。

用地方面，提供弹性包容的空间。在城市总体空间布局上应展现动态的一面，不应局限于土地属性和用地规模界定。弹性规划可保证企业在不同发展阶段获得适应的土地空间及组合式的各类业态。一些城市已经提出了新型产业用地的管理政策。例如广州市 2019 年 3 月发布的《广州市提高工业用地利用效率试行办法》中，在工业用地（M类）中增加新型产业用地（M0），是为适应创新型企业发展和创新人才的空间需求，用于研发、创意、设计、中试、检测、无污染生产等环节及其配套设施的用地。在出让方式上提出了包括弹性年期、先租后让等多种方式，可以进行一定比例的分割转让，满足了成长到一定阶段的企业租赁、购置办公场所、产业用房等固定资产的需求，为创新型企业成长发展提供了低成本的孵化空间。

办公方面，提供多样化的空间形态与功能，满足企业成长的需求。科创产业需要开放创新、共同协作的工作方式，因此需要更密集、灵活、混合的建筑空间。在空间设计上，可分割性、出入口的独立性、资产管理的灵活性等是需要考虑的因素。从业态上，可根据企业需求及产业所处阶段提供众创空间、孵化器、中试平台、生态办公等多元化业态。从功能上，科创空间可以是集研究开发、检验检测、成果推广、创业孵化等功能为一体的产业集群公共服务综合体。从布局上，可以分散化地嵌入全球城市的街区、商务楼、创意园区之中。电子商务的使用信息和通信技术彻底改变了企业的经营方式和容纳这些公司所需的结构设施，与传统办公空间相比，新型办公空间需要提供更多的外部企业服务和技术支持，例如通过5G网络、VR技术、办公协同工具实现虚拟实时会议，随时随地都能进行办公。

公共空间方面，提供创新创业的生产生活环境。高品质科创空间既是产业能力和公共服务平台的主要承载区，也是未来产业生态功能和新市民生活空间的集中展示区。除了提供办公空间外，创新创业环境和具有创意的生活环境的营造和培育也是吸引人才的重要因素。例如东伦敦地区，遍布共享工作空间、孵化器、加速器，和高频次的创业论坛、活动聚会。为了更好地激活创新氛围，孵化器的运营设计强化了公共交流空间的开放性与功能性。丰富的创业活动提供了一个开放地进行信息交流和人脉搭建的平台，为伦敦的创业者们提供了充沛的交流和社交活动。此外，还把区域打造成为融合时尚餐饮、酒吧、画廊等元素，吸引年轻人的时尚体验场，激活老城活力。纽约的《布鲁克林科技三角区战略规划》明确提出要打造调性鲜明的科技界面，使科技更加显而易见。以开放办公地和创新活动场，将室内进行的科技创新体现在城市的公共空间上，以形带神，最终带动创新枢纽的真正形成。

3. 科技创新给产业用地更新带来契机

以新经济为主导的业态对优质产业空间的需求越来越高，但产业发展与城市空间错配问题也愈加突出。一方面，很多优质创新企业、新经济企业发展空间严重不足，亟须寻求匹配产业特征、满足企业需求的空间；另一方面，中心城区不少老旧写字楼和产业园区因无法满足企业发展需求而出现闲置等现象。此外还有重大科技基础设施、工程研究中心、企业技术中心、重点实验室、公共技术服务平台等高能级创新平台，与产业生态圈、产业功能区匹配度耦合度不够等问题。作为实体经济复兴重要承载体和产业创新发展的关键性资源的工业用地，成为城市产业"转型升级"的重要对象。

2015 年和 2016 年，国土资源部先后颁布了《关于支持新产业新业态发展促进大众创业万众创新用地政策的意见》和《产业用地政策实施工作指引》。这两个文件提出，"对于现行国标分类中没有明确定义的新产业、新业态类型，市、县国土资源主管部门可结合现有土地供应政策要求和当地产业发展实际需要，主动商同级城乡规划、产业主管部门提出规划用途的建议意见，促进项目落地"。这些政策文件给全国各地的工业用地创新分类定了基调。一些大城市相继在工业用地转型政策上思考与整合，诞生了以"M0"为首的各式新型产业用地，为工业用地转型提供了有力的依据。新型产业用地在不同地域有不同的名称，例如在广深莞叫 M0，在北京是 M4，在南京是 Mx，在杭州是 M 创。目前明确出台新型产业用地政策的城市已经达到 22 个，大部分是在 2018 年、2019 年这两年发布（占比 62%）（见表 7-5）。

表 7-5   出台新型产业用地政策的城市

政策类型	已出台省市	说明
新型产业用地政策	北京、上海、深圳、广州、南京、温州、东莞、济南、杭州、无锡、昆山、郑州、潍坊、贵阳、惠州、中山、顺德、珠海、台州、绍兴、福州、威海	62% 的城市基本在 2018 年和 2019 年发布

资料来源：佳兆业集团控股战略研究院。

新型产业用地具有开发强度更大、单位产能更强、用地功能更综合、土地出让方式更灵活等特点。一般的工业用地容积率基本在 1.0—2.0 间，普遍不低于 3.0。新型工业用地一般规定容积率在 3.0—5.0 之间，如表 7-6 所示，与商业商务用地相当。也有的城市没有设定容积率的上限，比如杭州的 "M 创" 仅规定容积率不低于 2.0，上不封顶。

表 7-6   各地新型产业用地容积率规定

	土地类型	容积率	说明
深圳	M0	6.0 以下	容积率最高 6.0
东莞	M0	3.0—5.0	设定容积率区间
杭州	M 创	2.0 以上	只设下限，不设上限
南京	Mx	1.5—4.0	主要面向生产研发类企业
惠州	M +	2.5 -	容积率不低于 2.5

新型产业用地的功能由单一向混合利用转变。新型产业用地的规划条件中一般规定可以建设 15% 以上的产业配套，通过生活服务、行政办公等功能来丰富产业功能，深圳的 M0 用地更是可以最多 30% 的配套。这种功能复合的新型产业聚集区，不再仅仅只有生产和办公功能，而是将新产业空间与商业空间、生活空间、交流空间等结合，形成功能复合多元的产业社区。通过为产业配套城市功能、优质环境，形成 "创新产业驱动 + 城市环境激活 + 优质人口导

入"的创新生态系统，更符合"产城人"三者深度融合的需求。

在中国一些大城市，新型产业用地越来越成为工业供地的主要途径。例如 2012—2016 年，深圳市共供应约 785 万平方米工业用地。其中，普通工业用地约 585 万平方米，M0 用地约 200 万平方米，超过了传统工业用地的三分之一。深圳《2019 工改工白皮书》中的数据显示，截至 2018 年 12 月 31 日，深圳市累计已列入计划的工改工项目共计 165 个，占总城市更新项目的 22%。

广州从 2017 年之后城市更新重心向产业的回归偏移，从单纯改善居住环境的阶段向产城融合的新社区演进。在政策上不断加大对旧厂房更新的扶持力度。2017 年"工改工"是以协议方式供地，并按市场评估地价的 40% 计收出让金，而 2019 年新政策实施后，则无须缴纳土地出让金。在移交公益性用地上，2017 年政策规定将不低于项目总用地面积 15% 的用地，用于城市公建配套等公益性建设，建成后需无偿移交政府，2019 年新政策下"工改工"仅需按控规移交公益性用地。

上海一些位于市中心的曾经的产业园区，正在逐步通过土地利用多元、功能混合和产城融合等方式，逐步向创新街区升级，以"创新街区"理念推动城市产业更新。上海城区内尚存的没有保护价值的老旧厂房土地还有相当大的体量，这部分城区将以建设科创园区、科创街区为主要更新选择。长阳创谷是其中具有代表性的更新实践。

长阳创谷位于杨浦区老城长阳路 Campus 科技园，前身是日商建于 1920 年的东华纱厂，2000 年前后工厂停产，厂房闲置多年，直到 2014 年杨浦区启动更新改造工程。改造分三期实施，一期沿街面以咖啡馆和餐饮业态为主；二期引进了启迪之星、优客工场等 10 家众创空间和孵化器；新建的三期，以一家一栋的方式出租给上海流利说信息技术有限公司等细分领域的领军企业。改造过程中，属于中国纺织机械厂的建筑外形和工业元素都得到了保留。2018 年上半年，长阳创谷创造了企业总产值约 35 亿元，平均每平方米的产值达 6 万元，每平方米创造税收达数千元，人均产值达 30 万元。作为城市更新的典型标杆案例，长阳创谷既推动了新旧动能转换，又实现了文化价值的延续。

（三）智能化为老旧小区更新赋能

老旧小区改造是一项庞大的民生工程，无论中央还是地方均出台了多项政策加以引导，旨在给众多老旧小区带来生活环境的改善，解决根深蒂固的老旧小区难题。据统计全国 2000 年以前建成的老旧小区近 176 万个，建筑面积约为 40 亿平方米，涉及居民超过 4200 万户。国务院参事仇保兴曾指出，据初步估算中国城镇需综合改造的老旧小区投资总额可高达 40000 亿元。

根据住房和城乡建设部信息，初步将老旧小区的改造内容分为：基础类改造、完善类改造和提升类改造。基础类主要包括与居民生活直接相关的水、电、气、路等市政基础设施的维修完善等；提升类的基础设施包括小区电梯、停车场、活动室、物业用房等公共活动场地；完善类设施包括社区的养老、抚幼、文化室、医疗、助餐、家政、快递、便民、便利店等设施。

在此基础上，"新基建"引领的新一轮科技革命和产业变革的深入，进一步提升了老旧小区的功能转型升级。物联网技术的颠覆式发展，已经深入到人们的日常生活中，老旧小区改造的内容除了配套各类设施升级这一基本要求外，更要利用科技手段，通过打造人本化、信息化、智能化的社区为老旧小区更新赋能。

1. 建筑智能化改造建设低碳社区

将智能化技术和高科技的节能环保技术融入建筑的改造和建设中。建筑智能化改造是利用信息通信技术、互联网技术、物联网技术、监控技术等，通过对建筑和建筑设备的自动检测与优化控制、信息资源的优化管理，实现对建筑物的智能控制与管理，使智能建筑具有安全、舒适、高效和环保的特点。智能化系统在建筑实际运用中包含许多子系统，如家庭能源管理系统、室内环境智能调控系统、用水监控系统、智能安全防范系统、家具智能化系统、信息网络系统等。

2. 互联网技术构建智慧社区

智慧社区是运用新一代信息技术，融合多种网络资源，覆盖智能建筑、智能家居、视频监控、健康医疗、物业管理、数字生活、能耗管理等诸多领域，融合构建社区的人文、生活、经济环境，形成基于海量信息和智能处理的新型社区管理模式，以及面向未来的全新社区形态。智慧社区是一种新的社区运营形态，核心是利用前沿科技为社区居民提供一个安全、便利的生活环境。智慧社区包括：智慧物业、智慧家居、智慧养老和智慧商圈。

首先，智慧物业是利用大数据、物联网等先进信息技术手段，通过集成统一的数据平台对社区进行运营管理。例如：停车场管理、闭路监控管理、门禁系统、智能消费、电梯管理、保安巡逻、远程抄表，自动喷淋等相关社区物业的智能化管理。

其次，智慧家居是以住宅为平台，兼备建筑、网络通信、信息家电、设备自动化，集系统、结构、服务、管理为一体的高效、舒适、安全、便利、环保的居住环境。5G 的到来将打破各个智慧应用家居之间的阻隔，促进各项智能家居形成集成模式，实现家居产品之间能够互联互通，打破信息孤岛，真正实现全屋智能。

再次，智慧养老是利用面向居家老人、社区及养老机构的信息平台，并在此基础上提供实时、快捷、高效、智能化的养老服务。包括涉及安全看护、健康管理、生活照料、休闲娱乐、亲情关爱、医疗服务等多个方面的服务。

最后，智慧商圈是以社区范围内的居民为服务对象，以便民、利民、满足和促进居民综合消费为目标，涵盖社区居民必需的百货、便民市场、餐饮、服务配套、美容、服饰精品、生活家居、休闲娱乐等基本业态，提供一体化社区生活完整解决方案，以数字服务为商业赋能。智慧商圈服务融合了电商、个人消费及互联网服务等多种消费方式，通过打造城市生活圈社区智能生活服务平台，不断满足社区居民基本需求。

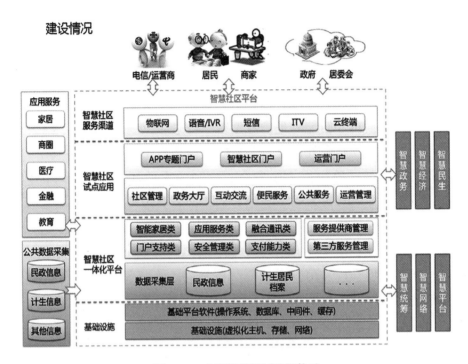

图7-5   上海智慧社区建设体系

四   城市更新在不同都市圈机会的差异

都市圈尤其是中心城市，其城市职能、战略定位以及所处发展阶段、发展水平不同，城市更新的重点也有所差别。

1. 成熟型都市圈：以提升中心城市国际竞争力为导向的城市更新

根据本书的测算，长三角、珠三角都市连绵区和首都都市圈的发展水平位于第一梯队，属于成熟型都市圈，都市圈发展水平、中心城市贡献度、联系强度和同城化程度都比较高，各类基础设施也已经较为完善，中心城市聚集了高端制造和高端服务业。近年来，北京和上海大力控制人口规模，中心城市人口净流出、周边城市净流入；其中上海都市圈近4年中心城市年均人口净流出0.6万，但周边城市年均净流入规模达25万。

成熟型都市圈的中心城市往往定位于国际化大都市，承担着带动都市圈参与全球竞争和国际分工的功能。例如北京定位打造"四个中心"：全国政治中心、文化中心、国际交往中心和科技创新中心。上海城市定位为国际经济、金融、贸易、航运、科技创新中心和文化大都市，国家历史文化名城，卓越的全球城市，具有世界影响力的社会主义现代化国际大都市。对于成熟型都市圈来说，城市更新的重点是补中心城市国际化短板，提升国际竞争力。

首先，提升商务中心区国际化程度。通过土地的混合利用和建筑空间功能的复合化，促进中心区金融、零售、旅游、文化等功能的多元复合发展。着眼未来生活和未来办公，对商业生活空间和办公空间进行复合空间改造，融入高科技、生态健康、共享办公、人性化体验、创新文化与城市场景等元素，提供一种更具有开放价值与张力的办公和商业新生态。环境上从重视物质建成环境转向强调生活品质，提供多层次的公共空间和丰富的文化休闲活动。例如《东京2040》中将中心地区规划为集合了新锐设计、信息科技、历史文化、休闲娱乐等复合功能的国际性商务活动中心（见图7-6）。

①最尖端的金融商务办公室	⑧预留的连续绿色景观空间
②成为休闲放松场所的路边露天咖啡馆	⑨具有较高历史价值的建筑物
③提供符合需求的新闻信息的数字标牌	⑩利用投影映射的广告
④与人行道一体化设计的公共空地	⑪附设在办公大楼里的育儿设施
⑤多国投资者与业务人员的交流	⑫让观光客欣赏的路边文娱活动
⑥利用道路上空配置行人通行平台的建筑物	⑬零 CO_2 排放的燃料电池公共汽车
⑦安全舒适的自动驾驶汽车	⑭在人行道之上改造的高架道路

图7-6　《东京2040》对中心区的规划

资料来源：cityif：《〈东京2040〉系列解读之三：东京都市圈建设——为交流、合作、挑战而生的都市圈》，2019。

其次，促进创新型产业的发展。一线城市经过数十年的发展后，产业结构持续升级，第三产业占比早已超过60%，金融业、互联网等已成为主导产业，早先建成的各类存量物业，有相当一部分与城市产业结构不相匹配，通过对工业用地和物业的改造，为创新型产业空间供给，将传统旧工业用地升级改造为新型产业用地、人才安居房和保障房、配套商服、生活居住为一体的产城融合中心区。

最后，老旧小区更新。北京、上海、广州三个一线城市的2000年之前的老旧小区占比在30%以上。老旧小区改造的内容除了配套各类设施升级基本要求外，更要利用科技手段和人文理念为老旧小区更新赋能。

2. 成长型都市圈：以提升中心城市辐射力为导向的城市更新

成长型都市圈的区域经济发展水平较高，中心城市的经济和人口高度聚集，但和聚集效应相比，外溢效应较弱，对周围的辐射带动作用不充分，都市圈同城化发展程度低。常表现为"一城独大"，对周边城市虹吸效应过强，周围城镇的发展程度较低。如武汉都市圈除武汉外的八市经济总量仅为武汉市的一半，成都都市圈除成都外的三市经济总量只有成都市的三分之一。济南、石家庄、青岛等发展型都市圈，中心城市人口净流入但都市圈整体净流出，反映这些都市圈中除中心城市外，周边地区对人口吸引力不足，向都市圈外流出。

成长型都市圈城市更新的重点是增强中心城市的辐射带动作用，一是优化城市空间结构，完善各类用地布局。对城市更新项目的用地布局和功能引导，从区域层面统筹规划，将人口、土地、产业、生态环境、基础设施等要素纳入统一的空间系统中，进行用地平衡和综合利用。二是推动城市的产业升级，打造优质科技产业创新空间，建设生产制造、研发设计与中试、科技服务及企业总部等不同类型产业空间，充分利用本地智力资源优势，吸引高科技产业的进入和聚集。三是在城市中心区、交通枢纽等区域推行土地功能混合利用，引导土地利用从单一功能向综合功能转型；充分利用垂直空间，进行公交导向的土地开发等多种方式，促进土地的集约利用。

3. 培育型都市圈：以完善中心城市功能为导向的城市更新

培育型都市圈的区域经济发展水平较低，中心城市发展能级不高，辐射能力较弱。如太原、银川、西宁等都市圈经济体量偏小，仍处于要素集聚阶段。这些都市圈主要位于中国西部地区和东北地区。

培育型都市圈的中心城市产业结构有待改善，第三产业发展不足，占比偏低。例如 2019 年银川市三次产业结构比例为 3.4：43.7：52.9，而广州市的三次产业结构比例为 1.1：24.3：71.6。第二产业构成中，也以重工业为主，包括传统制造业和能源等高耗能产业。高技术产业发展滞后，创新能力薄弱。城市建设上，基础设施和公共服务设施缺口大，历史欠账多，设施落后。培育型都市圈中心城市和都市圈吸引力不足。据统计，近 4 年长春、乌鲁木齐都市圈的中心城市和周边城市人口均为净流出。

总体上看，培育型都市圈城市更新的首要任务是强化中心城市的综合实力，补足城市功能短板，优化城市生态环境，提升城市品质。主要更新内容包括城中村改造、棚户区改造、保障房建设、基础设施和公共服务设施的完善、生态环境改善、传统文化的保护和功能活化，以及旧厂房土地的盘活等。

第 八 章

都市圈发展与产业地产投资

城市产业分工协作是发展现代化都市圈的重要内容，产业、人口和交通一体化促使都市圈中心城市产业升级，同时中心城市产业向周边城市转移，给都市圈产业地产带来了不同的投资机会。

一　都市圈产业地产投资现状

近年来，住宅投资受"房住不炒"定位及限购政策限制，商业地产投资调控收紧，产业地产成为投资热点。

（一）经济发达地区的产业地产更集聚和多样化

1. 众创空间和孵化器集中于创新创业活跃地区

广义上，产业地产包括众创空间、孵化器、产业园区、产业小镇、产业新城五类。众创空间属于集约型产业地产，面积平均不足5000平方米，采用灵活的租约形式向初创企业提供联合办公场所，主要集中于创新创业活跃的东部地区。图8-1显示，广东、江苏、浙江三省众创空间数超过600个，重庆、上海、天津、北京四个直辖市数量合计665个。孵化器面积通常在500—20000平方米，不仅提供物理空间和基础设施，而且为新创办的科技型中小企业提供融资、路演、技术、运营、上市等一系列服务支持，降低创业风险和成本，促进科技成果转化，因孵化器依赖资本和技术，主要集中在珠三角和长三角都市连绵区等成熟型都市圈。

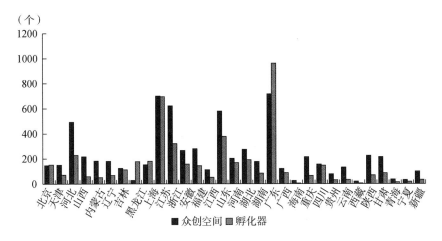

图 8 - 1　2018 年众创空间及孵化器区位分布

资料来源：《2019 中国科技统计年鉴》。

2. 高质量产业园区主要分布在都市圈中心城市

产业园区以产业发展为核心，由政府统一规划，园区管委会或运营商统一管理，面积通常在 30—1500 亩，允许 15% 左右的配套建设，给予进驻企业一定的优惠政策和软硬件服务。高质量产业园区主要分布在都市圈中心城市。根据同济大学发展研究院发布的《2018 中国产业园区持续发展 100 强榜单》，分布在四大都市圈的百强产业园共 47 个，其中 20 个位于中心城市。首都都市圈中心城市的产业园区排名最高，平均第 10 名，珠三角、长三角都市连绵区和成渝都市圈中心城市的产业园区平均排名分别为第 17 名、第 26 名和第 44 名，珠三角、长三角都市连绵区和首都都市圈周边城市的产业园区平均排名分别为第 52 名、第 54 名和第 79 名（见表 8 - 1）。

表 8 - 1   2018 年四大都市圈百强产业园区分布

	所在城市	数量	中心城市平均排名	周边城市平均排名
首都都市圈	北京、天津	各2个	10	79
(6个)	廊坊、保定	各1个		
长三角都市圈	上海、南京、宁波	各3个	26	54
	苏州	6个		
(29个)	杭州、合肥、无锡、常州、芜湖	各2个		
	嘉兴、南通、泰州、扬州	各1个		
珠三角都市连绵区（9个）	广州、惠州	各2个	17	52
	深圳、东莞、佛山、中山、珠海	各1个		
成渝都市圈	成都	2个	44	—
(3个)	重庆	1个		

资料来源:《2018 中国产业园区持续发展蓝皮书》。

3. 产业小镇推进都市圈城乡融合发展

国家推动城乡融合政策为产业小镇在都市圈内部的发展建设提供了空间。2019 年 4 月，中共中央、国务院发布的《关于建立健全城乡融合发展体制机制和政策体系的意见》提出要搭建城乡产业协同发展平台，把特色小镇作为城乡要素融合的重要载体，打造集聚特色产业的创新创业生态圈。产业小镇基于原有乡镇，依靠资源禀赋、区位优势聚焦特定产业，配备一定城市功能的特色小镇，面积通常在 1—3 平方公里。方叶林等（2019）对全国前两批 403 个特色小镇研究发现，产业小镇具有集聚、沿线、围城、靠景、依托经济的特征，目前在首都都市圈、长三角都市连绵区、珠三角都市连绵区、成都都市圈、重庆都市圈及中原都市圈形成五大特色小镇聚集区。

都市圈时代，特色小镇作为城乡融合发展的重要突破口，以产业集聚和产业链延伸的形式与中心城市形成产业生态布局，成为都市圈空间层次构建中不可或缺的一层，在城乡融合发展中发挥重要作用。

4. 产业新城是都市圈外圈层区域经济转型升级的引擎

产业新城面积通常在 10 平方公里以上，具有完整的产业链和完善的城市功能。当中心城市的发展达到或趋于饱和时，便会形成功能、资源外溢，需要其周边有集城市、生产、生活功能于一体的载体承接产业、资源及外溢人口等。中心城市的发展和产业升级为产业新城的形成提供了条件。因此产业新城的形成和中心城市能级密切相关，城市能级越高，溢出效应越强，需要有载体承接其产业、人才等资源。从实践案例来看，中国产业新城项目布局主要集中在京津冀、长江经济带和珠三角。例如华夏幸福是国内比较有代表性的产业新城开发运营企业，截至目前，已围绕京津冀、长三角、粤港澳、郑州、武汉、合肥等 15 个核心都市圈布局了产业新城。

（二）都市圈中心城市和周边产业用地交易出现明显分化

根据区域经济学的"中心—边缘"增长理论，都市圈产业分工和产业转移使工业仓储用地交易呈中心城市量小价高、周边城市量大价低的格局。2015—2019 年，首都都市圈、长三角和珠三角都市连绵区工业仓储用地交易面积呈增长趋势，周边城市涨幅较大，中心城市涨幅较小（见图 8-2、图 8-3、图 8-4）。京津冀一体化及"疏解非首都功能"政策出台后，2017 年周边城市工业仓储用地交易面积大幅提升，中心城市工业仓储用地交易面积相对平稳，地面和楼面均价显著高于周边城市。首都都市圈中心城市和周边城市发展差异大于珠三角及长三角都市连绵区之间的差异，反映在工业仓储用地上，中心城市和周边工业仓储用地价差也大于珠三角及长三角都市连绵区的地价差。

图 8 - 2　2015—2019 年首都都市圈工业仓储用地交易变动趋势

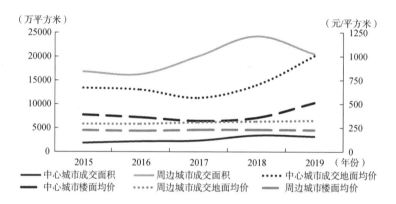

图 8 - 3　2015—2019 年长三角都市连绵区工业仓储用地交易变动趋势

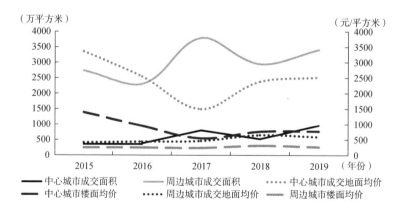

图 8 - 4　2015—2019 年珠三角都市连绵区工业仓储用地交易变动趋势

资料来源：国家信息中心宏观经济与房地产数据库。

在都市圈产业分工和协同发展政策下，中心城市产业向周边城市转移，中心城市工业用地减少，周边城市工业用地增加。表 8-2 显示，2012—2019 年头部房地产企业在四大都市圈中心城市仅获得 37 宗工业仓储用地，天津全部 11 宗工业仓储用地取得及成都全部 7 宗工业仓储用地取得分布在周边城市。中心城市的产业地产则向产城一体的产业新城升级。依托深圳市"十二五"12 个战略新兴产业基地建设规划，2013 年万科取得深圳南山区留仙洞总部基地 394043.8 平方米工业仓储用地，是 2012—2019 年东部房地产企业工业仓储用地统计中拿地面积最大的一宗，总建筑面积 1335808.5 平方米，涵盖公寓、产业、商业、酒店等多个业态，目前已成为深圳市生活化的产业新城。

表 8-2　　　　2012—2019 年头部房地产企业工业仓储用地统计

	企业	城市	区县	年份	拿地面积（平方米）	规划面积（平方米）	地面均价	楼面均价
首都都市圈	中粮地产股份有限公司	北京	房山区	2014	165034	247551	793.65	529.1
	新华联文化旅游发展股份有限公司	北京	顺义区	2012	4186.92	3349.54	1320.28	1650.35
	珠海华发实业股份有限公司	天津	塘沽区	2019	38397.1	57595.65	8360.01	5573.34
	绿地控股集团股份有限公司	天津	北辰区	2019	40360.5	80721	584.23	292.12
	绿地集团	天津	北辰区	2019	96686.5	241716.25	587.05	234.82
	保利地产	天津	宝坻	2015	100002	80001.6	209	261.24
	保利地产	天津	滨海新区	2015	12004.2	18006.3	308.23	205.48
	旭辉控股集团	天津	滨海新区	2012	168538.3	168538.3	326.34	326.34
	万科	天津	宝坻区	2012	53333.2	42666.56	219.38	274.22
	旭辉控股集团	天津	滨海新区	2012	165785.5	165785.5	326.33	326.33
	旭辉控股集团	天津	滨海新区	2012	96514.4	96514.4	326.38	326.38
	万达集团	天津	滨海新区	2012	49295	73942	302.06	201.37
	中国铁建	天津	滨海新区	2012	18201.5	18201.5	324.15	324.15

都市圈	企业	城市	区县	年份	拿地面积（平方米）	规划面积（平方米）	地面均价	楼面均价
长三角都市连绵区	华夏幸福	南京	浦口区	2013	13644.7	20467.05	348.12	232.08
	金地集团	杭州	拱墅区	2019	46488	148761.6	4506.11	1408.16
	招商蛇口	杭州	拱墅区	2019	33009	99027	4503.01	1501
	万科	杭州	拱墅区	2018	15925	36627.5	5250.24	2282.71
	保利地产	杭州	富阳市	2014	53421	58763.1	462.36	420.33
	保利地产	杭州	富阳市	2013	36320	72640	462.28	231.14
	中粮地产	杭州	江干区	2013	50482	111060.4	482.35	219.25
	保利地产	杭州	富阳市	2012	60058	60058	462.05	462.05
	华夏幸福	合肥	长丰县	2019	23250	23250	159	159
珠三角都市连绵区	中粮地产	广州	番禺区	2013	101861	203722	961.02	480.51
	碧桂园	深圳	龙岗区	2018	18000.22	86401.06	10166.54	2118.03
	万科	深圳	南山区	2013	394043.8	1335808.5	13701.52	4041.75
成渝都市圈	金科股份	重庆	北碚区	2018	35118.6	70237.2	402.07	201.03
	金科股份	重庆	北碚区	2017	105134	210268	402.06	201.03
	龙湖地产	重庆	渝北区	2016	80017	160034	252.07	126.04
	万达集团	重庆	涪陵区	2012	270965.75	189676.03	195.04	278.63
	华夏幸福	成都	蒲江县	2018	7317.96	7317.96	96	96
	恒大集团	成都	新都区	2013	23277.92	23277.92	314.85	314.85
	融创中国	成都	青白江区	2012	107166.45	75016.52	405	578.57
	融创中国	成都	青白江区	2012	108000.07	75600.05	405	578.57
	融创中国	成都	青白江区	2012	93490.05	65443.04	405	578.57
	融创中国	成都	青白江区	2012	126165.4	88315.78	405	578.57
	融创中国	成都	青白江区	2012	72668.53	50867.97	240	342.86

资料来源：国家信息中心宏观经济与房地产数据库。

（三）产业发展服务成为产业地产重要利润来源

产业地产盈利模式主要包括物业销售、物业租赁、增值服务、产业投资四种，产业地产具有开发周期长、投资回收期长的特点。以产业地产投资具有经验的华夏幸福为例，看产业地产投资回报。

案例1　"产业新城运营商"华夏幸福——产业地产投资回报

自 2002 年投资固安产业新城开始，华夏幸福坚持核心都市圈战略，致力发展"产业新城"。房地产开发和产业发展服务是华夏幸福的两大核心业务。产业发展服务是产业新城业务的核心组成部分，包括产业定位、产业规划、城市规划、招商引资、投资服务、产业升级等服务。表 8－3 显示，2018—2019 年华夏幸福房地产开发占营业收入比重超过 60%，产业发展服务占营业收入比重小于30%，但后者营业成本低，毛利率高达 80% 左右，是房地产开发业务毛利率的 2.6 倍，占企业利润比重超过 50%。

表 8－3　　　　　　　**2018—2019 年华夏幸福盈利分析**

	年度	营业收入（亿元）	收入比例（%）	营业成本（亿元）	成本比例（%）	毛利率（%）	利润比例（%）
房地产开发	2018	515.47	61.80	362.25	74.36	29.73	44.17
	2019	667.44	63.75	447.95	76.16	32.89	47.84
产业发展服务	2018	238.92	28.65	54.18	11.12	77.32	53.26
	2019	274.05	26.18	42.13	7.16	84.63	50.55

资料来源：《华夏幸福年度报告》。

华夏幸福业务主要分布在首都、杭州、南京、郑州、合肥、武汉都市圈，首都都市圈营业收入占比最大、毛利率最低，郑州都市圈营业收入毛利率最高，年均达 82.87%，合肥都市圈和武汉都市圈的营业收入增长最快，增速达 4 倍以上（见表 8－4）。

表 8－4　　　　　　　**2018—2019 年华夏幸福盈利在都市圈的分布**

	年度	营业收入（亿元）	收入比例（%）	营业成本（亿元）	成本比例（%）	毛利率（%）	利润比例（%）
首都都市圈	2018	576.98	69.18	367.89	75.52	36.24	60.28
	2019	579.79	55.38	345.11	58.67	40.48	51.15

续表

	年度	营业收入（亿元）	收入比例（%）	营业成本（亿元）	成本比例（%）	毛利率（%）	利润比例（%）
杭州都市圈	2018	88.06	10.56	43.03	8.83	51.13	12.98
	2019	163.57	15.62	66.64	11.33	59.26	21.13
南京都市圈	2018	68.03	8.16	31.6	6.49	53.55	10.50
	2019	114.59	10.94	84.27	14.33	26.46	6.61
郑州都市圈	2018	24.63	2.95	1.32	0.27	94.66	6.72
	2019	48.53	4.63	14.04	2.39	71.07	7.52
合肥都市圈	2018	9.47	1.14	4.41	0.91	53.43	1.46
	2019	45.61	4.36	18.69	3.18	59.03	5.87
武汉都市圈	2018	10.34	1.24	7.92	1.63	23.41	0.70
	2019	42.71	4.08	20.71	3.52	51.52	4.80

资料来源：《华夏幸福年度报告》。

二 都市圈产业一体化与产业地产投资

（一）都市圈产业结构调整促进产业地产同步升级

都市圈发展阶段决定都市圈产业结构调整。都市圈形成后，产业结构开始调整，中心城市由制造业中心逐步向服务业中心转变，第一、第二产业占比不断下降，第三产业占比不断上升，生产性服务业将成为中心城市支柱产业，为都市圈经济发展提供服务功能。产业地产作为实体经济的重要载体，将与产业结构保持同步升级。近年来，为实现都市圈高质量发展以及区域经济转型升级，中央和地方政府出台一系列区域产业协调发展政策，不断提高区域经济集聚度和政策协同效率，深入推进都市圈产业结构调整。例如长三角都市连绵区作为中国经济发展最活跃、开放程度最高、创新能力最强的重点区域，在国家现代化建设和全方位开放格局中具有举足轻重的战略地位。2010—2019 年上海都市圈第二产业占 GDP 比重从 42.05%下降到 26.99%，第三产业占 GDP 比重从 57.28%上升到

72.74%，第三产业增幅显著高于周边城市。与产业结构调整同步，中心城市产业地产也由产业园区向多功能的产业新城转变。

（二）产业转移为周边地区创造投资机会

产业结构调整促进产业分工及产业转移。国家发改委《关于培育发展现代化都市圈的指导意见》中提出，到2022年阻碍都市圈生产要素自由流动的行政壁垒和体制机制障碍基本消除。长三角、珠三角都市连绵区先后发布《长江三角洲区域一体化发展规划纲要》和《广东省开发区总体发展规划（2020—2035年）》，提出围绕中心城市，周边城市各扬所长，加强跨区域协调互动，提升都市圈一体化水平，中心城市疏解非核心功能，实现产业升级，周边城市根据地理区位及产业基础，承接产业转移、提升传统优势产业。长三角和珠三角都市连绵区产业协同发展战略及城市产业定位较为清晰，表现为中心城市中心城区优先发展高端生产性服务业和高附加值产业，中心城市城郊和相邻周边城市承接和发展先进制造业，较远周边城市承接一般制造业及发展农业或生态文旅产业。

都市圈中心城市溢出效应不仅为周边城市产业发展带来新机会，而且为周边地区产业地产投资提供新机会。都市圈周边城市产业地产主要服务于中心城市外迁产业，产业地产运营商应立足主导产业类型规划园区、提供服务，同时利用周边地区地理空间优势，配建居住、商业、教育等生活设施，全面提升周边城市产业地产吸引力和竞争力。

案例2　松湖智谷产业园——深圳都市圈周边城市产业外迁承接地

根据《广深科技创新走廊规划》《广东省战略性新兴产业发展"十三五"规划》《广东省智能制造发展规划（2015—2025年）》及《广东省先进制造业发展"十三五"规划》，东莞市作为粤港澳大湾区和广深科技创新走廊的重要节点，根据自身产业基础及比较优势，承接深圳及广州优势产业。

　　松湖智谷产业园位于东莞市创新产业带，由东莞高盛集团有限公司及广东信鸿产业集团有限公司合作开发运营，总投资约 159 亿元，规划占地面积约 1500 亩，总建筑面积 180 万平方米，是以高端电子信息、智能装备、大数据为主的东莞制造 2025 示范产业园。截至 2020 年 8 月底，依托松山湖高新区的强大产业聚集效应，松湖智谷已签约进驻 160 家企业。其中，70% 的企业来自深圳外迁、2% 为广州外迁、24% 为东莞本土企业。预计 2024 年园区企业总产值可达 80 亿元，税收 6 亿元。

　　在产业服务及生活服务方面，园区集超甲级产业大厦、产业研发中心、创新科技展厅、高端生产体验、智能餐厅、商务酒店、人才公寓、生活商超、巨幕影院等产业及生活配套于一体。

　　为形成产业聚集和产业链，实现规模经济和范围经济，都市圈中心城市和周边城市产业地产投资聚焦主导产业横向一体化和纵向一体化。主导产业横向一体化是由龙头企业和大中小企业聚集在一个或几个主题型产业园区，共享知识，促进技术进步，实现规模经济，推动产业发展，如张江高科产业园区。主导产业纵向一体化是以主导产业为核心向产业链上下游发展，将供应链企业汇聚在同一产业策源地，通常"以大带小"簇生多个产业园区，上下游产业园区相互聚集，节省产业链中间成本，提高产业链生产效率，如东莞松山湖高新区。横向和纵向一体化产业地产能够提高企业及人才吸引力，实现以产促城、产城融合发展目标。

（三）物流一体化促进产业地产投资

　　物流业是融合运输业、仓储业、货代业、信息业的复合型服务业，是经济发展的基础性、战略性、先导性产业。加快发展现代物流业，对促进产业结构调整、转变发展方式、促进产业地产投资具有重要意义。"十三五"期间，国务院、国家发改委、交通运输部及国家邮政局等部门先后发布多项物流业发展规划及指导意见，加快物流通道、物流枢纽及物流网络布局，实施用地、融资、减税降

费等多项举措，全面提升物流业对其他产业的服务能力。物流产业
发展规划与都市圈战略相结合，形成"通道＋枢纽＋网络"的物流
体系，在主要都市圈中心城市形成全国性综合交通物流枢纽，枢纽
城市包括北京、上海、广州、深圳、武汉、重庆、大连、青岛等
（见表8－5）。"通道＋枢纽＋网络"的物流运行体系促进都市圈一
体化以及产业分工和协同发展，产业地产应依据主导产业类型尽可
能沿物流通道和枢纽布局，降低物流成本、提高产业地产对企业的
吸引力。

表8－5 全国性和区域性综合交通物流枢纽布局

类别	功能要求	枢纽名称
全国性综合交通物流枢纽	国家交通物流网络的核心节点，应有三种以上运输方式衔接，跨境、跨区域运输流转功能突出，辐射范围广，集散规模大，综合服务能力强，对交通运输顺畅衔接和物流高效运行具有全局性作用	北京—天津、呼和浩特、沈阳、大连、哈尔滨、上海—苏州、南京、杭州、宁波—舟山、厦门、青岛、郑州、合肥、武汉、长沙、广州—佛山、深圳、南宁、重庆、成都、昆明、西安—咸阳、兰州、乌鲁木齐等
区域性综合交通物流枢纽	国家交通物流网络的重要节点，应有两种以上运输方式衔接，区域运输流转功能突出，辐射范围较广，集散规模较大，综合服务能力较强，对区域交通运输顺畅衔接和物流高效运行具有重要作用	石家庄、太原、福州、南昌、海口、贵阳、拉萨、西宁、银川等

资料来源：作者根据网络公开资料整理。

区域物流产业规划服务于都市圈城市功能及产业分工。大型物
流园区或专业物流基地主要分布在周边城市或中心城市城郊，服务
于高端制造、生物医药等工业生产活动，都市圈中心城市中心城区
物流主要布局物流配送中心及末端配送网点，服务于人民生活及都
市型产业。以首都都市圈为例（见图8－5），北京市物流网络优化

工程项目 23 项，有 7 个布局在城六区服务于城市生产生活项目，服务于产业发展的物流园布局在北京较远区县及周边城市，其中曹妃甸国际物流园项目主要承接北京市外迁产业相关物流项目。

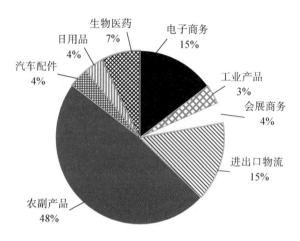

图 8-5　首都都市圈"十三五"拟建物流园区服务的产业类别

珠三角都市连绵区产业集约程度更高。根据《深圳市现代物流业发展"十三五"规划》，41 项市物流规划重大工程中，约一半物流项目直接对接产业，海陆空运物流线路、物流网络平台、物流产业园等物流项目直接为高端制造业、电子商务业、汽车制造业等业态提供仓储、物流、交易服务。

（四）产业地产投资赋能城市功能

产业地产不仅是指传统的产业园区，而且要产城融合。传统的产业园区主要服务企业，仅具有生产功能，不具有城市功能，周边城市产业园区缺乏住宅、商业、教育、医疗等城市功能，导致都市圈中心城市对周边城市产生虹吸效应。因此，产业地产投资应转向集城乡结合、产城融合、生态宜居为一体的产业新城。通过"产业园区化—园区城市化—城市现代化—产城一体化—城市智慧化"的发展路径，形成以支柱产业为主的集生产、生活、医疗、教育为一体的新型城区，实现"产城共融、城乡统筹、共同发展"的开发目标。

产业地产开发商及运营商应全面提升运营能力及服务能力，注重产业地产与生活地产的协调发展，尤其对大规模、高精尖产业新城以及科技研发型产业园区，应配备人才公寓及其他较高水平城市功能，引入高质量教育及医疗机构，开发公园、酒店及其他生活文旅项目，吸引高质量龙头企业和高精尖科技人才，促进"产业—人口—城市"的融合发展。

案例3　华为欧洲小镇——产城融合

2005 年华为开始在东莞投资建设，目前已在东莞投建欧洲小镇及南方工厂等多个基地，华为欧洲小镇主要服务于研发部门，占地 1900 亩，总建筑面积 126.7 万平方米，总投资超过 180 亿元，可容纳 2.5 万科研人才。园区由 12 个欧洲标志性建筑群构成，园区内配建 2 条小火车线路循环行驶，方便各群组工作互通。此外，园区内有食堂、咖啡厅、便利店等商业配套，建筑下方设有大型停车场，深圳总部与东莞欧洲小镇开通通勤班车，方便员工工作及生活。在人才安居方面，华为计划围绕欧洲小镇配建约 2 万套人才公寓。华为东莞基地集产、学、研于一体，充分满足产业发展需求，在建筑风格、自然环境方面尽显企业文化价值，同时在人才公寓、教育医疗、商业配套等方面尽可能满足人才生活需求，已成为东莞独具特色的产业园区。

第 九 章

都市圈发展与养老地产投资

目前都市圈养老机构和养老地产供给不足、养老资源空间分布不均衡、养老信息共享程度低，异地养老面临较大的制度及政策障碍。都市圈协同发展对都市圈养老产业发展和养老地产投资至关重要。

一 养老地产及养老资源分布

（一）公共服务的区域差异影响养老机构分布

"十三五"规划明确"建设以居家为基础、社区为依托、机构为补充的多层次养老服务体系"，全面放开养老市场。目前，中国养老产业仍处于发展初期，居家养老是主要的养老模式，规模化的养老社区及养老机构数量仍然较少。养老地产的开发和运营处在摸索阶段。都市圈老龄化程度、经济发展水平、医疗资源分布、城市规模及自然生态环境对养老地产空间分布产生重要影响，养老设施供给及养老产品需求存在明显区域差异。

都市圈中心城市与周边城市公共设施和环境的差异决定中心城市和周边城市养老机构数量的差异。中心城市与周边城市在医疗资源以及其他公共设施和环境差异越小，养老机构数量差异越小。图 9-1 和图 9-2 显示，上海都市圈中心城市和周边城市医疗资源

差异小，养老机构在上海市和周边城市分布较为均匀，占比分别为
47.06%和52.94%。都市圈中心城市与周边城市公共设施和环境差
异越大，养老机构越集中在都市圈中心城市。例如，首都都市圈的
养老机构集中在中心城市北京市，周边市县养老机构仅占首都都市
圈的25.83%。广州都市圈及深圳都市圈老龄化程度较低，养老机
构数量较少，但养老机构仍集中在中心城市，分别占56.87%
和70.63%。

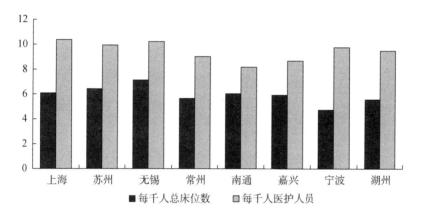

图9-1　2018年长三角都市连绵区主要城市千人床位数和医护人员数比较

资料来源：2019年各城市统计年鉴。

从养老产品看，老年公寓及养老社区是典型的养老地产，属于
中高端养老产品。首都都市圈中高端养老地产占比超过25%，中心
城市及周边城市养老地产占比接近。上海、广州、深圳三大都市圈
中高端养老地产更集中在中心城市，其中广州都市圈差异最大，中
心城市中高端养老产业占比为11.92%，周边城市占比仅
为4.80%。

(二) 养老地产所需资源集中在都市圈中心城市

"十三五"规划期间，养老产品供给快速增加，以养老社区及养老机构为载体提供养老服务的养老产业逐渐形成。受传统"养儿防老"思想影响及经济发展水平制约，机构养老在中国老年人口中的接受度偏低，家庭养老是养老方式首选。但是，计划生育政策使传统的家庭养老模式向以康养服务为核心的养老模式转变。与养老地产空间分布相同，养老地产资源大多集中在都市圈中心城市。图9－2显示，首都都市圈养老地产资源规模在四大都市圈中最大，首都都市圈中心城市老年公寓及养老社区的养老床位数超过11万张，中心城市及周边城市养老地产资源差异较大；上海都市圈养老床位数超过8万张，中心城市上海市养老床位数占比约为六成，大型养老社区资源显著高于周边城市；广州都市圈及深圳都市圈养老地产以高端地产为主，广州都市圈养老社区床位数约为养老公寓床位数的1.5倍，深圳都市圈为3.5倍。

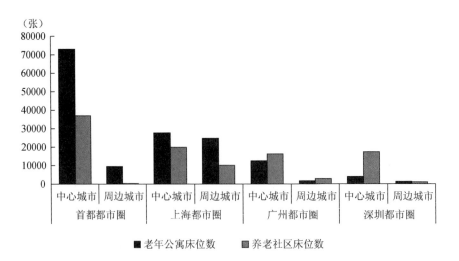

图9－2　四大都市圈养老地产资源规模

资料来源：养老网。

二　都市圈发展与养老地产模式

（一）养老地产模式呈现多样化

中国养老地产仍处于发展阶段，近年来出现多种养老地产模式，主要包括住宅小区配建老年公寓模式、专项老年公寓或老年社区模式、"全龄化"社区配建养老社区、"主题产业＋养老"新城四种类型。

1. 住宅小区配建老年公寓模式

住宅小区配建老年公寓是住宅小区混建适老户型及服务配建"居家养老与社区服务"相结合的社区，是养老产业发展初期开发商进入养老市场的重要模式，与当前居家养老为主的政策导向及需求高度契合。都市圈中心城市和相对发达的周边城市经济水平高，周边交通便利，医疗配套完善，适合此类养老地产开发。该模式投入少、资金需求小，开发商能获得政策支持。但是，"居养"一体模式存在挑战，开发商容易有"变相开发住宅"嫌疑，且项目前期的规划布局及后期的运营管理与普通住宅存在差异。万科在北京市房山区窦店镇开发的万科·幸福汇是此类养老地产典型模式。万科·幸福汇社区建有可租老年公寓及可售养老社区，配建医疗服务站、护理中心及老年学校等老年服务机构。

2. 专项老年公寓或养老社区模式

专项老年公寓或养老社区是专门为老年人建造的生活设施齐全、配套设施完善的城市中高端养老地产，面向经济实力较强的老年人，也可获得养老地产政策支持。但是，专项老年公寓开发难度大、成本高，而且容易与养老院、敬老院的概念混同，得到老年人的接受和认可需要时间。椿萱茂是远洋集团控股有限公司旗下的高端养老连锁品牌，2013年以来在北京、天津、上海、广州、成都、苏州、重庆、武汉、大连开发或规划了6个长者社区和20个老年公寓。泰康之家是中国保险监督管理委员会批准的首个保险资金投资养老社区试点，目前已分布全国 19 个重点城市，北京、上海、广州、成都、苏州、武汉六地社区及配建康复医院已正式运营，泰康之家采用"会员 + 保险"的运营模式为老年人提供多种养老产品。

3. "全龄化"养老社区

在养老产业发展较好的都市圈，"全龄化"养老社区有广阔的市场前景。"全龄化"社区不仅可降低管理成本，而且可提高老年人的生活品质，拉近老年人与子女亲友的距离。但是，"全龄化"社区占地面积大，前期基础设施建设投入大，项目周期长，资金链易断裂，"全龄化"社区面向不同年龄业主需求，对企业后期运营管理要求高。昆山绿地 21 新城位于江苏省昆山市花桥镇，与上海青浦区仅隔吴淞江，社区紧邻上海地铁 11 号线及 312 国道，是集青年社区、老年社区、国际社区、度假社区、商务社区于一体的全龄化、全功能大型社区，其中养老社区孝贤坊地产为电梯老年公寓和联排别墅，配建同济大学附属同济医院绿地昆山医院、上海老年大学绿地 21 新城分校、老年养生文化馆、营养配餐中心、购物中心、家政服务中心、绿色食品超市等适老服务机构。

4. "主题产业 + 养老"新城

都市圈周边城市或特色生态小镇可依托区域产业或自然环境发展"主题产业 + 养老"新城。"主题产业 + 养老"新城需配建产业园区、医院、学校、商业配套等生产和生活设施，符合都市圈发展方向。但是，"产业 + 养老"新城开发周期长，投入大，资金链易断裂，主题产业发展决定"主题产业 + 养老"新城发展，需长期稳定的产业政策和土地政策支持。平安罗浮山中医康养城是基于中医药产业打造的产业新城项目，园区中的住宅项目以养生社区为主，产城融合。

（二）养老地产运营模式决定盈利模式

养老地产运营模式包括出售、持有、出售与持有相结合三种，养老地产运营模式决定养老地产盈利模式。

1. 出售模式

养老地产出售模式是指开发商通过销售快速回收资金的运营和盈利模式，该模式适用于养老产业发展初期或养老地产需求较少的周边城市。该模式下，开发商投资周期短，资金回收快，但养老配建部分设施不能出售，投资收益通常低于商品住宅。但是，目前"买房养老"需求有限，且有借养老地产进行商品房开发嫌疑。如长庚老年公寓，该项目由天津长庚老年产业投资有限公司与天津老年基金会共同筹建，是天津第一家产权式老年公寓，置业老年人对老年公寓拥有独立产权。

2. 出售与持有结合模式

中心城市养老产业发展初期及养老地产需求较大的周边城市，开发商可销售一部分老年住宅产品，持有并自营剩余老年住宅产品，获得销售利润、租金和服务收入。但是，此模式投资回收期长，物业管理要求高。如 2000 年开始建设的北京太阳城项目中 70%的土地开发老年住宅用于销售，30%的土地开发租住型老年公寓、医院、老年会所等。

3. 持有模式

对养老产业发达、养老地产需求大的都市圈中心城市，持有养老地产成为主要盈利模式。开发商通过"持有经营＋服务输出"的模式获取租金收入、服务收入和升值收益。持有模式符合养老地产特质，可获得政府支持。但持有模式投资大，投资回报期长，收益率低，项目风险大。例如，杭州金色年华可提供月租、1 年期、50 年期三种租赁养老地产，短期租赁可减少老年人一次性支付压力。高端租赁制养老地产通常将"会员制"或"保险产品"相结合，如亲和源向会员收取"会费＋年费"让渡养老地产使用权，A 类会员卡享受可继承、可转让的永久使用权、会费较高，B 类会员卡享受终身使用权、会费较低。养老地产可通过和保险公司合作，形成"养老＋医疗＋保险＋投资"金融投资与产业经营双轮驱动的发展模式，既能满足养老服务机构融资需求，又能丰富个人理财保险产品。

根据平安证券股份有限公司和平安银行股份有限公司《一书看懂房地产全景》的统计，目前出售类养老地产去化率较高，平均在 80% 以上，尤其是珠三角都市连绵区及成渝都市圈，以高端旅游养老地产居多，去化率超过 90%；而持有类养老地产空置率较高，京津冀都市圈、长三角、珠三角都市连绵区空置率约为 40%。

三　都市圈一体化与养老地产发展

（一）都市圈交通一体化程度影响养老地产布局

交通便利度决定人口迁移意愿。据高德地图交通大数据统计，截至 2017 年，深圳、广州、上海、北京等 24 个城市公交线网覆盖率超过 70%，深圳、上海和成都 500 米站点覆盖率超过 85%；全国轨道交通已覆盖 33 个城市，162 条线路，总运营里程 4824 公里，18 个城市轨道交通成网运行，上海、北京、深圳、南京、广州、大连交通密度大于 25%，长春和西安轨道交通与公共汽电车衔接最好，深圳公共交通出行服务指数全国排名第一，见表 9 - 1。根据《2020 年度全国主要城市通勤监测报告》中的数据显示，北京、上海、广州、深圳都市圈中心城市轨道交通覆盖的居住人口接近半数，城区通勤半径超过 30 公里。主要都市圈中心城市公共交通网络较为发达，基本具备围绕中心城市布局"1 小时"养老地产的交通条件，疏解中心城区养老压力。

表 9-1 四大都市圈中心城市交通状况

	北京	上海	广州	深圳
道路网密度（公里/平方公里）	5.7	7.2	7.1	9.5
轨道线网长度（公里）	776	801	501	316
轨道覆盖居住人口比重（%）	43	46	52	45
城区通勤半径（公里）	40	39	31	40

资料来源：《2020 年度全国主要城市通勤监测报告》。

都市圈交通一体化程度影响周边城市老年人口就近养老意愿。都市圈交通发达，子女探望成本低，自理型老年人原居住地养老意愿更强；都市圈交通欠发达，子女探望成本高，自理能力弱的老年人随子女流向中心城市养老意愿更强。高德地图发布的《2019 中国主要城市交通分析报告》显示，珠三角、长三角、首都、成都、中原、长江中游六大都市圈跨城市驾车交互热度较高，珠三角、长三角、首都、西安、成都及郑州都市圈的圈内驾车交互热度较高。对跨市交通便捷的都市圈，养老地产应分布在中心城市城郊、副中心城市城区或城郊及周边城市城区，对跨市交通欠发达的都市圈，养老地产应分布在中心城市城区或城郊。

（二）都市圈医疗保障一体化促进养老地产发展

民政机构养老具有社会保障属性，价格较低，对商业养老产品有一定的互补性。图 9-4 显示，2005—2016 年全国每千老年人口的民政机构养老床位数呈上升趋势，但国家"十三五"规划提出"建设以居家为基础、社区为依托、机构为补充的多层次养老服务体系"后，2016 年后每千名老年人口的民政机构养老床位数出现小幅回落。因此，民政机构养老资源的不足推动商业养老地产的发展。

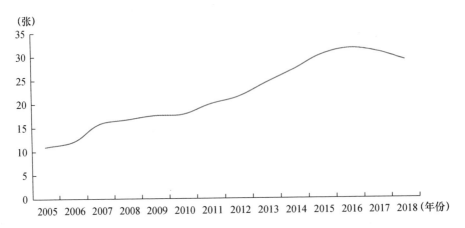

图9-4   2005—2018年全国每千名老年人口的民政机构养老床位数

资料来源：《中国统计年鉴》。

表9-2   **2012—2018年主要都市圈每千名老年人口的**
                       民政机构养老床位数①   单位：张

		2012	2013	2014	2015	2016	2017	2018
首都都市圈	北京	39.90	39.25	45.69	28.95	38.22	39.58	31.14
	天津	19.51	24.55	20.88	23.73	23.06	22.44	22.22
	河北	18.82	36.77	38.87	40.94	34.98	32.64	30.09
	平均	26.08	33.52	35.15	31.21	32.09	31.55	27.82
长三角都市连绵区	上海	32.72	32.08	33.49	27.20	28.89	27.84	27.90
	江苏	36.73	41.39	38.61	41.02	40.33	40.23	39.45
	浙江	33.14	36.54	52.90	51.74	56.29	57.06	54.17
	安徽	30.74	31.70	34.95	36.06	35.17	32.04	34.75
	平均	33.33	35.43	39.99	39.01	40.17	39.29	39.07
珠三角都市连绵区	广东	9.73	11.16	15.34	19.87	28.22	33.62	31.02
成渝都市圈	重庆	28.35	31.96	25.01	33.18	29.34	25.46	25.14
	四川	29.48	30.09	24.51	30.65	31.43	31.50	28.41
	平均	28.92	31.03	24.76	31.92	30.39	28.48	26.78

资料来源：《中国统计年鉴》。

① 老年人口指60岁及以上的人口。

　　都市圈民政机构养老资源存在显著的地区差异，都市圈养老地产投资潜力和机会不同。表 9 - 2 显示，2018 年长三角都市连绵区民政机构养老床位数最多，平均每千名老年人拥有床位数约为 39.07 张，京津冀及成渝地区民政机构平均每千名老年人拥有养老床位数不足 30 张。值得注意的是，长三角都市连绵区中心城市上海的民政机构养老床位数显著低于都市圈平均数，加之上海严重的老龄化问题，导致上海养老地产向周边城市发展。因此，都市圈中心城市民政机构养老资源的匮乏推动周边城市养老地产的发展。

　　医疗保险和社会保险是老年人养老的基本社会保障制度。都市圈城市医疗和社会保险标准差异，阻碍都市圈养老地产的发展。促进都市圈养老地产发展，必须形成都市圈医疗和社会保险一体化制度，实现都市圈居民社会保险的互认和衔接。2004 年长三角都市连绵区中的江苏与上海，开始建立异地居住退休人员养老金资格协助认证机制；自 2009 年开始，江苏、浙江、安徽、上海达成数十项合作协议，分别涉及养老、医疗、工伤、失业及信息共享。目前，杭州、安吉、嘉兴、湖州、宁波、镇江、大丰、连云港、扬州、常州、南通、马鞍山已与上海实现异地就医联网结算，长三角地区医保互通的城市已达 12 个。2019 年珠三角地区初步实现电子健康档案与电子病历互联对接，建成省级预约挂号平台，广州、深圳、珠海、佛山、中山、惠州六市的公立医疗卫生机构平台接入率达 90% 以上，实现医疗卫生机构"一网联通"。

　　此外，都市圈养老信息一体化有利于都市圈养老地产发展。目前，部分都市圈开始推进建立统一开放的老年人口信息管理平台，共享医疗及养老机构、费用标准、服务项目等信息，便于异地养老人口实现就近买药看病、购买养老服务。2019 年《长江三角洲区域一体化发展规划纲要》明确提出共建以居民健康档案为重点的全民健康信息平台和以数字化医院为依托的医疗协作系统，实现双向转诊、转检、会诊、联网挂号等远程医疗服务。2019 年 10 月广东省全民健康信息综合管理平台启动，推进珠三角都市连绵区医疗卫生机构互联互通。

四　都市圈发展与养老地产投资机会

（一）都市圈人口老龄化、医疗及经济发展水平决定养老地产投资机会

1. 老龄化水平是养老地产发展的先决条件

图 9-5 显示，2018 年山东、四川、辽宁、上海、重庆、江苏的人口老龄化严重，65 岁及以上老年人口占比超过 14%，安徽、浙江、河北、湖北、湖南、吉林、黑龙江七省 65 岁及以上老年人口占比超过 12%，进入深度老龄化，山东、四川、重庆、辽宁四省老年人口抚养比高于上海，超过 20%，养老需求旺盛。上述地区分别对应长三角都市连绵区、首都都市圈、石家庄都市圈、济南都市圈、青岛都市圈、武汉都市圈、成都都市圈、重庆都市圈、合肥都市圈、杭州都市圈、长沙都市圈、沈阳都市圈、长春都市圈及哈尔滨都市圈，都市圈养老地产发展机会和潜力很大。

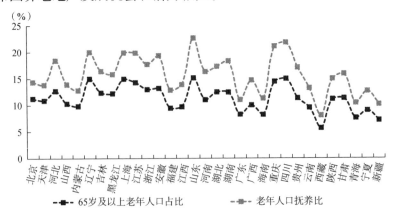

图 9-5　2018 年中国 31 个省份老龄化比较

资料来源：《中国统计年鉴 2019》。

2. 公共养老资源短缺为养老地产投资提供机会

图9-6显示，除长三角都市连绵区及首都都市圈外，2018年湖南、湖北、辽宁、吉林、黑龙江、重庆、四川、山东等地区人口老龄化程度较高，医疗基础较好，但养老机构和养老床位数较少，养老资源缺口较大，因此重庆都市圈、成都都市圈、济南都市圈、青岛都市圈、武汉都市圈、长沙都市圈、沈阳都市圈、长春都市圈、大连都市圈及哈尔滨都市圈的养老地产投资机会较大。

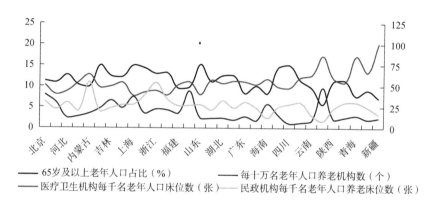

图9-6　2018年中国31个省份医疗和养老资源比较

资料来源：《中国统计年鉴2019》。

3. 经济发展水平决定养老地产质量

图9-7显示，北京、上海、浙江、江苏、山东、重庆等地区人口老龄化程度较高，经济发展水平较高，尤其是上海及北京已进入深度老龄化，居民人均可支配收入超过6万元，适宜布局中高端养老地产；浙江、江苏、山东、重庆等地区都市圈中心城市及其他经济发展水平较高的周边城市，如杭州、南京、苏州、济南、青岛、重庆等城市也可布局中高端养老产业，吸引都市圈高收入老年人口置业养老。

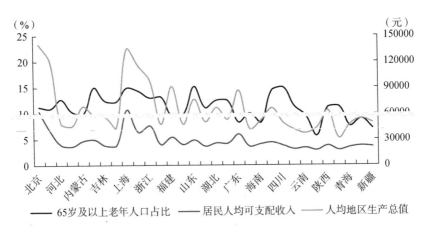

图 9 – 7　2018 年中国 31 个省份经济发展水平比较

资料来源:《中国统计年鉴 2019》。

(二) 都市圈中心城市以通勤半径布局养老地产

　　都市圈中心城市通勤半径大,可以在通勤半径布局养老地产。四大都市圈中心城市北京、上海、深圳、广州城市通勤半径接近 40 公里,即差不多 1 小时通勤时间。四大都市圈中心城市可以"1 小时"通勤半径布局高端机构养老或高端养老地产,包括住宅小区配建老年公寓、专项老年公寓或老年社区及"全龄化"社区配建养老社区。通勤半径以外可布局专项老年公寓模式、"全龄化"社区配建养老社区及"主题产业 + 养老"新城。对都市圈特大中心城市,可在通勤圈内布局中高端养老地产,在通勤半径外布局专项老年公寓和"主题产业 + 养老"新城。

　　对 I 型大城市及 II 型大城市,多以省会城市为主,通勤半径较小,可在通勤半径内布局中高端养老项目。在通勤半径外布局特色高端养老地产或中低端养老地产。

　　为疏解中心城市中心城区养老压力,养老地产应依据公共交通或轨道交通布局"1 小时"专业养老社区或养老机构,既能满足老年人子女就近探望的需求,又能吸引中心城市老年人口向周边疏解。

（三）都市圈周边城市以城市特色布局养老地产

为满足多样化的养老需求，都市圈周边城市及其他中小城市，应根据城际交通便利度、城市特色布局养老地产项目。在都市圈周边城市及其他城市布局养老地产，应至少满足下述条件之一：第一，具有较好的医疗资源，能 15 分钟车程到达三甲医院；第二，交通便捷，从主城区到达养老地产在 1 小时车程之内；第三，周边有便捷的生活配套；第四，规模化和专业化经营；第五，生态环境优良。具体而言，根据周边城市特色可分为以下四类。

首先，毗邻人口老龄化严重、经济发达的中心城市的周边城市，如天津、廊坊、苏州、宁波，毗邻老龄化程度低、老人随子女迁移压力大、经济发达中心城市的周边城市，如惠州、珠海，养老社区的客户群体为高收入老年人，可选择"1 小时"通勤半径布局中高端养老地产项目。

其次，宜居且经济较发达的周边城市，如苏州、东莞、无锡、厦门、包头，养老社区的客户群体为老年人的高收入子女，养老地产以"全龄化"社区、专业养老社区或老年公寓的形式布局在周边城市。

再次，都市圈周边的生态小镇，如乌镇、西塘、日照、惠州市罗浮山，养老社区的客户群体为高收入老年人，养老地产项目适宜开发专业医养中高端社区。

最后，生态人文资源丰富的旅游城市，如大理、三亚、桂林，养老社区的客户群体为高收入老年人，养老社区可布局"度假式"养老地产项目，方便"候鸟式"养老。

第十章

都市圈发展的房地产金融支持

为支持都市圈发展，中央及地方政府相继出台金融支持政策，促进都市圈跨境贸易和投融资便利化，促进金融市场和金融基础设施互联互通。同时，为防范房地产金融风险，促进房地产行业平稳健康发展，引导经济"脱虚向实"，房地产金融政策持续收紧，监管强度持续增强。特别在《关于规范金融机构资产管理业务的指导意见》（以下简称"资管新规"）公布后，房地产融资受结构性影响较大。本章将重点分析以下三方面内容：第一，近年来房地产金融政策及金融改革方向，包括房地产企业金融政策及个人住房金融政策，重点关注"资管新规"对房地产企业融资的影响；第二，依托都市圈发展产生的房地产企业金融工具，包括"新基建"结构化金融工具、资产证券化、基础设施REITs试点；第三，当前金融政策下，金融机构支持都市圈房地产企业发展的机会、方式及风险。

一 房地产金融政策演变

房地产金融政策包括房地产企业金融支持政策以及个人住房金融支持政策。总体而言，房地产企业金融政策趋紧，融资收紧，监管趋严，但都市圈金融政策为房地产企业跨区域金融服务提供支持；个人住房金融政策进一步放宽，各都市圈相继推出个人住房保障金融支持政策，为"新市民"安居提供金融支持。

（一）房地产企业融资政策日趋收紧

1. 房地产企业融资方式及政策演进

表 10 - 1 显示，受房地产行业金融监管政策影响，1991 年至今房地产企业融资方式和融资政策发生巨大变化，融资方式由以股权融资为主转向以债权融资为主，融资政策日趋收紧，融资监管持续增强。

表 10 - 1 　　　　　　　中国房地产企业融资方式及政策演变

	融资方式变化	重要政策内容
2010 年以前	以股权融资为主：IPO 及股票增发	—
2010—2013 年	非标融资兴起	"国十条"：股权融资受限；中国证券监督管理委员会叫停房地产企业股权融资，境内地产 IPO 基本停滞；2012 年，证监会允许券商、基金公司开展资产管理业务
2014 年	定增重启	2014 年"930 新政"：继续支持房地产开发企业的合理融资需求
2015—2016 年	债券融资增加	《公司债券发行与交易管理办法》：公司债券发行主体扩容、发行审核流程简化
2017 年	回归银行贷款和信托	中国银行保险监督管理委员会集中发文：理财、同业、代销以及嵌套、杠杆等业务受到强监管
2018 年至今	非标融资受限，债务融资减少	"资管新规"：禁止多层嵌套产品、规范通道业务、进行穿透管理 "三条红线"：剔除预收款后的资产负债率大于 70%；净负债率大于 100%；现金短债比小于 1 倍

资料来源：作者根据公开资料整理。

　　2010 年以前，房地产企业融资以股权融资为主，采用 IPO 及 SEO 方式进行融资。截至 2018 年，中国房地产企业在 A 股上市公司共 124 家。图 10 - 1 显示，2000 年以前房地产企业以 IPO 方式上市，2001 年及以后借壳或买壳上市成为主要的股权融资手段。2010 年《国务院关于坚决遏制部分城市房价过快上涨的通知》（国发〔2010〕10 号）发布后，证监会全面停止房地产企业股权融资，境内房地产企业 IPO 基本停滞。

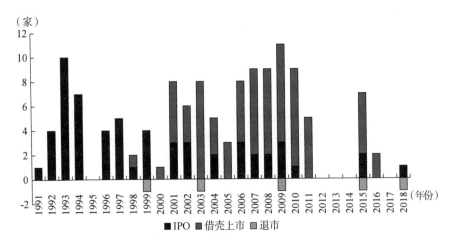

图 10 - 1　1991—2018 年中国 A 股房地产企业上市分布

资料来源：CSMAR 数据库。

　　2010—2013 年房地产企业股权融资受到严格限制，非标融资兴起。房地产企业非标融资的主要途径是委托贷款和信托融资，资金主要来自银行贷款。2012 年，证监会允许券商和基金公司开展资产管理业务，非标融资新增银证、银基、银证信和银证基四类渠道，非标融资成为房地产企业融资的主要手段。图 10 - 2 显示，2010—2018 年中国房地产开发企业资金来源有以下四个渠道：（1）国内贷款，约占 15%，主要为银行贷款，辅以非银行金融机构贷款；（2）利用外资，占比不足 1%；（3）自筹资金，包括自有资金、发行股票、债券融资以及信托等非标融资，约 35%；（4）其他资金，主要为定金及预收款、个人按揭贷款，占比近50%。2010—2013年房地产企业自筹资金规模及占比显著提高，除自有资金外，房地产企业股权融资受限，债权融资增长有限，非标融资成为房地产企业融资主要渠道。

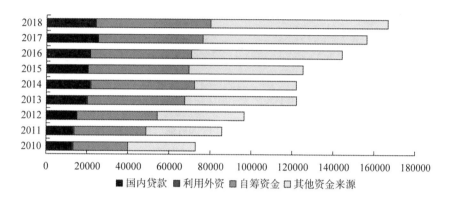

图 10-2　2010—2018 年中国房地产开发企业资金来源分布

资料来源：《中国统计年鉴（2011—2019）》。

2014 年，房地产企业定向增发重启，股权融资放宽。2014 年 3 月，中茵股份有限公司和天津天保基建股份有限公司两家地产公司非公开发行 A 股股票获得证监会批准通过。2014 年 9 月 30 日，央行和银监会发布《中国人民银行、中国银行监督管理委员会关于进一步做好住房金融服务工作的通知》（简称"930 新政"），要继续支持房地产开发企业的合理融资需求，房地产企业融资政策放宽。图 10-2 显示，2014 年房地产企业银行贷款的规模及比重较 2013 年显著提高。

2015—2016 年房地产企业债券融资显著上升。2015 年年初，证监会颁布《公司债券发行与交易管理办法》，公司债发行主体扩容，发行审核流程简化。图 10-3（1）和图 10-3（2）显示，2015—2016 年，房地产企业债券发行数量和规模较之前显著提高。

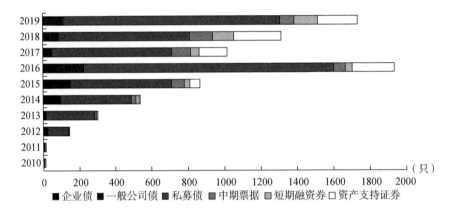

图 10 – 3（1）　2010—2019 年中国房地产企业债券分布

资料来源：WIND 数据库。

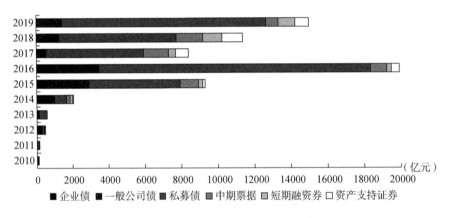

图 10 – 3（2）　2010—2019 年中国房地产企业债券分布（续）

资料来源：WIND 数据库。

2017 年，房地产企业融资回归银行贷款及房地产投资信托。2017 年 3 月至 4 月，银监会集中发文，对理财、同业、代销以及嵌套、杠杆等业务实施强监管。图 10 – 3（1）和图 10 – 3（2）显示，房地产企业债券发行数量及规模与 2016 年相比大幅下降，房地产企业融资成本上升。受强监管政策影响，房地产企业融资回归银行贷款及信托。2017 年房地产企业银行贷款规模及比重较 2016 年明显提高。

2018 年后，房地产企业融资政策进一步收紧。2018 年央行、银监会、证监会、国家外汇管理局等四部门联合发布了《关于规范金融机构资产管理业务的指导意见》（以下简称"资管新规"）。"资管新规"实施后，多层嵌套产品、通道业务受限，房地产企业的非标融资受严格监控，规模收缩。2020 年 8 月 20 日央行和住房和城乡建设部召开座谈会，提出"剔除预收款后的资产负债率大于70%；净负债率大于100%；现金短债比小于 1 倍"的房地产企业融资"三条红线"，并进行试点，银行、资管、信托流向房地产企业的资金将进一步受限。

2. 房地产企业融资政策最新动向

受强监管影响，未来房地产企业金融政策仍将严控房地产开发金融风险，规范金融业务，限制违规资金流入房地产企业。本节重点讨论"资管新规"政策及房地产企业融资的"三条红线"对房地产企业融资的影响。

（1）"资管新规"

"资管新规"有以下五大要点：第一，限制资金池规模，规范资金池，包括资管产品不得开展或参与具有滚动发行、集合运作、分离定价特征的资金池业务，封闭式资管产品期限不得低于 90 天；第二，穿透式监管，包括消除多层嵌套和通道业务，对于多层嵌套产品，向上识别最终投资者，向下识别底层资产；第三，禁止刚性兑付，资管产品保本保收益，或者在出现兑付问题时进行代偿视为刚性兑付，经认定存在刚性兑付行为的将受到处罚；第四，设定杠杆上限防范风险，开放式公募、封闭式公募、分级私募和其他私募资管产品的总资产/净资产率上限分别为 140%、200%、140% 和200%；第五，提高合格投资者认定门槛。

"资管新规"公布前，信托和券商的资金可通过多层嵌套、明股实债等手段规避监管，将非自有资金包装后购买土地。"资管新规"公布后，将实行穿透式监管，股权类资金购买土地，债权类资金仅能用于开发。信托和券商资管以及进入房地产企业的保险资金受到更强有力的监管。信托类业务和券商资管多层嵌套产品大幅压缩。据国泰君安证券股份有限公司研究报告估计，2018 年投向房地产行业的信托资金约 1.65 万亿元，券商资管计划投向银行委托、信托贷款和其他金融类产品并最终流向房地产领域的资金规模约 1.1 万亿元。因此，"资管新规"下，未来房地产行业的融资渠道将以开发贷、主动管理型信托、私募股权基金为主，被动管理型信托及券商资管将大幅减少。尽管如此，为防范房地产金融风险，未来房地产企业融资仍将实施强监管。

（2）融资"三条红线"

2020 年 8 月 20 日住建部和央行召开重点房地产企业座谈会，提出房地产企业融资的"三条红线"，监管部门将对房地产企业按"红、橙、黄、绿"四档管理，同时踩中三条红线的企业将被标记为红档，以此类推。"三条红线"的融资政策要求房地产企业降低杠杆率，调整资本结构，避免盲目扩张，回归理性发展。

"三条红线"政策公布后，房地产企业债券融资规模收缩。根据贝壳研究院统计，2020 年 8 月 20 日至 9 月 20 日，房地产企业境内外融资规模约 992.7 亿元，比上一个月减少 24.6%，规模收缩约四分之一。其中，境外融资规模约 280.9 亿元，占全部融资规模的 28%，较上一个月大幅下降 45.6%。境内融资相对平稳，境内融资规模约 711.8 亿元，较前一个月增长 0.6%。可以预见，随着"三条红线"政策的实施，"三条红线"对房地产企业融资的影响将逐步凸显。

（二）都市圈金融政策为跨区域融资带来便利

尽管房地产企业融资政策收紧，监管趋严，但都市圈金融支持政策将打破跨区域融资壁垒，推动资本市场一体化，为房地产企业的跨区域金融服务打开方便之门。

跨区域贷款的风险远高于本地贷款，跨区域融资存在更高的融资壁垒。2003 年中国人民银行下发的《中国人民银行关于进一步加强房地产信贷业务管理的通知》中要求，"商业银行发放的房地产贷款，只能用于本地区的房地产项目，严禁跨地区使用"。因此，一直以来房地产企业跨区域的房地产开发贷款受到严格限制。对房地产企业而言，进行跨区域房地产开发贷款融资要在新进入地区获得当地商业银行的贷款，需要更高的融资成本。对商业银行而言，向跨区的房地产企业融资存在更严重的信息不对称，融资风险更高。向大型优质房地产企业集团的房地产开发贷款时，商业银行通常采用项目所在地分行牵头，企业集团所在地其他分行参与，组成行内银团的方式，以降低跨区域融资的风险。

都市圈的发展为房地产企业打破跨区域融资壁垒提供了契机。都市圈发展政策倡导资本市场一体化、金融服务一体化。2019 年 2 月，国家发改委发布《关于培育发展现代化都市圈的指导意见》，要求推动金融服务一体化——加强金融基础设施、信息网络、服务平台一体化建设，鼓励金融机构在都市圈协同布局，探索银行分支机构在都市圈内跨行政区开展业务，加快实现存取款等金融服务同城化。

长三角都市连绵区、珠三角都市连绵区、首都都市圈、成都都市圈、重庆都市圈都在大力推进金融一体化。长三角都市连绵区发布了《长江三角洲地区区域规划》《长江三角洲城市群发展规划》《长江三角洲区域一体化发展规划纲要》等政策文件以加快建立区域统一的资本市场，推动产权交易市场合作，支持银行等金融机构跨地区经营，推进金融机构组织创新一体化，提升金融服务实体经济能力，促进资本跨区有序自由流动。首都都市圈发布《京津冀协同发展规划纲要》《"十三五"时期京津冀国民经济和社会发展规划》及各省市实施方案，目标在于破解制约协同发展和要素流动的体制机制障碍，推进金融市场一体化。珠三角都市连绵区在《粤港澳大湾区发展规划纲要》中提出有序推进金融市场互联互通，促进人员、物资、资金、信息便捷有序流动。成都都市圈、重庆都市圈也在《成渝经济区区域规划》《成渝城市群发展规划》《深化川渝合作深入推动长江经济带发展行动计划（2018—2022 年）》等文件中强调建立健全区域一体化发展机制，加快推进金融基础设施一体化建设，建立一体化信息网络和服务平台。

商业银行跨区域提供金融服务能有效降低房地产企业的融资成本，打破跨区域融资壁垒。因此，房地产企业可充分利用都市圈金融一体化政策，积极参与都市圈建设。

（三）个人住房金融政策创新为"新市民"安居提供支持

人力资本为现代化都市圈建设提供了人才保障，人力资本在都市圈的有序流动和高效配置离不开都市圈的住房保障和金融支持。都市圈的个人住房金融支持政策包括住房租赁市场和住房交易市场金融支持政策。本节首先分析长租公寓、保障房和养老社区的住房租赁市场金融支持政策，然后针对"新市民"的住房贷款改革，重点关注商业贷款和公积金贷款的跨区域融资以及公积金贷款证券化的住房交易市场金融支持政策。

1. 住房租赁市场金融支持政策

随着都市圈发展，人口流动性提高，"新市民"的住房问题受到政府的高度重视。大力发展和完善住房租赁市场是解决个人住房保障问题的有效手段。2019 年 1 月，自然资源部、住建部同意福州、南昌、青岛、海口、贵阳五市利用集体建设用地建设租赁住房试点方案。2019 年，国家发改委等 10 个部门印发《进一步优化供给推动消费平稳增长促进形成强大国内市场的实施方案（2019年）》，将加快发展住房租赁市场，支持人口净流入、房价高、租赁需求大的城市多渠道筹集公租房和市场租赁的住房房源，将集体土地建设租赁住房作为支持重点。2019 年 7 月，财政部和住建部发布《2019 年中央财政支持住房租赁市场发展试点入围城市名单公示》，明确北京、长春、上海、南京、杭州、合肥、福州、厦门、济南、郑州、武汉、长沙、广州、深圳、重庆、成都 16 个城市进入 2019

年中央财政支持住房租赁市场发展试点范围。2020 年又批准天津、石家庄、太原、沈阳、宁波、青岛、南宁、西安等 8 个城市纳入试点范围。2019 年 9 月，财政部和住建部明确在住房租赁市场发展示范期内，专项资金标准按城市规模分档确定。2019 年 9 月 26 日住建部部长王蒙徽在新闻发布会上表示，大力发展和培育住房租赁市场，总结推广 12 个城市住房租赁试点经验，落实各项支持政策，增加租赁住房有效供应，重点解决新市民等群体的住房问题。

本节重点关注长租公寓金融支持、保障房金融支持和养老社区金融支持三类住房租赁市场金融支持政策。

（1）长租公寓金融支持政策

长租公寓融资得到都市圈金融政策强力支持。以广州都市圈为例，2017 年中国工商银行股份有限公司广东省分行营业部（原广州市分行）与广州市住房和城乡建设委员会签署《战略合作协议》，为广州市住房租赁市场参与主体提供 5000 亿元授信资金支持。根据协议，工行广东省分行营业部除为住房租赁市场参与主体提供资金支持外，还将建设广州现代租赁产业总部经济，积极探索住房租赁金融模式，为当地经济社会发展和租客提供全面配套服务，推动广州市住房租赁规模化、集约化、专业化发展。此后，建设银行、交通银行、中国银行分别与广东签订支持租赁住房发展的相关协议，为长租公寓提供金融支持。

2020 年 9 月，住建部发布《住房租赁条例（征求意见稿）》向社会公开征求意见，第三十四条提出，国家支持金融机构按照风险可控、商业可持续的原则创新针对住房租赁的金融产品和服务，支持发展房地产投资信托基金，支持住房租赁企业发行企业债券、公司债券、非金融企业债务融资工具等公司信用类债券及资产支持证券，专门用于发展住房租赁业务。

（2）养老社区金融支持政策

近年来，都市圈养老产业的协同发展受到重视。2016 年，长三角都市连绵区提出跨区域养老政策。《长江三角洲区域一体化发展规划纲要》指出，要在"旅游、养老等领域探索跨区域合作新模式""鼓励老人异地养老，实现市民卡及老人卡互认互用""建立跨区域养老服务补贴制度"。

2017年，首都都市圈率先落实北京、天津、河北三地养老机构协同发展的提案，在北京、天津和河北三河市开展试点工作。"中标集团河北高碑店养老项目""天津武清区养老护理中心项目"以及"河北三河燕达国际健康城项目"被选为京津冀地区协同养老试点项目，开始招收京津冀三地户籍老人，享受机构所在地民政部门对非营利养老机构的床位运营补贴。2017年12月，北京市民政局、天津市民政局、河北省民政厅、内蒙古自治区民政厅联合印发的《京津冀区域养老服务协同发展实施方案》提出，养老机构的建设和发展纳入金融支持养老服务业发展的政策范畴，以养老产业发展引导基金和支持养老机构的投资企业发行企业债券等多种形式进行建设扶持和产业支持。2019年，国务院办公厅发布的《关于推进养老服务发展的意见》指出，要解决养老服务机构融资问题，畅通货币信贷政策传导机制，综合运用多种工具，抓好"支小再贷款"等政策落实①，对符合授信条件但暂时遇到经营困难的民办养老机构，要继续予以资金支持。适度拓宽保险资金投资建设养老项目资金来源，更好发挥创业担保贷款政策作用，对从事养老服务行业并符合条件的个人和小微企业给予贷款支持。

2. 购房金融支持政策创新

住房交易市场对"新市民"的金融支持政策主要是针对"新市民"的住房贷款政策。本节重点分析商业贷款和公积金贷款的跨区域融资以及公积金贷款的证券化。

（1）商业贷款跨区融资政策

商业贷款的跨区融资通常比本地融资受到更严格的限制，外地

---

① "支小再贷款"政策是指央行创设，发放对象是小型城市商业银行、农村商业银行、农村合作银行和村镇银行，由中央银行贷款给商业银行，再由商业银行贷给普通客户。

借款人进行跨区商业贷款融资存在更高的融资成本和壁垒。鉴于信息不对称，相对于本地户籍借款人，外地借款人的风险更高，因此其商业贷款首付比例要求更高。以首都都市圈为例，天津市（滨海新区除外）要求本地借款人的商业贷款首付比例为30%，而外地借款人首付比例为40%。河北廊坊市（含主城区、三河、大厂、香河、固安、永清、霸州、文安）、承德市要求本地借款人商贷首付比例为30%，外地借款人为50%。

一些都市圈推出了支持商业银行跨区域开展金融服务的业务，例如部分城市推行的"新居民积分贷"政策。浙江瑞安市2019年"新居民积分贷"政策规定，持有浙江省居住证的新居民，贷款利息优惠0.5%，积分达60分及以上的，分数越高，利率优惠越大，为"新市民"的住房贷款提供优惠政策，破除商业贷款的跨区域融资壁垒。但是，当前大部分都市圈个人住房的商业贷款政策尚未出台。

（2）公积金贷款跨区融资政策

都市圈公积金政策一体化是都市圈住房金融支持政策的重要内容。国家发改委《关于培育发展现代化都市圈的指导意见》提出加快社会保障接轨衔接，提高住房公积金统筹层次，建立住房公积金异地信息交换和核查机制，推行住房公积金转移接续和异地贷款。2019年长三角都市连绵区与住房和城乡建设部共同研究制定了《长三角住房公积金一体化战略合作框架协议》，为推动形成长三角都市连绵区内住房公积金业务联动、信息联动、服务联动新局面奠定基础。2019年10月，住房公积金跨地区信息协查在长三角"一网通办"专窗系统正式上线运行，实现了不动产产权信息、房屋交易合同信息、名下持有产权信息、住房公积金信息异地核查，标志着长三角区域住房公积金跨地区信息协查机制的建立健全。2019年12月，珠三角都市连绵区各住房公积金管理中心共同签订《粤港澳大湾区住房公积金信息共享公约》，便利办理跨城市业务，促进湾区人才流动，降低公积金领域金融风险。《关于大湾区城市缴存职工申请异地款有关问题的通知》规定，在深圳、佛山、东莞、珠海、惠州、中山、江门、肇庆缴存公积金的职工，在广州购房申请公积金贷款，可不再提交《异地贷款职工住房公积金缴存使用证明》。北京提出缴存人及配偶在京无房，购买天津、河北省市内住房或购买亲属所在地住房，可以申请提取住房公积金。2020 年，成都和重庆两地签署《深化川渝合作推动成渝地区双城经济圈住房公积金一体化发展合作备忘录和执法司法联动机制合作备忘录》，推进建立两地互认互贷等七大机制，推动两地公积金一体化发展，并在行政执法联动等四个方面开展合作，推动两地形成住房公积金领域执法司法联动机制。同样，《渝北区贯彻落实成渝地区双城经济圈建设实施方案》强调落实公积金互认互贷服务，落实川渝两地住房公积金转移接续和异地贷款相关措施，促进住房公积金在渝北与四川毗邻地区异地流转和异地使用，用于买房、租房和还贷。

（3）公积金贷款证券化政策

公积金贷款证券化可盘活住房公积金贷款存量，解决住房公积金流动性问题，为都市圈住房公积金提供资金支持。2015 年 9 月，住房和城乡建设部、财政部、中国人民银行联合发文，要求自 2015 年 10 月 8 日起全面推行公积金异地贷款业务，有条件的城市要推行住房公积金贷款的资产证券化。2015 年上海市公积金管理中心率先发起首单公积金个人住房贷款资产证券化项目，随后杭州、湖州、武汉等地均成功发行公积金贷款证券化产品。表 10 - 2 显示，武汉公积金的入池贷款包括公积金贷款和组合贷款，其余入池资产均为公积金贷款，入池资产比较单一；公积金贷款证券化期限最短 11 年，最长 22 年，信托期限在不同地区差异较大。此外，公积金贷款比商业贷款具有更严格的限制条件，公积金贷款违约率低于商业贷款违约率，公积金贷款证券化产品风险更低。因此，公积金贷款证券化能有效盘活公积金存量资产，缓解都市圈住房公积金流动性问题。

表 10-2 上海、杭州、湖州、武汉公积金贷款资产证券化产品

公积金贷款证券化产品	沪公积金1号	沪公积金2号	杭州公积金	湖州公积金	武汉公积金
入池资产	公积金贷款	公积金贷款	公积金贷款	公积金贷款	公积金贷款和组合贷款
初始起算日	2015/9/1	2015/6/1	2015/10/21	2015/11/21	2015/10/31
信托设立日	2015/12/15	2015/12/15	2016/3/17	2016/3/17	2016/3/15
法定到期日	2032/8/26	2027/5/26	2032/3/26	2027/11/26	2038/1/26
发行规模（亿元）	19.40	50.23	10.00	5.53	20.41
借款人数量	4745	21609	7290	4040	8225

资料来源：作者根据中债资信评估有限责任公司公开资料整理。

二 房地产企业新型融资工具拓宽房企融资渠道

目前，都市圈金融政策支持房地产企业的融资工具有以下三类：（1）"新基建"结构化金融工具，包括产业基金、园区开发贷款、园区上市；（2）资产证券化；（3）基础设施不动产投资信托基金（REITs）。

（一）"新基建"结构化金融工具成为重要融资方式

1. 产业基金

房地产产业投资基金主要投资未上市企业，以追求长期投资收益为目标，通常以封闭式基金为主，在较长时期内保持资产的相对稳定。另外，国家有针对性地加快"新基建"投资的发展战略，稳定经济增长、产业优化协同发展，为房地产企业提供新的机会。以西部发展控股集团有限公司的"新基建产业基金"为例，随着政策支持力度加大，通过"新基建产业基金"融资将成为房地产企业开发融资的重要渠道。

案例 1　天津蓟州新城示范小镇项目设立新基建主题基金

蓟州新城示范小城镇项目位于天津市蓟州区，是国家新型城镇化综合试点地区。为推进蓟州区城镇化建设，蓟州新城建设特推出以宅基地换房的模式，通过对腾空出来的土地进行合理化管理，提升蓟州新城城市化的基础设施建设，并为新时期新基建新产业的发展提供良好支撑。该项目总投资 90.25 亿元，主要用于农民还迁安置用房建设、建新区土地整理、基础设施建设等。

针对该项目的开发建设，2020 年西部控股集团引入保险及社会资本发起设立新基建基金。基金总规模为 65 亿元，由集团旗下合作机构北京九沐资本管理有限公司作为基金管理人，根据项目建设运营基金期限暂定为 15 年，预期年化收益为 10% 左右，且蓟州新城投资建设有限公司大股东——天津广成投资集团有限公司提供无限连带责任及蓟州新城一期项目剩余 8000 亩土地相关收益为该基金退出提供必要保障。

2. 园区开发贷款

产业园区开发贷款是房地产企业进行结构化融资的重要渠道。长三角地区的产业园区开发贷款政策具有代表性。2020 年 5 月 15 日，上海发布《关于加快特色产业园区建设　促进产业投资的若干政策措施》，提出要发挥 "4 个 1000 亿" 资金引导和杠杆作用。一是围绕集成电路、人工智能、生物医药三大产业领域，设立总规模为 1000 亿元的先导产业基金；二是聚焦新网络、新设施、新平台、新终端等重点领域，设立总规模为 1000 亿元的新基建信贷优惠专项；三是将中长期低息贷款政策从集成电路扩大至人工智能、生物医药等领域，设立总规模为 1000 亿元面向先进制造业的中长期信贷专项资金；四是推动园区转型升级，设立 1000 亿元的园区二次开发基金。该举措将强化中心城区和郊区、中央商务区和工业园区，以及长三角一体化示范区、自贸试验区临港新片区和本市其他区域的联动，支持实体型企业为自身发展、优化资源配置。

3. 园区上市

自 20 世纪 90 年代初开始，以外高桥等为代表的国资背景产业园区运营企业运筹上市，拉开园区上市公司的发展序幕，经近 30 年发展，产业园区上市公司仍处于快速成长与发展阶段。近两年又涌现出易商红木集团、中新集团、临港集团、锦和商业等上市企业，产业园区运营主体日趋多元化。2019 年以来，金融市场利好频释，为产业园区提供金融保障支持。《国务院关于推进国家级经济技术开发区创新提升打造改革开放新高地的意见》明确提出，积极支持符合条件的国家级经开区开发建设主体申请 IPO。2020 年 5 月，《关于推进基础设施领域不动产投资信托基金（REITs）试点相关工作的通知》发布，为优质产业园增加金融通道。

和君产业园区事业部、选址中国和赛迪网联合发布的《中国产业园区上市公司白皮书（2020）》显示，截至 2019 年，典型产业园区上市公司数量已达 35 家，包括 22 家主板上市公司和 13 家新三板上市公司。其中，中新集团、力合创投、易商红木集团 3 家园区运营企业在 2019 年成功上市。中新集团是 IPO 重启后国内首个成功上市的国家级经开区开发运营主体，拟募集资金约 14.49 亿元，中新集团的成功上市有效降低了融资成本，为工业园区开发和运营提供了充足资金。2019 年 35 家产业园区上市公司的"园区板块"业务实现营业收入 1254 亿多元，同比增长 14.2%，80% 以上收入和盈利来自房地产业务。

（二）资产证券化松绑促进企业资产证券化

资产证券化是房地产企业依托都市圈获得融资的重要渠道，经典模式为房地产企业依托 PPP 项目等开发合作模式，以项目资产的预期收益为保证，发放资产支持证券化（ABS）融资。

ABS 融资模式具有四大优势。第一，融资成本低。ABS 过程只涉及原始权益人、特别信托机构（SPV）、投资者、证券承销商等主体，减少中间费用。第二，信用评级高。与其他债务工具类似，资产支持型证券是在偿还能力基础上进行价值评估与评级，但与大多数公司债券不同，资产支持型证券有担保物，并由其内在结构特征得到外部信用增级，通常得到最高信用评级——AAA级，是最安全的投资工具之一。第三，资产结构良好。ABS融资方式出售的是项目未来预期收益，通过"信用增级"使项目资产成为优质资产，可募集更多资金，但原始权益人不直接发行ABS，ABS负债不反映在原始权益人的资产负债表上。第四，投资风险分散。ABS项目融资对象是资本市场上数量众多的债券购买者，极大分散项目的投资风险；ABS方式隔断项目原始权益人风险和项目资产未来收入的风险，使其清偿资金仅与项目资产的未来收入有关，并不受原始权益人破产风险影响，即"破产隔离"。

资产证券化松绑促进企业资产证券化。图10-4显示，2011—2013年企业ABS发行处于试点阶段，2013年中国证券监督管理委员会正式颁布《证券公司资产证券化业务管理规定》后，企业资产证券化进入快速发展时期，2014年，企业资产证券化发行启用备案制，企业ABS发行数量和发行金额快速增长。

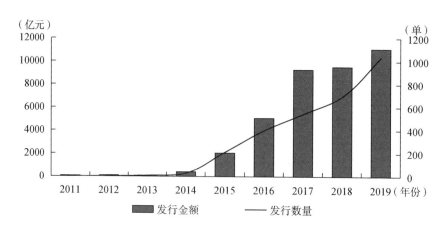

图10-4 2011—2019年企业ABS发行规模

资料来源：CNABS数据库。

PPP项目ABS为房地产企业提供新的融资渠道。2016年12月

26 日，国家发展和改革委员会、中国证券监督管理委员会联合印发《关于推进传统基础设施领域政府和社会资本合作（PPP）项目资产证券化相关工作的通知》，标志着 PPP 项目资产证券化的正式启动。图 10 - 5 显示，2017 年 PPP 项目 ABS 发行 10 个，发行 90 亿元。2019 年 3 月 7 日，财政部发布《财政部关于推进政府和社会资本合作规范发展的实施意见》后，2019 年 PPP 项目 ABS 发行量和发行金额较 2018 年有显著增长。

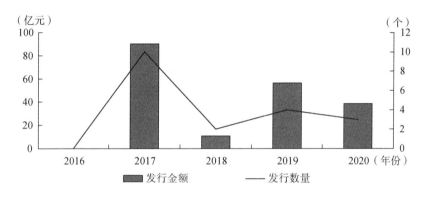

图 10 - 5　2016—2020 年 PPP 项目 ABS 发行规模

资料来源：CNABS 数据库。

（三）基础设施 REITs 试点开辟融资新渠道

2020 年 4 月，中国证券监督管理委员会和国家发展和改革委员会联合发布《关于推进基础设施领域不动产投资信托基金（REITs）试点相关工作的通知》，同时中国证券监督管理委员会发布《公开募集基础设施证券投资基金指引（试行）》（征求意见稿），境内基础设施领域公募 REITs 试点正式起步。《试点相关工作的通知》提出"两个聚焦一个鼓励"。

一是聚焦重点区域，优先支持位于《京津冀协同发展规划纲要》《河北雄安新区规划纲要》《长江经济带发展规划纲要》《粤港澳大湾区发展规划纲要》《长江三角洲区域一体化发展规划纲要》《海南自由贸易港建设总体方案》等国家重大战略区域范围内的基础设施项目，支持位于国务院批准设立的国家级新区、国家级经济技术开发区范围内的基础设施项目。

二是聚焦重点行业，优先支持基础设施补短板项目，鼓励新型基础设施项目开展试点，包括仓储物流项目试点。

三是鼓励国家战略性新兴产业集群、高科技产业园、特色产业园等开展试点。此外，试点项目需具备以下基础条件：项目运营时间原则上不低于 3 年；现金流持续稳定且来源合理分散，投资回报良好，近 3 年总体保持盈利或经营性净现金流为正；预计未来 3 年净现金流分派率（预计年度可分配现金流/目标不动产评估净值）原则上不低于 4%。

基础设施 REITs 试点将仓储物流和产业园区纳入试点范围，为房地产企业经营产业园区融资创造了有利条件。

三　金融机构支持的机会、方式和风险

一方面，都市圈发展为房地产企业提供新的机会，都市圈金融支持政策鼓励金融机构为房地产企业提供更多金融支持和金融服务。另一方面，房地产金融政策继续收紧，严控违规资金流入房地产领域，防范房地产金融风险。本节重点讨论强监管下金融机构支持房地产企业发展的机会、方式及风险。

（一）金融机构要创新金融产品支持都市圈发展

1. 房地产企业融资缺口增大，融资需求扩大

都市圈发展为房地产企业提供产业园区、养老地产、基础设施建设等潜在投资机会。"资管新规"发布前，非标融资是房地产企业的重要融资渠道，国泰君安证券股份有限公司研究报告估计 2018 年投向房地产行业的信托资金约 1.65 万亿元，券商资管计划投向银行委托、信托贷款和其他金融类产品并最终流向房地产领域的资金规模约 1.1 万亿元。"资管新规"发布后，信托、券商资管、保

险资金等非标融资受严格限制，房地产企业"资管融资"缺口较大。此外，房地产企业融资"三条红线"进一步降低房地产企业杠杆率，减少债权融资。因此，强监管下，房地产企业融资缺口进一步扩大，特别是债务融资缺口较大，需金融机构填补更多权益融资缺口。

2. 依托都市圈金融政策支持，创新更多金融产品

都市圈金融政策大力推动金融一体化，为金融机构跨区域开展金融服务提供政策支持。长三角都市连绵区、珠三角都市连绵区、首都都市圈、成都都市圈、重庆都市圈都在大力推动金融设施一体化建设，建立都市圈一体化信息共享平台，促进金融机构组织形式创新，支持金融机构跨区域经营，提供跨区域金融服务。同时，养老地产、产业地产、长租公寓金融政策鼓励金融机构创新金融产品，为都市圈发展助力。依托都市圈产业扶持政策，"新基建"结构化金融工具、资产证券化、基础设施 REITs 等创新金融工具为项目开发提供资金支持。

（二）金融机构要拓展和调整金融支持方式

1. 传统融资渠道为主，创新金融工具为辅

前已述及，金融机构为房地产企业提供的融资工具以开发贷、私募股权基金、主动管理型信托等传统融资工具为主，以"新基建"结构化金融工具、PPP 项目 ABS、基础设施 REITs 等创新金融工具为辅。国家统计局数据显示，房地产企业国内贷款以银行贷款为主，约占房企资金来源的15%，是房企重要融资渠道。"资管新规"规定房地产企业购买土地的资金必须为股权类资金，但房地产企业的 IPO 及 SEO 受严格审查和管控，私募股权基金是房地产企业股权融资的重要渠道。此外，"资管新规"限制"通道业务"及多层嵌套产品，采取穿透式管理，房地产投资信托以及被动管理型信托业务受更严格监管，而主动管理型信托更有利于房地产企业投

融资。

传统融资渠道受严格监管，融资难度大，"新基建"结构化金融工具、PPP 项目 ABS、基础设施 REITs 等创新金融工具为房地产企业融资提供新渠道。相较传统融资渠道，创新金融工具具有政策支持度高、融资难度低、成本低的优势。尽管创新金融工具融资规模小，但受政策支持增长较快，将成为金融机构为都市圈房地产企业融资的重要渠道。

2. 增加股权融资，适当减少债权融资

"三条红线"严控房地产企业杠杆率。"三条红线"的指标是：剔除预收款资产负债率净负债率与现金短债比，"三条红线"将使房企债务融资下降。金融机构为房企提供的金融产品应适当增加股权融资，减少债权融资，以帮助企业调整资本结构。"资管新规"要求房企购入土地的资金为股权类资金，禁止"明股实债"的融资方式。因此，金融机构应为房企提供更多的股权类金融产品。

（三）金融机构要建立严格的审查机制，降低金融风险

1. 重点防范高杠杆房地产企业资金链断裂风险

金融机构为房地产企业提供金融支持，必须严格防范金融风险，特别是高杠杆房地产企业资金链断裂风险。图 10 - 6 显示，2012—2019 年上市房企资产负债率呈增长趋势，远高于上市公司平均水平。根据克而瑞数据统计，2019 年上市房地产企业前 100 强中，有 10 家房地产企业踩中房地产企业融资"三条红线"，9 家房地产企业踩中"两条红线"，30 家房地产企业踩中"一条红线"。一旦房地产企业的债务融资占比过高，踩中红线，融资将进一步受限，违约风险提高。因此，金融机构为高杠杆房地产企业提供融资服务，将面临更高的融资风险。在为房地产企业融资前，金融机构应重点关注企业除预资产负债率、净负债率与现金短债比"三条红线"，防范金融风险。

2. 把握政策导向，防范金融风险

防范房地产金融风险是防范系统性金融风险的重中之重。房地产金融政策持续收紧，"资管新规""三条红线"等新政严控房地产金融风险。坚持"房住不炒"定位，不将房地产作为短期刺激经济的手段，落实城市主体责任，稳地价、稳房价、稳预期，保持房地产调控政策的连续性、稳定性，稳妥实施房地产长效机制。

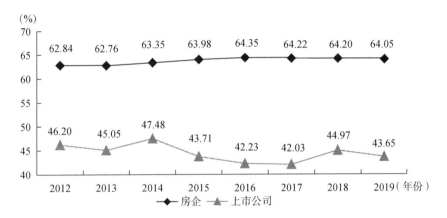

图 10 - 6　2012—2019 年中国沪深两市企业资产负债比较

资料来源：CSMAR 数据库。

"资管新规"强调穿透式监管，严控违规资金进入房地产领域。"明股实债"、"通道业务"、多层嵌套产品受"资管新规"严格限制。金融机构应建立严格的审查机制，按照金融监管政策合理合规开展业务，降低金融风险。

参考文献

奥雅纳：《赋能城市、孵化创新，为科创发展塑造空间》，2019 年
12 月 16 日。

戴德梁行：《城市发展系列 TOD 白皮书——轨道交通篇》，2018 年。

方叶林等：《中国特色小镇的空间分布及其产业特征》，《自然资源
学报》2019 年第 6 期。

冯建超、朱显平：《日本都市圈规划调整及对我国的启示》，《东北
亚论坛》2009 年第 6 期。

国务院发展研究中心课题组：《东京都市圈的发展模式、治理经验
及启示》，中国经济新闻网，2016 年 8 月 19 日。

华夏幸福产业研究院：《都市圈政策解读（3）：促进人口有序流
动》，载《提升都市圈一体化发展水平》，2019 年。

华夏幸福产业研究院：《都市圈政策解读（2）：借鉴国际经验》，
载《加快推进我国都市圈协同发展》，2019 年。

华夏幸福产业研究院：《都市圈政策解读（5）：顺应梯度化分布规
律，促进都市圈产业协同发展》，https：//www. sohu. com/a/
302574490_ 566017。

华夏幸福产业研究院：《轨道上的都市圈——都市圈综合交通体系
视角下的市郊铁路》，2018 年。

华夏幸福产业研究院：《"为美好而未来"环北京都市圈区域价值
论坛》，2019 年 4 月。

极光大数据服务平台：《2018 年中国城市通勤研究报告》，2018 年。

冷炳荣等：《国内外大都市区规划实践及对重庆大都市区规划的启示》，《重庆山地城乡规划》2015 年第 1 期。

李迅雷：《从人口流向看中国经济》，http：//finance. sina. com. cn/zl/china/2020 –09 –14/zl – iivhvpwy6465826. shtml。

刘美琳、罗淑匀：《超级都市圈内循环透视》，《21 世纪经济报道》2020 年 8 月 8 日。

民生证券：《地产多元化专题报告之一：四大问题解读轨道物业——国内轨道物业的发展前景、现状和港铁模式》，http：//pdf. dfcfw. com/pdf/H3_ AP201808091176671621_ 1. pdf。

任泽平等：《中国十大最具潜力都市圈：2019》，https：//www. sohu. com/a/363257340_ 467568。

如是金融研究院：《中国住房总量估算：我们的房子过剩了吗?》，2018 年。

深圳中原建筑中心：《TOD ≠ 地铁上盖! TOD 模式开发分析及案例分享》，2020 年 3 月 23 日。

宋兴国、范孜恒：《从城市群到都市圈，城市生活将出现哪些变化?》，《21 世纪经济报道》2019 年 3 月 8 日。

王兆寰：《北上都市圈房价高于省会城市! 中国进入都市圈经济时代》，《华夏时报》2019 年 7 月 12 日。

新土地规划人：《起底世界级都市圈的四大特征》，2019 年 11 月2 日。

尹稚等：《中国都市圈发展报告 2018》，清华大学出版社 2019 年版。

于一洋：《伦敦都市圈的前世今生及对中国城市化的启示》，http：//www. ftzhiku. com/content/1547275617。

张学良、林永然：《都市圈建设：新时代区域协调发展的战略选择》，《改革》2019 年第 2 期。

张学良、杨朝远：《发挥中心城市和城市群在区域协调发展中的带动引领作用》，《光明日报》2020 年 1 月 14 日。

喆安投资：《2019 上海写字楼投资分析》，2019 年 5 月 7 日。

住房和城乡建设部：《2018 年 10 月 11 日国务院新闻办公室例行吹风会》，http：//www. gov. cn/xinwen/2018zccfh/36/。